中国数字内容产业

市场格局与投资观察

（2021~2022）

MARKET PATTERNS AND
INVESTMENT INSIGHTS OF
CHINA'S DIGITAL
CONTENT INDUSTRY IN 2021-2022

张 立 吴素平 著

社会科学文献出版社
SOCIAL SCIENCES ACADEMIC PRESS (CHINA)

《中国数字内容产业市场格局与投资观察（2021~2022）》参与人员名单

总体设计： 张　立

撰稿人员： 张　立　吴素平

组织协调： 刘颖丽　栾京晶

资料搜集： 李晨玮　王　娟　李紫浩

前　言

近年来，全球数字经济飞速发展，数据资源、数字内容正在成为驱动全球经济结构重塑、竞争格局变化的要素和重要资源。党的十九届五中全会通过的《中共中央关于制定国民经济和社会发展第十四个五年规划和二〇三五年远景目标的建议》，明确提出要发展数字经济，推进数字产业化和产业数字化，打造具有国际竞争力的数字产业集群。2021 年是"十四五"规划开局之年，也是数字化转型的关键一年，5G、大数据、人工智能、云计算、物联网、区块链等新技术、新基建的发展有力支撑了以数字经济为代表的新一轮科技革命和产业革命。

随着数字基础设施的快速部署，数字内容产业迎来发展契机。拓展数字创意、数字出版、数字影音等数字文化内容，是建设文化强国、提高国家文化软实力的重要举措。中国新闻出版研究院的研究团队已持续追踪、研究数字内容产业多年，从 2015 年至今已出版《中国数字内容产业市场格局与投资观察》系列产业报告 4 本，每一本都客观总结和分析了当时的产业面貌与特点。相较于上一版（2020 年出版），本书除了全面更新产业数据、动态，还在内容和方法上进行了一些优化。内容上，进一步完善了数字内容产业概念界定，并新增了相似概念辨析（见第一章第一节）；新增了与前两版（2018 年、2020 年出版）投资价值评估结果的纵向比较（见第十二章第二节）；新增了对我国数字内容产业发展现存问题的分析，并提出建议（见第十二章第四节）。方法上，更新了投资价值评估加权总计得分从数值到星级表示的转换方法，不同于上一版的最大最小标准化法，本书采取的是分段赋值法，即根据 10 个细分领域实际得分情况，平均分段赋值为一星至五星，使结果更具备区分性。

在多年数据积累的基础上，本书对数字内容产业发展新动态进行了跟踪观察，重点关注了网络游戏、动漫、网络视频、短视频、直播、在线音乐、数字阅读、新闻资讯 App、在线教育、知识付费 10 个细分领域。首先，对 10 个细分领域的最新年度数据进行更新，从市场发展、付费转化、竞争格局、投融资动向、相关政策、传统主流媒体报道等维度，系统地阐述我国数字内容产业发展现状及特点。其次，按照数字内容产业投资价值评估体系，从内部因素和外部因素两个维度，使用 7 个一级指标、11 个二级指标综合评估各领域投资价值，得出排行榜，并与前两版评估结果纵向比较分析。最后，立足现状展望未来，剖析产业发展问题并提出发展建议，结合发展数据预测了数字内容产业十大发展趋势。本书得出的主要结论如下。

数字内容产业呈现十大发展趋势：（1）产业规模扩张速度放缓，短视频领域继续领跑；（2）"宅家经济"红利消退，用户价值经营成为新考验；（3）付费转化率普遍提升，内容成为增长动力和未来竞争点；（4）细分领域头部格局趋于稳定，直播"带货"拓宽竞争赛道；（5）数字内容创投市场持续降温，"独角兽"企业吸金能力强；（6）龙头企业通过投资并购扩大业务版图，实现产业链上下游融合；（7）泛娱乐类内容规模占比大，将持续引领产业经济价值提升；（8）长、中、短视频互相深入腹地，视频融合将成必然趋势，短视频越来越长，长视频也在部署短视频业务；（9）5G、超高清技术落地应用，将持续推动内容产品和服务场景多元化；（10）政策监管叠加主流媒体监督，持续推进数字内容网络空间规范化发展。

数字内容产业投资价值评估结果：投资价值很高的领域为直播，综合结果为五星；投资价值较高的领域为网络游戏、数字阅读、短视频，综合结果为四星；投资价值一般的领域为动漫、网络视频，综合结果为三星；投资价值较低的领域为知识付费、在线教育、在线音乐，综合结果为两星；投资价值很低的领域为新闻资讯 App，综合结果为一星。

数字内容产业投资风向：（1）直播投资价值排名升至首位，引领数字内容产业投资风向；（2）网络游戏投资价值排名连续上升，市场规模大且变现能力强，需注意政策严加管控风险；（3）短视频投资价值排名先升后降，可关注垂直领域内容创作、网络视频智能技术与数字营销；（4）数字阅读排名稳定，动漫排名先降后升，可关注原创小说、漫画及相应阅读平台，优质 IP 孵化及版权运作；（5）谨慎关注知识付费、在线教育、在线音乐等领域，其发展前景不明确。

　　数字内容产业现存问题及发展建议：（1）强大的推荐算法影响信息流走向，平台需把好内容质量关；（2）商业模式、内容场景同质化竞争严重，应把握新技术应用创新机遇；（3）"虚火""亏损"问题难突破，亟须探索实现内容价值的商业模式；（4）数据造假、侵权违规等问题频现，市场秩序仍需进一步规范。

　　数字内容产业范围广、变化快。本书从宏观视角呈现了产业及细分领域的发展现状，描绘出一幅较粗粒度的产业发展图景，并力求通过对相关资料和数据的搜集、整理、客观分析和归纳总结，系统、真实地反映当前我国数字内容产业的发展面貌，以期为管理机构、产业研究人员、投资者提供参考。

目　录

第一章

绪　论

第一节　数字内容产业概念及特征

一　数字内容产业概念界定

本研究认为数字内容产业并非传统意义或社会经济统计层面上的独立产业，它是文化创意结合信息技术形成的产业形态。数字内容产业是指由多个细分领域交叉融合而成，且各细分领域边界模糊，但均以数字内容为核心、以互联网和移动互联网为传播渠道、以平台为模式的产业群组。随着 5G 技术和智能技术的发展与部署，数字内容产业的商业模式将快速迭代更新，各细分领域的边界将继续交叉、渗透，内容重娱乐、轻寓意，重体验、轻体会，重传播、轻传承的特点将日益凸显。[①]

数字内容产业的核心是数字内容产品，数字内容产品的核心则是创造力。相比于传统出版物，数字内容产品在产品形态、技术应用、商业模式、传播渠道等方面都有颠覆式创新，且表现出明显的规模效应。得益于技术赋能，数字内容产品可以突破时间和地域的限制大规模生产、消费、传播，同时大数据和算法推荐技术可以实现个性化的内容供给，让每个人看到的内容不一样。数字内容可大致二分为娱乐属性和知识属性，当前娱乐类内容是互联网上规模更大、产业价值更高的部分，知识类内容则更容易得到政策支持和主流媒体认可，潜力巨大。

[①]　本书为延续性报告，在概念界定和研究方法上部分承接和沿袭了《中国数字内容产业市场格局与投资观察（2019~2020）》。

在过去的两三年里，党中央密集部署加快 5G、大数据、人工智能、工业互联网等新基建进度，未来互联网、移动通信、大数据、智能设备将成为基础设施一样的存在，而内容尤其优质内容将成为稀缺资源。由此预测，信息时代将步入下一发展阶段，即内容产业时代，届时掌握内容和原创内容生产力的企业和个人将站上新时代的"风口"。

依托技术革新成长起来的数字内容产业处于持续发展变化之中，其概念界定也并非一成不变。多年来，国内外不少官方机构、学术机构、学者对"数字内容产业"这一概念进行了研究。国外的研究将数字内容产业视为结合了高新技术和新理念的新型知识集成产业，涵盖网络游戏、移动内容、电子书、线上学习、互联网广播和电子音乐等。[①]国外使用的概念名称多种多样，除了"digital content industry"（数字内容产业），还有"content industry"（内容产业）、"digital content economy"（数字内容经济）、"multimedia content industry"（多媒体内容产业）、"digital media"（数字媒体）等。国内对数字内容产业的提法首次见于 2003 年的《上海市政府工作报告》，它提出数字内容产业是包括软件、远程教育、动漫、媒体出版、音像、数字电视、电子游戏等产品与服务，智力密集型、高附加值的新兴产业。此后，国内其他规划意见中也提出了相关概念，但使用的概念名称并不一致。如在《2006~2020年国家信息化发展战略》中提到了"数字化信息服务"，在《"十三五"国家战略性新兴产业发展规划》和《战略性新兴产业分类（2018）》中提到了"数字创意产业"，在《文化部关于推动数字文化产业创新发展的指导意见》中提到的是"数字文化产业"。这些概念虽然在名词表达上不同，但都遵从了文化创意与信息技术结合的本质。

二 数字内容产业相似概念辨析

狭义的数字内容产业主要指数字内容生产、传播、服务相关的企业集合。广义的数字内容产业不仅包括上述狭义界定的范围，还与信息产业、大众传媒产业、版权产业、创意产业、文化产业等众多相似概念存在关联，已有不少学者对这些

---

① Yong Gyu Joo, So Young Sohn. Structural equation model for effective CRM of digital content industry[J]. Expert Systems with Applications, 2008, 34(1):63-71.

产业概念之间的关系进行了研究，本研究将现有观点进行梳理和总结，结果如图 1-1 所示。

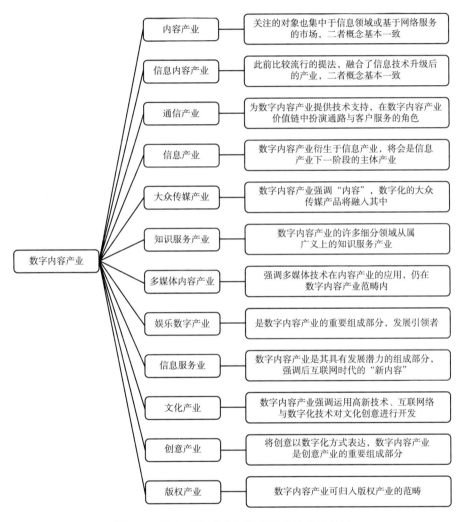

内容产业	关注的对象也集中于信息领域或基于网络服务的市场，二者概念基本一致
信息内容产业	此前比较流行的提法，融合了信息技术升级后的产业，二者概念基本一致
通信产业	为数字内容产业提供技术支持，在数字内容产业价值链中扮演通路与客户服务的角色
信息产业	数字内容产业衍生于信息产业，将会是信息产业下一阶段的主体产业
大众传媒产业	数字内容产业强调"内容"，数字化的大众传媒产品将融入其中
知识服务产业	数字内容产业的许多细分领域从属广义上的知识服务产业
多媒体内容产业	强调多媒体技术在内容产业的应用，仍在数字内容产业范畴内
娱乐数字产业	是数字内容产业的重要组成部分，发展引领者
信息服务业	数字内容产业是其具有发展潜力的组成部分，强调后互联网时代的"新内容"
文化产业	数字内容产业强调运用高新技术、互联网络与数字化技术对文化创意进行开发
创意产业	将创意以数字化方式表达，数字内容产业是创意产业的重要组成部分
版权产业	数字内容产业可归入版权产业的范畴

图 1-1 数字内容产业与相似产业概念的关系

三 数字内容产业细分领域及特征

本书为延续性报告，此前已出版了《中国数字内容产业市场格局与投资观察（2015）》《中国数字内容产业市场格局与投资观察（2017~2018）》《中国数字内容产业市场格局与投资观察（2019~2020）》，每本书都基于当时的产业业态选取重点细分领域进行研究。在上一版报告中，我们重点关注了网络游戏、动漫、在线音乐、网络视频、短视频、直播、数字阅读、新闻资讯 App、在线教育、知识付费 10 个细分领域。考虑到在过去的两年里，虽然数字内容市场风云变幻，但产业形态并未发生明显变化，即未形成具备可替代规模的新兴领域，因此本研究仍重点关注这 10 个细分领域。需要说明的是，细分领域的选取和划分基于我们对数字内容产业概念的理解和业内约定俗成的分类，在媒体融合时代，细分领域之间不可避免存在交叉渗透、边界重合的情况。

根据内容属性，数字内容产业细分领域可大致分为泛娱乐、泛阅读、泛教育 3 类，虽然图 1-2 中标示了属性的分化，但其实今天的数字内容越来越呈现娱乐化的倾向。如果站在出版角度来看，今天的数字内容产业也可以看作"泛出版"，也就是说，数字内容产业使出版产业进入了"泛出版时代"。

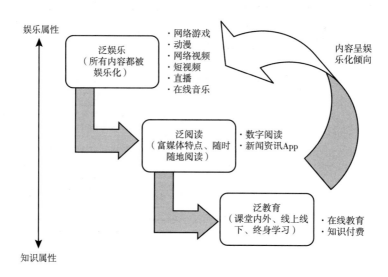

图 1-2　数字内容产业细分领域及特征

第二节　数字内容产业发展背景

一　互联网普及率持续提升，5G 应用场景加速落地

信息通信技术的快速发展为数字内容的生产和消费提供了便利的条件，随着我国

网络基础设施建设的全面推进，互联网普及率再次提升。根据 2021 年 8 月中国互联网络信息中心（CNNIC）发布的第 48 次《中国互联网络发展状况统计报告》，截至 2021 年 6 月，我国网民规模突破 10 亿人大关，互联网普及率达到 71.6%（见图1-3），庞大的网民规模已成为推动我国数字经济高速发展的强大内生动力。在新增的网民中，"后浪"未成年人和"银发"老年人群体占比较高，数字社会的结构愈加多元化。

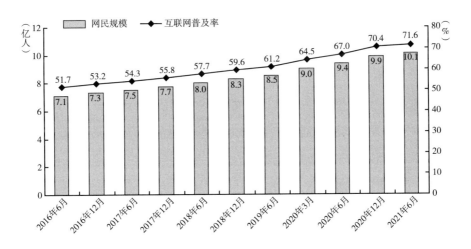

图 1-3　中国网民规模及互联网普及率

注：CNNIC 未发布 2019 年 12 月数据，直接发布了 2020 年 3 月数据。

数据来源：CNNIC 发布的第 48 次《中国互联网络发展状况统计报告》。

近年来，我国在 5G 商业化应用方面进展迅速。工信部发布的《2021 年通信业统计公报》显示，2021 年我国新建 5G 基站超 65 万个，累计建成开通 5G 基站 142.5 万个，5G 网络已覆盖全国地级以上城市及重点县市。5G 应用场景加速落地，在庆祝中国共产党成立 100 周年大会上，首次采用了 5G+4K 超高清直播技术，让全国亿万观众通过网络、电视等多种方式观看大会高清直播。在抗击新冠肺炎疫情期间，全国网民通过 5G 新媒体平台观看火神山医院与雷神山医院建设的直播；而利用 5G 网络搭建的远程会诊平台，可以让医疗专家远程共享医疗影像，成为疫情防控中的"神兵利器"。5G 将为网民提供更优质的移动应用体验，同时也将为工业互联网、智能制造、数字化管理等新经济业态提供网络保障，为我国数字经济发展提供新引擎。

二 经济和消费生活全面复苏，疫情促使数字化进程加速

2020年初新冠肺炎疫情来袭，给社会生活和经济增长带来了重创。这一年新冠肺炎疫情成为全球性重大公共卫生事件，国际贸易、消费都受到严重影响，经济一度处于"停摆"状态。在党的领导下，全国人民团结一致，同心抗疫，有效控制了疫情的蔓延，经济社会逐渐回归正常。根据国家统计局的数据，2020年第一季度我国国内生产总值（GDP）同比下降6.8%，但到了第四季度已经实现同比增长6.5%，超过2019年全年GDP增速（6.1%）。2021年全年GDP增速达到8.1%，在全球经济萎缩的情况下，中国成为正增长的主要经济体。

疫情期间，人们居家之后，生活方式发生了很大的变化，线上需求被激发。当疫情被有效控制之后，与防疫有关的线上消费习惯被保留了下来，促进了线上经济的快速增长。疫情不仅改变了消费结构，还影响了经济格局，实体经济被重创，数字经济发挥了重要作用，很多企业开始使用办公软件、智能设备代替人工，开启线上办公模式，企业数字化转型步伐提速。

三 反垄断浪潮掀起，引发新闻舆论广泛关注

2020年以来，互联网领域成为反垄断的重点对象。2020年11月，国家市场监管总局就《关于平台经济领域的反垄断指南（征求意见稿）》公开征求意见，指南中增设互联网经营者市场支配地位认定依据相关规定，导致腾讯2个交易日累计跌幅达11.49%，市值蒸发5885亿元。2020年12月，中央政治局会议提出"强化反垄断和防止资本无序扩张"。自此，国家市场监管总局查处多起互联网领域涉嫌垄断的案件。2020年12月14日，国家市场监管总局公布了《依法对阿里巴巴收购银泰商业股权、阅文集团收购新丽传媒股权、丰巢网络收购中邮智递股权三起未依法申报违法实施经营者集中案作出行政处罚的决定》，对三家机构分别处以50万元罚款。2020年12月25日，国家市场监管总局发布2019年反垄断执法十大典型案例。2021年2月，国务院反垄断委员会印发《关于平台经济领域的反垄断指南》，对"二选一""大数据杀熟"等行为进行了限制；4月，国家市场监管总局依法对美团实施"二选一"等涉嫌垄断行为立案调查。2022年1月，国家发

展改革委、中国人民银行等九部门联合印发《关于推动平台经济规范健康持续发展的若干意见》，提出"严格依法查处平台经济领域垄断协议、滥用市场支配地位和违法实施经营者集中行为"。

　　国家一系列反垄断举措引起了新闻舆论的广泛关注。图 1-4 是以"反垄断"为关键词的百度搜索指数，[①] 可以看出，2020 年 11 月左右（即图中的 A 点）舆论对"反垄断"的关注达到第一个高峰，不难发现，引发 A 点的事件就是《关于平台经济领域的反垄断指南（征求意见稿）》的发布。随后，在 2020 年 12 月到2021 年 1 月出现第二个舆论高峰，此时间段的重大事件有 2020 年 12 月 14 日阿里巴巴等 3 家企业被处罚，12 月 25 日国家市场监管总局发布 2019 年反垄断执法十大典型案例。之后舆论热度下降，直到 2021 年 4 月国家市场监管总局对美团实施"二选一"等涉嫌垄断行为立案调查，再次引发了一轮舆论小高峰（即图中的D 点）。

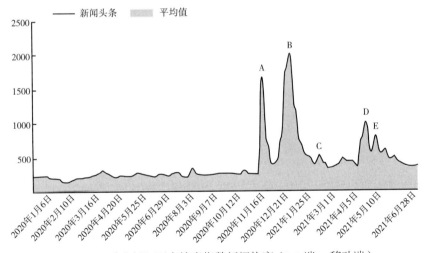

图 1-4　"反垄断"百度搜索指数新闻热度（PC 端 + 移动端）

图片来源：百度搜索指数。

---

　　① 百度搜索指数的算法是以网民在百度的搜索量为数据基础，以关键词为统计对象，分析并计算各个关键词搜索频次的加权值。

四 版权保护环境进一步改善，促进内容经济创新发展

党的十八大以来，党中央把知识产权保护工作摆在更加突出的位置。2019 年 11 月，中共中央办公厅、国务院办公厅印发了《关于强化知识产权保护的意见》，体现了党中央对知识产权保护工作的高度重视。2020 年 11 月，第十三届全国人民代表大会常务委员会第二十三次会议通过最新修订的《中华人民共和国著作权法》，引发社会广泛关注，这展现了我国知识产权保护工作不断迈进。2020 年 11 月，习近平总书记在中央政治局第二十五次集体学习时强调"全面加强知识产权保护工作，促进建设现代化经济体系，激发全社会创新活力，推动构建新发展格局"。2021 年 9 月，中共中央、国务院印发了《知识产权强国建设纲要（2021~2035 年）》，提出建设面向社会主义现代化的知识产权制度，建立健全新技术、新产业、新业态、新模式知识产权保护规则，探索完善互联网领域知识产权保护制度，研究构建数据知识产权保护规则。2021 年 12 月，国家版权局印发的《版权工作"十四五"规划》中提到要推动新业态新领域版权保护，将网络领域作为版权保护主阵地，不断提升版权管网治网能力。

2020 年 4 月，中国音像与数字出版协会指导，中国新闻出版研究院主办了以"保护知识产权、推进正版化"为主题的数字内容正版化公示倡议活动，进一步推动数字内容和知识服务行业的正版化应用。随着我国知识产权保护环境进一步改善，内容版权作为知识产权的重要形式，其规范发展越来越受到相关监管部门的重视。自 2005 年起，国家版权局、国家互联网信息办公室、工业和信息化部、公安部等多部门连续多年开展"剑网行动"，至今已开展 17 次。国家版权局公布的信息显示，截至 2021 年 9 月 21 日，"剑网 2021"行动查办网络侵权案件 445 件，关闭侵权盗版网站（App）245 个，处置删除侵权盗版链接 61.83 万条，推动网络视频、网络直播、电子商务等相关网络服务商清理各类侵权链接 846.75 万条，主要短视频平台清理涉东京奥运会赛事节目侵权链接 8.04 万条。① 该行动严厉打击了短视频、直播、在线教育等领域的侵权盗版行为，有效净化了网络空间，有助于鼓励内容产业创新发展。

---

① 国家版权局．"剑网 2021"专项行动取得阶段性成效 [EB/OL].2021-9-28[2021-10-11].http://www.ncac.gov.cn/chinacopyright/contents/12670/355098.shtml.

第三节 投资价值评估方法

一 指标体系设计

为了解数字内容产业各细分领域的发展差异和投资价值，本书从数字内容产业的内部因素和外部因素两个维度，选取 7 个一级指标、11 个二级指标综合评估各细分领域的投资价值。

（一）内部因素

内部因素旨在考察某细分领域在市场基础规模、发展速度、用户付费转化程度、市场竞争程度、资本活跃程度五个方面的表现，各指标含义及数据说明如表 1-1 所示。

表 1-1 内部因素评估指标及说明

一级指标	二级指标	指标含义	数据说明
基础规模	市场规模	市场销售收入或产值规模	2020 年市场销售收入或产值规模数据
	用户规模	总用户数量	2020 年用户规模数据
发展速度	市场规模增长率	市场规模增长量与基期数据的比值	2020 年市场规模同比增长率
	用户规模增长率	用户规模增长量与基期数据的比值	2020 年用户规模同比增长率
转化程度	付费转化率	付费用户规模占总体用户规模的比例	2020 年付费用户规模占 2020 年总体用户规模的比例
竞争程度	市场集中度	头部企业市场规模之和占总体市场规模的比例	2020 年该领域 4 家龙头企业业务营收之和占 2020 年该领域总体市场规模的比例
活跃程度	投资数量增长率	投资事件数量增长量与基期数据的比值	2020 年投资事件数量同比增长率
	投资金额增长率	投资金额增长量与基期数据的比值	2020 年投资金额同比增长率
	新增企业数量增长率	新注册企业数量增长量与基期数据的比值	2020 年新增企业数量同比增长率

（二）外部因素

外部因素旨在考察某领域在相关政策导向、传统主流媒体报道倾向两个方面的表现，各指标的具体说明如表 1-2 所示。

表1-2　外部因素评估指标及说明

一级指标	二级指标	指标说明	数据选取或计算方式
相关政策导向	相关政策支持程度	相关政策对该领域发展的态度，偏向于鼓励支持还是加强管控	根据2020年以来相关政策主要内容中反映态度的关键词所表达的倾向，判断倾向程度，如强正向、偏负向等
传统主流媒体报道倾向	传统主流媒体报道的倾向程度	传统主流媒体关于该领域报道内容的态度倾向，偏向于正向还是负向	参考新华网、人民网、光明网3家传统主流媒体2021年1~7月发布的相关报道标题及内容，判断每篇报道的态度倾向为正向、负向，还是中性，并根据正向和负向报道数量占比之差评估总体倾向程度，如强正向、偏负向等

二　指标设计逻辑与说明

本研究重点关注数字内容产业各"赛道"（即细分领域）的投资价值，旨在把握现状分析趋势，并据此目的进行评估指标的设计。一般来说，投资者在判断是否进入某个领域时，会有以下思考过程：首先看市场容量有多大，增长情况怎么样，发展势头好不好，还有多大的市场机会，市场营收能力如何；然后看当前市场竞争程度和竞争格局是怎样的，是百花齐放，还是一超多强，或是强者恒强；最后看对已入场企业，资本市场态度如何，该领域是否具有持续的资本吸引力。

数字内容产业与文化、传媒、创意等产业类似，意识形态属性决定了其发展走势深受政策和舆论影响。比如某领域的相关政策是鼓励自由发展还是纳入监管，是大力扶持还是限制甚至禁止，对投资者的决策有直接影响。另外，舆论的指向也会间接影响产业发展，传统主流媒体的报道可认为是舆论内容的权威总结和代表，从报道的态度倾向可以间接预测产业未来发展面临的机遇与风险。

综上所述，对某领域投资价值的评估应当近似反映投资者关心的市场基本情况及发展增速、竞争格局、投融资热度、未来可能的风险与机遇等多方面的信息。需要特别说明的是：（1）考虑到市场千变万化，投资者也具有不同的投资风格，大家关注的维度可能相差很大。本指标的设计力求综合考虑市场现状和未来发展，并侧重于后者，即增长越强劲、未来发展越好的领域，将获得更高的投资价值评估结果。（2）一般而言，盈利能力也是投资者关注的维度之一，但本指标体系中未纳入盈利能力的指标，如毛利率、净利率等。这主要考虑到两点：一是多个细分领域目前还没有上市公司，企业未公布营收、成本或利润率数据，导致数据无法采集，进而无法形成统一的衡量标准；二是本研究侧重于"赛道"投资，关注成长性，是对整个细分领域发展情况进行的粗颗粒度评估，而非具体到投资哪个企业，同一个领域里各企业的利润率也可能差异较大。（3）本研究面向产业和细分领域，属于宏观层面的研究，因而现有的一些面向企业的投资模型难以直接套用，且数字内容产业的发展日新月异，难以找到合适成熟的价值判断方法。因此，本研究基于现有的市场分析框架和新兴产业发展特点，结合数据的可获取性设计此价值评估体系。本评估体系未经严密的学术论证，必然存在一定欠缺，欢迎广大读者指正交流。

三 指标含义及衡量方式

（一）内部因素各指标含义及衡量方式

1. 基础规模

基础规模反映了市场的基础容量，用于衡量市场这块"蛋糕"的大小。本研究用市场规模和用户规模两个二级指标来衡量。

2. 发展速度

发展速度反映市场的发展势头和增长潜力，用市场规模增长率和用户规模增长率两个二级指标来衡量。这里的增长率指 2020 年较 2019 年的增长率。

3. 转化程度

转化程度反映的是市场营收能力。内容付费是数字内容产业的主要盈利模式，表现为用户付费转化，因此本研究采用付费转化率这个二级指标来衡量。付费转化率的计算方法为该领域付费用户规模在总用户规模中的占比。

4. 竞争程度

竞争程度反映的是市场竞争的垄断程度，用市场集中度这个二级指标来衡量。市场集中度的计算方法为：选取该领域业务规模排名靠前的 4 家头部企业，计算其业务营收之和占整体市场规模的比例。

5. 活跃程度

活跃程度反映的是资本市场投资热度的变化，用投资数量增长率、投资金额增长率、新增企业数量增长率三个二级指标来衡量。这里的增长率也是指 2020 年较 2019 年的增长率。

（二）外部因素各指标含义及衡量方式

1. 相关政策导向

相关政策导向反映的是监管部门对该领域发展的管理倾向，例如，偏向于鼓励支持或加强管控。本研究将政策主要内容中表达态度的关键词作为政策支持程度的判断参考。

2. 传统主流媒体报道倾向

传统主流媒体报道倾向反映的是主流舆论倾向，体现了该领域发展的舆论环境。本研究根据正、负倾向报道数量的占比情况来衡量倾向程度。

四 指标评估标准

本研究采用打分的方式，对各项指标评估结果用一星至五星表示，获得星数越多，说明越有利于投资进入。由于内部因素和外部因素指标数据类型不同，评估标准及指标计算方式也有所不同。

（一）内部因素各指标评估标准

1. 除"竞争程度"之外的指标评估标准

内部因素各指标数据为数值型，且为正向指标（"竞争程度"除外），即遵从数值越大得分越高的规则，因此可以采用标准化转换的方式。首先，将指标的值通过标准化转换到［0，1］的范围内，以解决不同量纲的指标之间汇总计算的问题。标准化的转换公式为：

$$Z = \frac{X - X_{min}}{X_{max} - X_{min}} \tag{1}$$

其中，X 是指标的实际值，X_{min} 是 10 个细分领域中该指标的最小值，X_{max} 是 10 个细分领域中该指标的最大值。

然后，将标准化后的分值划分星级，即将［0，1］划分为 5 个范围，分别对应一星至五星，具体如表 1-3 所示。

表 1-3 内部因素指标（"竞争程度"除外）标准化后对应的评估结果

标准化数据	对应的评估结果
［0，0.2）	★
［0.2，0.4）	★★
［0.4，0.6）	★★★
［0.6，0.8）	★★★★
［0.8，1.0］	★★★★★

2. 竞争程度评估标准

竞争程度指标是适度指标，即并非值越高越有利于投资进入，而是中等程度的竞争比较合适。为衡量市场竞争程度，本研究选取"市场集中度"这一经济指数作为统一衡量标准。市场集中度又叫行业集中度，是衡量市场结构的重要指标之一，普遍以某一特定行业内规模最大的前 n 家企业的相关指标之和占整个行业的份额来衡量，有集中率指数（CR_n 指数）和赫尔芬达尔—赫希曼指数（HI 指数）两种常用计算方法。集中率指数简单易行，是使用最广泛的市场结构指标之一。[①] 本研究也选择集中率指数来考察数字内容产业的市场集中度。

（1）集中率指数计算公式

$$CR_n = \sum_{i=1}^{n} X_i / X \tag{2}$$

CR_n 表示某一特定行业中市场规模最大的 n 家企业占该行业的市场份额，通常用 CR_4 和 CR_8 来表示行业集中度。X 可用销售额、增加值、职工人数、资产总额等表示。

（2）基于集中率指数划分的市场结构

美国学者贝恩根据集中率指数将市场划分为表 1-4 所示的六种类型：CR_4 在 75%

---

① 干春晖等 . 产业经济学 [M]. 北京：机械工业出版社，2018：22-24.

以上为极高寡占型，65%~75% 为高集中寡占型，50%~65% 为中（上）集中寡占型，35%~50% 为中（下）集中寡占型，30%~35% 为低集中寡占型，30% 以下为原子型（即竞争型）。

表 1-4　贝恩对产业垄断和竞争类型的划分 [1]

市场类型	市场集中度		该产业的企业总数（家）
	CR_4（%）	CR_8（%）	
极高寡占型	75 以上	—	1~40
高集中寡占型	65~75	85 以上	20~100
中（上）集中寡占型	50~65	75~85	较多
中（下）集中寡占型	35~50	45~75	很多
低集中寡占型	30~35	40~45	很多
原子型（即竞争型）	30 及以下	40 及以下	极多，不存在集中现象

（3）市场集中度与行业利润的关系

产业组织理论认为市场集中度作为市场结构的重要因素，对企业行为和行业绩效有很大的影响。其作用方向是市场集中度越高，大企业支配市场的能力越强，从而行业利润率越高。[2] 但国内外研究者对市场集中度与利润率的众多实证研究结论并不一致，甚至差别较大。施蒂格勒的研究结论为集中度与利润率存在并不明显的线性正相关关系；德姆塞茨的研究结论为集中度与利润率之间的关系存在非线性的双 S 曲线特性；戚幸东的研究结论为集中度与销售净利率等绩效指标之间存在明显的相关关系，但当集中度超过 20%，两者的关系就变得不规则；喻利仙的研究则得出了我国银行业盈利能力与市场集中度存在反向关系的结论。考虑到之前的实证研究多集中在汽车、制造、金融行业，梁红霞对网络视频行业的集中度与龙头企业乐视的盈利能力进行了研究，发现在网络视频行业集中度得到大幅提升后，乐视的销售毛利率和销售净利率反而下降。她认为，这当然有乐视自身经营战略的因素，但也说明网络视频行业市场集中度的提升并没有给行业龙头企业带来垄断利润，同作为网络视频行业巨头的爱奇

① 潘曦.经济学专业综合实验及实训指导书[M].成都:西南财经大学出版社,2017:19.
② 马建堂.中国行业集中度与行业效绩[J].管理世界,1993(1):131-136.

艺、优酷土豆每年亏损高达上亿元，网络视频行业整体处于非盈利状态。①

（4）本研究中的市场集中度

数字内容产业的众多细分领域与网络视频类似，其龙头企业还在亏损经营，市场集中度与利润率的关系复杂，并不能单纯参考前人在金融、制造、汽车等领域的实证研究。因此，本研究的重点不在市场集中度与利润率的关联上，而仅将市场集中度作为反映市场竞争性和垄断性的指标（即竞争程度），作为评估是否有利于投资进入的指标之一。

本研究参考集中率指数的计算方法，对某领域的市场集中度采取以下计算方式：选取某领域营收规模较大、营收排名靠前的 4 家龙头企业，② 计算其该领域业务营收之和占整体市场规模的比例。

在市场集中度评估标准方面，目前还没有研究表明多大范围的市场集中度适合投资进入，研究机构或业内人士往往以经验数据为判断标准。市场集中度太高说明行业趋于垄断，小企业生存空间有限；市场集中度太低说明进入门槛低，生产企业众多，容易产生恶性竞争。为进一步了解实际投资过程中的情况，笔者咨询了从事投资工作的业内人士，一般认为中等水平的集中度（40% 左右）是更适合投资的，此时的市场既有充分的竞争，又不至于丧失成长的机会；集中度低于 20% 的市场以小企业居多，竞争激烈，往往缺乏标杆企业和行业统一准则，可能会出现恶性竞争，行业风险较高；集中度高于 70% 的市场则寡头垄断太明显，小企业的生存空间被大幅压缩，投资风险也很大。

参考经验数据，本研究将中等水平的市场集中度作为更适合投资进入的标准。具体范围划分上，我们参考贝恩对市场竞争类型的划分方式，将中上和中下集中寡占型设为适中水平的市场集中度，评分为五星；将高集中寡占型、低集中寡占型作为较高和较低水平的市场集中度，评分为三星；将极高寡占型、竞争型作为很高和很低水平的市场集中度，评分为一星（见表 1-5）。星数越多表示越有利于投资进入。从集中度的范围与对应评估结果来看，评估标准整体呈现类"橄榄形"分布。

---

① 转引自梁红霞. 行业集中度与盈利能力关系研究——以乐视网为例 [J]. 环渤海经济瞭望，2017（4）:29-35.
② 营收规模较大、排名靠前的龙头企业，严格来说，可能并非领域营收规模最大的前几家企业。这主要由于个别领域有未上市的龙头企业，没有公布营收数据。企业的营收数据主要来自 Wind 数据库、公开资料和本研究估算（少量）。

本研究划分以上评分范围是为了统一比较 10 个细分领域的市场竞争程度，但由于涉及经验数据，多少带有某种主观性，缺乏更多实证验证，关于市场集中度的影响还有待进一步探讨。

表 1-5　竞争程度评估标准

评估结果	市场集中度	市场集中度范围（%）
★	很高	＞75
★★★	偏高	（65，75]
★★★★★	适中	（35，65]
★★★	偏低	（30，35]
★	很低	≤30

（二）外部因素各指标评估标准

1. 相关政策导向评估标准

本研究根据各领域相关政策主要内容中反映态度的关键词所表达的程度，将相关政策对该领域发展的态度分为五个层次（见表 1-6），星数越多表示政策的正导向越强，越有利于未来发展，投资价值越高。

表 1-6　相关政策导向评估标准

评估结果	相关政策导向	政策态度关键词
★★★★★	强正向	鼓励与积极扶持、大力支持、积极倡导
★★★★	偏正向	引导与管理并举、推进发展、鼓励支持
★★★	中性	纳入管理、引导规范，或相关政策较少、态度不明
★★	偏负向	规范为主、要求运营资质、控制数量、强调责任
★	强负向	限制或禁止

2. 传统主流媒体报道倾向评估标准

传统主流媒体报道倾向有正向、中性、负向三种态度。本研究根据正向占比减去负向占比的值将评估范围分为五个层级，由于中间值在"0"附近，结合 10 个领域的实际结果分布，为使评估具备一定的区分性，取中间范围（三星范围）为 -10%~10%，从一星至五星的取值范围如表 1-7 所示。星数越多表示传统主流媒体正向的倾向性越强，越有利于投资进入。

表 1-7　传统主流媒体报道倾向评估标准

评估结果	倾向程度	正向占比减负向占比的值（个百分点）
★★★★★	强正向	＞ 30
★★★★	偏正向	(10, 30]
★★★	中性	(-10, 10]
★★	偏负向	(-30, -10]
★	强负向	≤ -30

五　综合结果计算方式

在根据评估标准得到 11 个二级指标的评估结果后，我们通过对 11 个二级指标、7 个一级指标进行加权求和，得到"加权总计结果"（指标及权重系数见表 1-8）。根据这个结果，已经可以对 10 个细分领域的投资价值进行排序了。

为了直观比较各细分领域投资价值相对水平，同时为了便于与历史排名结果进行纵向比较，我们将"加权总计结果"转换成一星至五星的表示方式，即得到最终的"综合结果"。具体做法为：以分段赋值的方式将加权总计结果分为 5 个数值区间，从低到高分别以一星至五星表示。详细计算过程如下。

（一）综合结果计算方法

加权总计结果 = 基础规模 ×1+ 发展速度 ×1+ 转化程度 ×1+ 竞争程度 ×1+ 活跃程度 ×1+ 相关政策导向 ×0.7+ 传统主流媒体报道倾向 ×0.3

综合结果 = "加权总计结果"数值区间对应的结果

（二）一级指标评估结果计算方法

基础规模 = 市场规模 ×1/2+ 用户规模 ×1/2

发展速度 = 市场规模增长率 ×1/2+ 用户规模增长率 ×1/2

转化程度 = 付费转化率 ×1

竞争程度 = 市场集中度 ×1

活跃程度 = 投资数量增长率 ×1/3+ 投资金额增长率 ×1/3+ 新增企业数量增长率 ×1/3

相关政策导向 = 政策支持程度 ×1

传统主流媒体报道倾向 = 传统主流媒体报道倾向程度 ×1

表1-8　指标及权重系数

一级指标	一级指标权重系数	二级指标	二级指标权重系数
基础规模	1	市场规模	1/2
		用户规模	1/2
发展速度	1	市场规模增长率	1/2
		用户规模增长率	1/2
转化程度	1	付费转化率	1
竞争程度	1	市场集中度	1
活跃程度	1	投资数量增长率	1/3
		投资金额增长率	1/3
		新增企业数量增长率	1/3
相关政策导向	0.7	相关政策支持程度	1
传统主流媒体报道倾向	0.3	传统主流媒体报道倾向程度	1

根据以上方法，本研究最终计算的10个细分领域加权总计结果数值在9.50到18.17之间，将其分段为5个数值区间，如表1-9所示。

表1-9　"加权总计结果"数值区间对应的评估结果

加权总计结果	对应的评估结果
[18, 30)	★★★★★
[16, 18)	★★★★
[14, 16)	★★★
[12, 14)	★★
[0, 12)	★

（三）关于指标权重的说明

除了相关政策导向和传统主流媒体报道倾向这两个外部因素指标涉及"不均等"的权重分配外，其余各指标加到加权总计结果时，都是均等来看的，即所有一级指标都是通过二级指标平均计算得出的。

相关政策导向与传统主流媒体报道倾向的比例关系选择"7∶3",是因为政策对细分领域发展的影响是强制性、直接的,传统主流媒体报道倾向的影响是非强制性、间接的,两者对市场发展的影响程度不同。

本研究将其余一级指标权重设为同一值的原因,一方面是限于研究能力和精力,没有再次区分孰重孰轻;另一方面是考虑到实际市场环境复杂多变、投资人风格各异,不同投资者重点关注的维度可能相差很大。因此,本研究仅给出一个初步、基础的判断逻辑,从各细分领域市场发展情况及外部环境的角度,对数字内容产业各细分领域投资价值的高低进行排序和比较分析,并不足以构成直接的投资参考依据。在本研究中有很多因素并没有被考虑在内,如各领域上市公司的盈利情况、人力资源情况、技术投入与发展趋势、社会经济走势等,这些因素需要投资人根据实际情况进一步调查分析。本研究仅提供行业层面的宏观参考。

（四）综合结果的表示方法

综合结果采用星数表示的方式（一星至五星）,星数越多代表越有利于投资者进入,投资价值越高。具体来讲,五星代表具备很好的投资价值或投资机会,有利于投资者进入;四星代表有不错的投资价值或投资机会,但未达到很好的程度;三星代表有不错的机会,但也有相应的风险,评估结果偏中性;两星代表可能有一定的投资机会,但未来发展不够明确,或风险略高于机遇;一星代表风险大于机会,未来发展不确定,当前不利于投资进入（见表1-10）。

表1-10 综合结果的表示方式及说明

表示方式	投资价值	说明
★★★★★	很高	具备很好的投资价值或投资机会,有利于投资者进入
★★★★	较高	有不错的投资价值或投资机会,但没有达到很好的程度
★★★	一般（适中）	有不错的机会,但也有相应的风险,评估结果偏中性
★★	较低	可能有一定的投资机会,但未来发展不够明确,或风险略高于机遇
★	很低	风险大于机会,未来发展不确定,当前不利于投资进入

注:"很低""很高"等判断字样都是相对而言的,即10个细分领域相互比较的结果。

第二章

网络游戏市场格局与投资观察

第一节　网络游戏概述

一　网络游戏界定

网络游戏是由软件程序和信息数据构成，以互联网、移动通信网为传输媒介，面向玩家提供的游戏产品和服务。网络游戏可以满足玩家休闲娱乐、分享交流、获得成就感等多方面的精神需求，已经成为当代人重要的休闲娱乐方式之一。

按照网络游戏终端的类型，可以将网络游戏划分为三类：电脑客户端游戏（端游）、网页游戏（页游）以及移动端游戏（手游）。按照网络游戏的类型，可分为角色扮演、模拟策略、棋牌休闲、竞技冒险和社区互动五大类。

二　网络游戏发展历程

我国的网络游戏始于 20 世纪八九十年代，其发展历程大致可分为红白机阶段、PC 单机游戏阶段、互联网游戏 PC 时代、PC 向移动游戏过渡时代以及移动游戏为主时代（见图 2-1）。

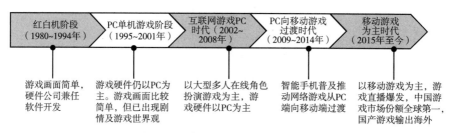

图 2-1　中国网络游戏发展历程

注：发展历程的划分来自公开资料梳理，本研究制图，其他细分领域同。

第二节 发展环境

一 政策环境：监管趋严，防沉迷新规促进行业健康发展

（一）判断方法说明

本节梳理了自 2016 年 1 月至 2022 年 1 月涉及网络游戏领域的政策，并提取和展示政策主要信息，如发布时间、发布机构、核心内容等（见表 2-1）。上一版总结分析了 2016~2019 年的政策导向，为兼顾政策的时效性与延续性，本书重点关注了各细分领域 2020 年以来的政策内容，并将 2020 年以来发布的政策作为"相关政策导向"指标的判断基础。需要说明的是，市场实际情况可能非常复杂，相应政策也往往比较分散、复杂，甚至存在交叉，并非几句话就能概括甚至判断的，本研究仅以通俗的视角去观测政策主要内容中表达态度的关键词所反映的支持程度，比如是偏向于鼓励支持还是偏向于规范监管，为投资者提供决策参考。

（二）网络游戏相关政策导向

2016~2019 年，相关管理部门针对网络游戏出台的政策以管理规范为主。网络游戏经营单位的主体责任得到进一步明确与强化，移动游戏审批更加严格。2018 年教育部等八部门实施网络游戏总量调控，控制新增网络游戏上网运营数量，引发市场震荡与调整。2019 年国家新闻出版署发布的《关于防止未成年人沉迷网络游戏的通知》，从实名制注册、网游时段和时长、付费服务、行业监管、适龄提示、家校等社会力量监护八个方面，提出了防止未成年人沉迷网络游戏的工作事项。管理部门引导和鼓励网络游戏、电竞赛事、电竞直播健康有序发展，如 2019 年北京提出建成"国际网络游戏之都"，2018 年《关于推动数字文化产业创新发展的指导意见》中提出"培育国产原创游戏品牌产品、团队和企业"。

2020 年以来，涉及网络游戏的政策仍以加强监管和规范引导为主，且管理条例趋于严格和精细。网络游戏是数字内容产业的重要板块，已成为大众休闲娱乐的重要方式，在促进我国数字经济发展、激发文化创新创造活力、满足人民群众精神文化需求方面发挥了重要作用。在健康规范的前提下，政策积极鼓励网络游戏产业的发展。但

网络游戏发展过程中暴露的诸多问题一直备受社会各界关注，尤其是涉及未成年人保护方面的。2021年8月，国家新闻出版署发布的《关于进一步严格管理切实防止未成年人沉迷网络游戏的通知》被称为"史上最严游戏监管"，它严格限制了网络游戏企业向未成年人提供网络游戏服务的时间（一周三小时），要求严格落实网络游戏用户账号实名注册和登录要求，表现了管理部门坚决防止未成年人沉迷网络游戏、切实保护未成年人身心健康的决心。为响应政策号召，腾讯游戏2021年上线"零点巡航"功能，并以《王者荣耀》为试点率先推出"双减双打三倡议"举措，新游戏《光与夜之恋》率先施行禁止未成年人用户登录。

2021年10月，教育部办公厅等六部门发布《关于进一步加强预防中小学生沉迷网络游戏管理工作的通知》，对各地出版管理部门、网络游戏企业、地方教育行政部门、学校等多个角色提出了预防中小学生沉迷网游的工作管理要求。2020年新修订的《未成年人保护法》中提出"网络游戏、网络直播、网络音视频、网络社交等网络服务提供者应当针对未成年人使用其服务设置相应的时间管理、权限管理、消费管理等功能"，并要求"网络游戏服务提供者不得在每日二十二时至次日八时向未成年人提供网络游戏服务"，从产品功能、运营推广、使用时间等方面做出了更严格细致的规定。

政策积极鼓励和引导网络游戏行业规范发展。那些拥有自主知识产权、内容健康向上、能够体现优秀文化价值和民族精神的精品游戏始终获得政策的鼓励支持。2021年，国家发展改革委、商务部发布的《关于支持海南自由贸易港建设放宽市场准入若干特别措施的意见》中明确提出鼓励网络游戏产业发展。2021年，中宣部出版局发布的《游戏审查评分细则》充分发挥前置审批的"风向标"作用，将为游戏出版审批工作提供更加科学准确的参考依据。此外，行业协会也致力于促进网络游戏的规范发展，2020年，中国音像与数字出版协会发布的《网络游戏适龄提示》主要针对网络游戏的合规出版以及合理使用而制定，旨在达到正确引导未成年消费者的目的。其中提到，中国网络游戏将被打上统一标识，未成年人玩网络游戏前将能在游戏页面等醒目位置看到适龄提示标识。这些举措都体现了管理部门对网络游戏的引导方向。

表 2-1　网络游戏相关政策梳理

发布时间	发布机构	文件名称	主要内容
2021年10月	教育部办公厅、中央宣传部办公厅、中央网信办秘书局、工业和信息化部办公厅、公安部办公厅、国家市场监管总局办公厅	《关于进一步加强预防中小学生沉迷网络游戏管理工作的通知》	• 各地出版管理部门要严格执行网络游戏前置审批制度，妨害中小学生身心健康的内容，确保内容优质健康干净。 • 网络游戏企业要采取技术措施，将未成年人用户集中在统一的网络游戏防沉迷管理，做好中小学生手机管理和校内互联网上网服务设施保护工作。要加强网络素养宣传教育，广泛开展各类文体活动，引导中小学生正确认识、科学对待、合理使用网络。 • 学校要严格校内教育管理，引导中小学生正确认识、科学对待、合理使用网络。发挥好榜样作用，帮助孩子养成健康生活方式。自觉远离不良网络诱惑。要推动家校协同发力，督促家长履行监护责任。 • 相关部门要切实加强对网络游戏企业的事中事后监管，及时处置或查处违反相关规定的网络游戏平台和产品。同时，要将预防中小学生沉迷网络作为个人、举报考评价地方教育和学校工作纳入教育督导范围，将督导考评结果作为评价地方教育和学校管理工作和评价工作成效的重要内容。
2021年8月	国家新闻出版署	《关于进一步严格管理切实防止未成年人沉迷网络游戏的通知》	• 严格限制向未成年人提供网络游戏服务的时间。自本通知施行之日起，所有网络游戏企业仅可在周五、周六、周日和法定节假日每日20时至21时向未成年人提供1小时网络游戏服务，其他时间均不得以任何形式向未成年人提供网络游戏服务。 • 严格落实网络游戏用户账号实名注册和登录要求。所有网络游戏必须接入国家新闻出版署网络游戏防沉迷实名验证系统，所有网络游戏用户必须使用真实有效身份信息进行游戏账号注册并登录网络游戏，网络游戏企业不得以任何形式（含游客体验模式）向未实名注册和登录的用户提供游戏服务。 • 各级出版管理部门加强对网络游戏企业提供网络游戏服务时段时长、规范付费等情况的监督检查，加大督促核查力度，对未严格落实的网络游戏企业，依法依规严肃处理。 • 积极引导家庭、学校等社会各方面力量营造有利于未成年人健康成长的良好环境，依法履行未成年人监护职责，加强未成年人网络素养教育，在未成年人使用网络过程中，严格执行未成年人使用网络游戏时段时长规定，引导未成年人形成良好网络使用习惯，防止未成年人沉迷网络游戏。
2021年4月	国家发展改革委、商务部	《关于支持海南自由贸易港建设放宽市场准入若干特别措施的意见》	• 鼓励网络游戏产业发展。探索将国产网络游戏试点审批权下放海南，支持海南发展网络游戏产业。
2021年3月	中宣部出版局	《游戏审查评分细则》	• 充分发挥前置审批的"风向标"的作用，使用全新游戏评审体系，从"观念导向""原创设计""制作品质""文化内涵""开发程"5个方面对游戏作品进行评分，为游戏出版审批工作提供更加科学准确的参考依据。

续表

发布时间	发布机构	文件名称	主要内容
2020年10月	第十三届全国人民代表大会常务委员会第二十二次会议	《中华人民共和国未成年人保护法》	● 网络产品和服务提供者不得向未成年人提供诱导其沉迷的产品和服务。网络游戏、网络直播、网络音视频、网络社交等网络服务提供者应当针对未成年人使用其服务设置相应的时间管理、权限管理、消费管理等功能。以未成年人为服务对象的在线教育网络产品和服务，不得插入网络游戏链接，不得推送广告等与教学无关的信息。 ● 网络游戏经依法审批后方可运营。国家建立统一的未成年人网络游戏电子身份认证系统。网络游戏服务提供者应当要求未成年人以真实身份信息注册并登录网络游戏。网络游戏服务提供者应当按照国家有关规定和标准，对游戏产品进行分类，作出适龄提示，并采取技术措施，不得让未成年人接触不适宜的游戏或者游戏功能。网络游戏服务提供者不得在每日二十二时至次日八时向未成年人提供网络游戏服务。
2019年12月	北京市推进全国文化中心建设领导小组	《关于推动北京游戏产业健康发展的若干意见》	● 总体要求包括指导思想、基本原则、发展目标。指导思想主要是阐述政策制定的根本遵循，引领方向和重要依据。基本原则是坚持双效统一、价值引领，坚持内容为王、质量第一，推动游戏产业健康发展。发展目标是着力培育方向上向善的精品游戏环境，概括为"一都五中心"，即明确建成"国际网络游戏之都"总目标，在北京建设全球领先的精品游戏研发中心、网络新技术应用中心、游戏社会应用推进中心、电子竞技产业中心、游戏理论研究中心，并提出2025年北京市游戏产业年产值达到1500亿元的奋斗目标。 ● 十项重点任务。弘扬主流价值，主要解决游戏负面影响的问题，激励精品创作，主要聚焦内容生产；规范游戏出版，主要强调管理；培育发行平台，主要补北京在游戏产业链上的短板，增强核心竞争力，激发创新活力，主要以创新促发展；推进园区建设，激发创新活力，主要吸引聚集，服务企业，营造氛围，加强补国内游戏理论研究的，主要打造北京电竞城；推动游戏"走出去"，主要通过讲好中国故事，打造电竞产业集聚，主要打造北京电竞的竞争力。
2019年11月	文化和旅游部	《游戏游艺设备管理办法》	● 除国家法定节假日外，娱乐场所以及其他经营场所设置的电子游戏机（机）不得向未成年人提供服务。 ● 鼓励企业充分挖掘中华优秀传统文化的价值内涵，积极弘扬社会主义核心价值观，研发生产拥有自主知识产权、体现民族精神、内容健康，具有运动体验、技能训练、益智教育、亲子互动等功能的游戏游艺设备。 ● 游戏游艺设备不得含有宣扬赌博的内容。 ● 面向国内市场生产、进口、销售、经营的游戏游艺设备的外观标识、游戏内容，操作说明等应当使用国家通用语言文字。 ● 面向国内销售或者其他经营场所销售游戏游艺设备前，生产企业或者进口单位应当在游戏游艺设备显著位置张贴"游戏游艺设备（机）"或者"电子游戏设备"字样。生产者应当在游戏游艺设备内容自审管理制度，配备专职内容审核人员，标注"游艺娱乐设备"，并报所在地省级文化和旅游行政部门备案。加强游戏游艺设备内容自审工作。 ● 利用游戏游艺设备进行有奖经营活动的，经营者应当向消费者提供来源合法、内容健康、安全无害的奖品，不得以假充真，以次充好，不得虚标价格。奖品目录等相关信息应当在游戏游艺设备显著位置正面提供示范范围。

续表

发布时间	发布机构	文件名称	主要内容
2019年10月	国家新闻出版署	《关于防止未成年人沉迷网络游戏的通知》	● 实行网络游戏用户账号实名注册制度。所有网络游戏须使用有效身份信息方可进行游戏账号注册。网络游戏企业可以对其网络游戏服务设置不超过1小时的游客体验模式。 ● 严格控制未成年人使用网络游戏时段、时长。每日22时至次日8时，网络游戏企业不得以任何形式向未成年人提供游戏服务。 ● 规范向未成年人提供付费服务。网络游戏企业须采取有效措施，限制向未成年人提供的付费服务。 ● 切实加强行业监管。本通知前述各项要求，均为网络游戏企业做好属地网络游戏运营服务的必要条件。各地出版行业监管部门要切实履行属地监管职责，严格按照本通知要求做好属地网络游戏企业及其网络游戏上网出版运营服务的监督管理工作。 ● 探索实施适龄提示制度。网络游戏企业应从游戏内容和功能的心理接受程度、对抗激烈程度、付费消费程度等多维度综合衡量，探索对其网络游戏作出适合不同年龄段用户的提示，并在游戏下载、注册、登录页面等位置显著标明。 ● 积极引导家长、学校等社会各界力量履行未成年人监护守护责任，加强对未成年人健康合理使用网络游戏的教导，帮助未成年人树立正确的网络游戏消费观念和行为习惯。
2019年4月	国家广播电视总局	《未成年人节目管理规定》	● 未成年人节目前后播出广告或者播出过程中插播广告，应当遵守以下规定：未成年人专门频率、频道、专区、链接、页面不得播出医疗、药品、保健食品、医疗器械、化妆品、酒类、美容广告，不利于未成年人身心健康的网络游戏广告，以及其他不适宜未成年人观看的广告。其他未成年人节目前后不得播出上述广告。
2018年8月	教育部、国家卫生健康委员会、国家体育总局等八部门	《综合防控儿童青少年近视实施方案》	● 实施网络游戏总量调控，控制新增网络游戏上网运营数量。 ● 探索符合国情的适龄提示制度，采取措施限制未成年人上网运营时间。
2017年4月	原文化部	《关于推动数字文化产业创新发展的指导意见》	● 推动游戏产业健康发展。加强游戏内容价值导向管理，建立评价奖惩体系，扶持传递正能量、弘扬社会主义核心价值观的游戏。改善游戏同质化、低俗化等品牌形象，培育国产原创游戏品牌产品、团队和企业。大力推动应用游戏、功能性游戏的开发和产业化推广，引导游戏具有教育、益智功能，电子游戏、家庭主机游戏，协调发展游戏产业各个门类。促进电竞赛事、电竞直播等新模式健康有序发展。
2016年12月	原文化部	《关于规范网络游戏运营加强事中事后监管工作的通知》	● 首次明确规定网络游戏虚拟货币、虚拟道具不能兑换实定货币，并保存用户注册信息，不得为使用游客模式登陆的用户提供网络游戏内充值或者消费服务等。同时指出网络游戏运营企业应当要求网络游戏用户使用有效身份证件进行实名注册。 ● 各地文化行政部门和文化市场综合执法机构要充分利用网络文化市场执法协作机制，对相关违法行为全面实施"双随机一公开"监管。

续表

发布时间	发布机构	文件名称	主要内容
2016年11月	原国家新闻出版广电总局	《关于实施"中国原创游戏精品出版工程"的通知》	• 提出引导游戏企业打造更多传播中国价值观念、体现中华文化精神、反映中国人审美追求的游戏精品，为广大人民群众特别是青少年提供积极向上、丰富多彩、寓教于乐的精神食粮。 • 2016~2020年，建立健全扶持游戏精品出版工作机制，累计推出150款左右游戏精品，扩大精品游戏消费，落实鼓励和扶持措施，支持优秀游戏企业做大做强。 • 由国家新闻出版广电总局依照游戏产业相关政策，提出"游戏精品工程"实施要求，组织集中评选工作，省级出版行政主管部门择优推荐，共同扶持发展，推进实施，并确定了具体扶持措施和申报主体、申报作品、申报材料、申报评选等工作规则。
2016年6月	国家互联网信息办公室	《移动互联网应用程序信息服务管理规定》	• 明确移动互联网应用程序提供者应强化信息安全管理，App注册须实名制，旨在加强对移动互联网应用程序信息服务的规范管理，促进行业健康有序发展，保护公民、法人和其他组织的合法权益。
2016年5月	原国家新闻出版广电总局	《关于移动游戏出版服务管理的通知》	• 规定了申请出版移动游戏的办理要求、游戏出版单位对移动出版上网进行运营的主体责任。 • 要求新上线的移动游戏先审批，后上线。 • 已经批准出版的移动游戏升级版游戏及新资料片视为新作品，上线时需重新审批。
2016年2月	原国家新闻出版广电总局、工业和信息化部	《网络出版服务管理规定》	• 网络游戏上网出版前，必须向所在地主管部门提出申请，经审核同意，报国家新闻出版广电总局审批。网络出版服务单位在网络上提供境外著作权人授权的网络游戏，应当取得著作权合法授权。其中，出版境外著作权人授权的网络游戏，由出版行政主管部门依照法定职权予以取缔。未经批准，擅自上网出版网络游戏的，由出版行政主管部门，工商行政管理部门依照法定职权予以取缔，并根据情节处以相应处罚。

二 舆论环境：传统主流媒体报道正向占比超过负向

（一）判断方法说明

本研究选取了三家典型媒体网站——新华网、人民网、光明网作为传统主流媒体报道参考源，收集和分析了 2021 年（具体时间为自 2021 年 1 月 1 日至 7 月 7 日）三家网站发布的网络游戏领域的报道内容。搜集对象以关注量较高的新闻报道为主。搜集方法如下：一是使用百度搜索引擎的"搜索工具"，限定搜索起止时间为 2021 年 1 月 1 日至 2021 年 7 月 7 日；二是限定站点内检索，站点网址分别为新华网（xinhuanet. com）、人民网（people.com.cn）、光明网（gmw.cn）；[①] 三是以细分领域名称为检索词进行检索，去重后从每家媒体网站选取 15 条[②] 关注度排名靠前的相关报道，即每个细分领域共采集不重复的 45 条相关报道。

这种以领域关键词为主的搜索方式可能会遗漏一些不含明显关键词的相关报道，但考虑到数量较少，对结果影响不大，而"打捞"成本很高，因此对于相关度比较低或难以搜寻的零星报道，本研究不过多关注。

本节梳理了三家传统主流媒体网站对网络游戏领域的相关报道内容，并根据报道标题和内容进行态度倾向分析，将传统主流媒体报道的态度倾向分为正向、中性、负向。判断的方法为"机器判断 + 人工辅助修正"（见图 2-2），在综合两种机器判断的基础上，以人脑的一般理解进行修正，最终取值以人工修正为准。人工辅助修正的判断标准由本书作者设计，可能存在一定的局限性和不足，具体为：（1）如果标题能直接判断倾向，以标题为准；如果不能，参考报道主要内容；（2）有明确的态度倾向，则根据表达态度的关键词直接判断是积极的态度，还是消极的态度；（3）没有明确的态度倾向，则判断报道的事件或话题，若报道的是一个事件，则判断该事件是倾向于促进该领域发展，还是限制该领域发展，促进为正向，限制为负向；若报道的是一个话题，则判断该话题是该领域的优点还是缺点，建议类、讨论类、采访类等报道都以

---

① 此站点内的新闻也包括转发新闻，如新华网转自新京报的文章。

② 为了保持基数一致，每个领域选取 45 条相关报道，即从每家媒体网站的检索结果中选取 15 条关注度排名靠前的相关报道。之所以选取 15 条，一是其基本可以代表 2021 年报道的主要内容，反映出主要报道倾向；二是据本研究观察，第 15 条相关结果（去重后且排除不相关的结果）已大致位于搜索结果页第 8~10 页，之后的检索结果重复较多且受关注度相对较低。

话题为主，优点话题为正向，缺点话题为负向；若没有明确事件和话题，客观描述行业或企业发展模式、发展建议、发展规范等，则态度倾向为中性。

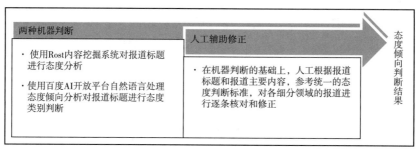

图2-2 传统主流媒体报道态度倾向判断方法

（二）传统主流媒体对网络游戏的报道倾向

2021年，传统主流媒体关于网络游戏报道的高频词为"沉迷""未成年人""恶意""漏洞"等（见图2-3），说明青少年沉迷网络游戏仍然是目前媒体议论的焦点；而"研讨会""电竞""知识产权""收入"等关键词反映出我国网络游戏产业发展的积极意义。

图2-3 2021年网络游戏领域传统主流媒体报道关键词分布

注：字体越大代表该词出现的频次越高，颜色深浅是彩色转灰白所致，无指代意义，图中展示的是Top75的关键词，其他领域同，不再重复说明。

整体上看，如图 2-4 所示，2021 年传统主流媒体对网络游戏的报道以负向为主，数量占比达到 44%；其次是正向报道，数量占比为 38%；中性报道占比18%。其中，负向报道重点关注了未成年人沉迷、防沉迷系统存在漏洞、侵权、恶意竞拍等问题；正向报道的话题包括网游产业营收成绩亮眼、游戏产业新基地的创立、相关活动或会议的成功举办、电竞得到正名及其新发展等；中性报道集中探讨网络游戏产业发展模式与就业问题，如网游财产如何保护、网络游戏行业从业人员情况等。报道的核心内容及倾向性判断详见表 2-2。

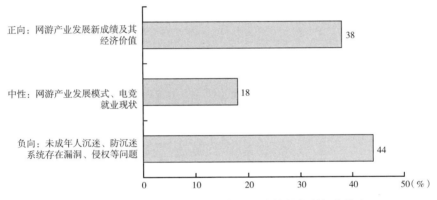

图 2-4 2021 年网络游戏领域传统主流媒体报道倾向分布

第三节 市场运行现状

一 市场规模增速回暖，用户规模首次回落

网络游戏被称为"第九艺术"，具备传播文化的能力，尤其是在跨文化传播方面。但网络游戏的发展一直备受争议，主要原因是涉及未成年人沉迷的问题。因此，近几年政府管理部门对网络游戏的监管始终未放松。2018 年，受网络游戏总量调控政策的影响，网络游戏市场实际销售收入规模增长明显放缓。随着版号恢复发放，2019 年和2020 年市场规模增速回暖，2020 年网络游戏市场实际销售收入达到 2786.87 亿元，同比增长 20.71%，基本追平 2018 年以前的增长速度，2021 年增速再次放缓，同比增长6.4%，达到 2965.13 亿元（见图 2-5）。

表 2-2 网络游戏报道梳理及倾向性判断

报道时间	传统主流媒体	报道标题	报道的核心内容	百度 AI 判断	Rost 判断	人工修正
2021年7月6日	新华网	《重庆如何后来居上 打造游戏产业新高地?》	抓住《重庆市服务业扩大开放综合试点总体方案》的机遇，重庆游戏产业能否实现自己的"光荣"与"梦想"，我们拭目以待。	正 18% 负 82%	0	正向
2021年6月25日	新华网	《2020年上海游戏产业成绩单亮眼：市场总计超1200亿元 海外收入增量50%》	上海对"游戏创新之都""全球电竞之都"的建设正快马扬鞭。目前，《2020~2021上海游戏出版产业报告》《2021上海电子竞技产业发展评估报告》在沪发布。	正 90% 负 10%	3	正向
2021年6月15日	新华网	《网络游戏财产有什么权利 应怎样保护》	近日，由中国人民大学法学院未来法治研究院、科技革命与未来法治智库学术主办的"网络游戏中的财产权保护"学术研讨会召开。	正 3% 负 97%	1	中性
2021年6月9日	新华网	《太原警方打掉一个游戏诈骗链条 破案730余起》	太原市公安局近日全链条打掉一个游戏诈骗团伙及相关洗钱团伙，抓获犯罪嫌疑人57名，核破全国游戏装备类网络诈骗案件600余起，相关洗钱案件130余起。	正 0% 负 100%	-10	负向
2021年5月21日	新华网	《游戏行业重研发变变模式关突围》	在游戏用户数量和市场整体营收增速双双放缓，买量成本激增等多重因素叠加影响之下，众多游戏厂商如何突围？业内认为，游戏产业进入存量竞争时代，全球化、精品化将是发展趋势。	正 86% 负 14%	4	中性
2021年4月27日	新华网	《游戏行业知识产权侵权纠纷多发 网络游戏直播是否侵权历存争议》	游戏产业的健康有序发展，必然离不开对其知识产权的重视和保护。在近日举行的2021阳坊知识产权论坛"游戏行业著作权争治前治问题"分论坛上，来自游戏相关行业的专家就有关问题进行了探讨。	正 4% 负 96%	4	负向
2021年3月17日	新华网	《电竞逐渐得到官方正名 打好游戏就足以成为职业电竞人了吗?》	相比电子竞技员，其他电竞相关的岗位才是未来电竞就业的主要工种，职业教育必将成为电竞生态链上的重要一环，而职业与标准化正是完善体系和保证电竞行业生命力的根基。	正 81% 负 19%	1	正向
2021年3月14日	新华网	《立法管理网络游戏已刻不容缓》	中国互联网络信息中心调查显示，中国青少年网络游戏用户规模已经超过两亿，占青少年网民的66.5%。如何监管网络游戏，成了今年两会上代表委员们关注的话题之一。	正 73% 负 27%	0	负向
2021年3月11日	新华网	《防范未成年人网络游戏沉迷，需尽快形成决策》	加强对未成年人网络游戏的监管，各方面应该凝聚共识，突破阻力，尽快形成决策。	正 76% 负 24%	3	负向
2021年3月10日	新华网	《加强网络游戏监管 拯救"网瘾少年"》	3月6日，在全国政协医药卫生界教育界别联组会上，来自不同界别的全国政协委员，不约而同谈到当前教育领域的一些热点问题，其中就有引发学生家长和社会高度关注的沉迷网络游戏的问题。	正 6% 负 94%	0	负向

续表

报道时间	传统主流媒体	报道标题	报道的核心内容	百度 AI 判断	Rost 判断	人工修正
2021 年 2 月 23 日	新华网	《实名认证存漏洞，游戏防沉迷，名存实亡！？》	数据显示，我国网络游戏用户超 5 亿，即每 2 个网民中就有 1 个玩网络游戏。这么多游戏用户，其中有多少是未成年人？现在一些游戏厂商号称的未成年人防沉迷系统显然没有起到作用。	正 0% 负 100%	-6	负向
2021 年 2 月 3 日	新华网	《"一拿手机就开始'六亲不认'"——一位孩长的自白》	眼下，各地中小学生的寒假已经开启。受零星散发疫情影响，多地暂停培训机构线下培训和集体活动。面对这个特殊的假期，郑先生的焦虑随之升级。"手机拿手游，让我的孩子变了一个人。"电话那头的他难掩愤怒与无奈。	正 26% 负 73%	0	负向
2021 年 1 月 29 日	新华网	《年内首批网游版号下发 "宅经济" 助推游戏板块》	回顾 2020 年网络游戏产业表现，用户和收入都加速向头部游戏龙头仍将是最受益于 "宅经济" 的。品游戏集中，机构分析指出，强社交属性的游戏龙头仍将是最受益于 "宅经" 的。	正 97% 负 3%	0	正向
2021 年 1 月 18 日	新华网	《打造国际网络游戏中心 "金名片" 北京精品游戏研发基地产值破百亿》	作为全市唯一一个挂牌北京市精品游戏研发基地的园区、中关村科学城数字文化产业园挂牌一年来吸引聚集 49 家企业签约，园区产值达 100.12 亿元，成为首都打造国际网络游戏中心的 "金名片"。	正 66% 负 34%	4	正向
2021 年 1 月 14 日	新华网	《"网游适龄提示" 团体标准试点落地》	中国音像与数字出版协会游戏工委在京召开《网络游戏适龄提示》团体标准应用工作部署会，既是《网络游戏适龄提示》团体标准启动实施的重要标志，同时也是对下阶段工作的一次全面梳理。	正 90% 负 10%	2	中性
2021 年 6 月 25 日	人民网	《游戏卡拍出 8700 万元 网络司法拍卖不容恶意搅局》	近日，一场司法拍卖登上热搜。拍卖网页显示，评估价仅为 100 元的游戏卡牌，竞拍价格竟突破了 8700 万元，共有 18104 人报名，76716 人设置提醒，另有 2100384 次围观。	正 4% 负 96%	-1	负向
2021 年 6 月 18 日	人民网	《2020 年上海网络游戏总销售收入 1206 亿元，超八成来自国内》	2020 年上海网络游戏销售收入达 999.2 亿元，同比增长超过 24%，增速超过全国平均水平；2020 年上海网络游戏海外销售收入超过 29 亿美元，约占人民币 206.8 亿元，增幅超过 50%，也超过全国平均水平。总体来看，2020 年上海在国内及海外的网络游戏总销售收入达 1206 亿元，超过以来自国内，近两成来自海外，收入来源占比整体保持稳定。	正 95% 负 5%	0	正向
2021 年 6 月 1 日	人民网	《游戏防沉迷系统，防不住的是什么？》	除了 "事后补救"，更应该重视的是 "事前预防"。合理、适度游戏，从游戏中享受快乐而不被过度沉溺，所需要的正是《未成年人保护法》中所提到的 "网络素养"。	正 5% 负 95%	0	负向

续表

报道时间	传统主流媒体	报道标题	报道的核心内容	百度AI判断	Rost判断	人工修正
2021年5月31日	人民网	《"网络游戏广告中的未成年人身心健康保护"研讨会在京召开》	近日，中国"广告协会议"网络游戏"广告中的未成年人身心健康保护"为核心议题，在京召开讨论会。来自政府部门、社会组织、学术界以及平台发起人，共建入企业的代表参加会议。	正64% 负36%	7	中性
2021年5月25日	人民网	《"防沉迷系统"应成为儿童节最佳礼物》	"六一"国际儿童节即将到来之际，各主要视频、直播、游戏等网络平台纷纷升级青少年防沉迷系统，优化"青少年模式"内容池。	正98% 负2%	3	正向
2021年5月7日	人民网	《苏州"00后"脑瘫少年用脚打游戏做直播》	近日，"用脚打游戏"的苏州"00后"脑瘫小伙王春皓在网络走红，他的阳光乐观吸引了不少粉丝关注。虽然有时连一句话都很难连贯地说清楚，但一点点不妨碍皓皓在镜头前展露阳光的笑容。接受扬子晚报紫牛新闻记者专访时，皓皓说，"我想好起来，不想给家里添麻烦"。	正98% 负2%	-3	正向
2021年5月7日	人民网	《2021云上动漫游戏产业交易会圆满收官》	5月5日，以"数智赋能，动漫创未来"为主题的2021云上动漫游戏产业交易会圆满收官。	正99% 负1%	6	正向
2021年3月24日	人民网	《青年游戏策划者的虚拟世界与现实会：国风与国游的风云际会》	国风游戏的崛起，离不开游戏策划者。本文中，他们的名字均为化名。名字背后，是一群"80后""90后"青年。游戏在创意、情节、画面、感官及各种细微之处的点滴进步，皆是他们与同伴智慧与汗水的结晶。	正95% 负5%	0	正向
2021年3月24日	人民网	《"熊孩子"偷刷12万元买游戏账号，部门介入后商家退还一半》	近日，百色市市场监督管理局通报该市2020年维权经典案例，其中一起未成年人落入网购陷阱案件备受关注：一名12岁的男孩偷刷12万余元购游戏账号，家长知情后投诉至市场监督管理部门。经调解，商家同意退还一半金额。	正0% 负100%	0	负向
2021年3月5日	人民网	《代表委员热议未成年人网络游戏防沉迷 中宣部回应了》	2020年全国两会上，全国人大代表、杭州技师学院教师杨金龙就未成年人网络游戏防沉迷、防过度消费提出建议，实现"入证一、人机对应"。半年多后的12月15日，中宣部联合多部委对该建议做出书面回复。	正3% 负97%	-1	负向
2021年2月26日	人民网	《"奋斗"在网络游戏里的失控青春》	"如果当初不玩网游，不摸七装备等级，如果第一次没设有'伸手'，现在的我应该有个截然不同的人生……"回想起自己的违法犯罪历程，浙江省宁波市镇海区蛟川街道经济发展服务中心原副主任张格格懊悔不已。2017年8月，因欠空嘛啡，年仅30岁的张格格被判处有期徒刑1年9个月，缓刑2年，并处罚金28万元。	正99% 负1%	0	负向

续表

报道时间	传统主流媒体	报道标题	报道的核心内容	百度AI判断	Rost判断	人工修正
2021年2月8日	人民网	《游戏主机崛起 "回锅肉" 缘何被赞 "真香"》	春节越来越近，在鼓励民众 "就地过年" 的号召下，"宅经济" 再度火热。吃饭叫外卖，购物靠快递，全家里宅宅，不少人已经选定不出户过年了！那么，在家里选择哪种娱乐方式过长假？游戏机成为许多年轻人的首选。	正99% 负1%	15	正向
2021年1月27日	人民网	《电影 "哪吒" 拒绝游戏抄袭》	杭州互联网法院经审理判决停止对 "哪吒" "敖丙" 著作权的侵权行为，就著作权侵权行为及不正当竞争行为赔偿经济损失共计100万元；被告杭州电魂网络科技股份有限公司，北京瓦力网络科技有限公司立即停止对 "哪吒" "敖丙" 著作权的侵权行为，就著作权侵权行为及不正当竞争行为赔偿经济损失共计100万元；被告杭州电魂网络公司公开刊登道歉声明，消除影响。	正24% 负76%	1	负向
2021年1月18日	人民网	《打造国际网络游戏中心 "金名片" 北京精品游戏研发基地产值破百亿》	催生新业态，聚集创新人才，游戏电竞产业是当下数字经济发展、文化与科技融合创新的重要朝阳产业。作为北京市唯一集游戏研发基地的园区，中关村科学城数字文化产业园挂牌一年来吸引聚集49家企业签约，园区产值达100.12亿元，成为首都打造国际网络游戏中心的 "金名片"。	正81% 负19%	7	正向
2021年1月13日	人民网	《游戏插件 "捉妖"，能否想要就捉？》	重庆腾讯信息技术有限公司，深圳市腾讯计算机系统有限公司以构成不正当竞争为由，将涉案虚拟定位插件推广、销售方诉至上海市浦东新区人民法院。	正2% 负98%	-2	负向
2021年7月6日	光明网	《"电竞专业" 迎来首届毕业生 "打游戏赚钱" 企业增速惊人》	自2016年9月教育部发文要求高校应在体育类项目中增加 "电子竞技运动与管理" 专业的通知后，目前全国开设电竞专业的大学已经有二三十所，其中不乏中国传媒大学、上海戏剧学院这样的名校。今年，国内迎来了首批电竞专业毕业生。	正82% 负18%	-3	正向
2021年7月5日	光明网	《湖北黄冈警方破获侵犯Ohayoo等游戏平台著作权案 5人被刑拘》	7月4日，记者从湖北省黄冈市公安局获悉，黄冈市蕲春县公安局破获一起涉嫌侵犯著作权罪的案件：6名犯罪嫌疑人涉嫌侵犯休闲游戏著作权，非法获利200余万元。	正4% 负96%	0	负向
2021年6月24日	光明网	《电竞行业整体月薪超万元 近9成从业者认为存在人才缺口》	58同城近日发布的《2021年电竞行业人才从业现状及发展研究报告》显示，89%的电竞从业者认为行业存在人才缺口，各城市相关岗位供给充足。	正57% 负43%	0	中性
2021年6月23日	光明网	《游戏卡牌竞拍8700万一幕暴露拍卖行乱发条的违法闹剧》	18104人注册，76716人提醒，吸引了近200万名网友围观；拍卖便突破6000元，竞拍便突破40分钟，拍卖开始半小时，竞拍便突破8700万……如果真是拍卖，恐怕会诞生一个天文数字股的拍卖价格。	正10% 负90%	-1	负向

续表

报道时间	传统主流媒体	报道标题	报道的核心内容	百度AI判断	Rost判断	人工修正
2021年6月22日	光明网	《为避免孩子沉迷游戏 爸爸复制现实版"摩尔庄园"》	近日，苏州一名父亲为自己的孩子复制了现实版的"摩尔庄园"，摆上同款小黑板、戴上同款小黄帽，捞着同款小菜篮……带着孩子摘辣子、青椒，体验收菜的快乐。不仅如此，这位父亲还为孩子们熬夜制作1000天不重样的营养早餐。	正28% 负72%	0	中性
2021年6月19日	光明网	《首批"电竞本科生"毕业了，他们注哪打游戏？》	如今，20多位年轻人即将成为该校首批电竞专业本科毕业生。他们是选择再深造，还是涌进电竞大潮？电竞行业涌涌哪些"新势力"？记者多方采访，走近这支"游戏正规军"，聚焦当前电竞教育、探究各地积极做大做强电竞产业的动因。	正31% 负69%	-3	中性
2021年5月19日	光明网	《期待国产游戏自研引擎发力，探索沙盒游戏厂未来》	小朋友玩沙子的历史可以追溯到史前时代，即使当代的成年人去海边沙滩也会忍不住玩一把堆沙雕——如果这种用沙子创造世界的快乐入电脑和手机里，就容易理解沙盒游戏为什么如此受欢迎。《2021年移动市场报告》显示，2020年沙盒游戏占全球游戏市场份额接近7%，在112个子类目里排第一，并且占据了最多的用户时间。	正99% 负1%	4	正向
2021年5月18日	光明网	《中国电竞和游戏用户超5亿 电竞运动员健康问题突出》	"起源于互联网大潮，盛行于互联网发展快车道，如今步入行业发展快车道。"在5月16日举办的"健康电竞行动2021全国电竞发展研讨会"上，中国互联网协会副秘书长何桂立在研讨会上表示，中国的电竞产业一路走来，得益于政策助推，这个快速发展的"后浪体育运动"也存在许多亟待解决的问题，其中，运动员的健康问题尤为突出。	正49% 负51%	6	负向
2021年4月30日	光明网	《第34届北京微博国际动漫游戏嘉年华IDO落地石景山游乐园》	5月1日至5日，石景山游乐园将再次变身沉浸式动漫游乐嘉年华体验现场，第34届北京微博国际动漫游戏嘉年华IDO将在这里举办。	正99% 负1%	3	正向
2021年4月29日	光明网	《9岁女童以假车龄注册游戏受网络侵犯 检方要求网游公司限时整改》	9岁女童假冒16岁登录网游平台，不仅沉溺游戏，甚至在游戏中被"隔空猥亵"。如何保障幼童远离网络和网络侵犯？近日，江苏检方向网游公司连发检察建议，要求限时整改，并督促确保游戏平台整改到位。	正1% 负99%	-3	负向
2021年3月26日	光明网	《警方破获特大游戏外挂案件 维护绿色网络安全》	今日，昆山警方召开新闻发布会，宣布破获全球最大游戏外挂案件。	正62% 负38%	15	正向

续表

报道时间	传统主流媒体	报道标题	报道的核心内容	百度 AI 判断	Rost 判断	人工修正
2021 年 3 月 24 日	光明网	《青年游戏策划者的虚拟世界与现实交汇：国风与国游的风云际会》	国风游戏的崛起，离不开游戏策划者。本文中，他们的名字均为化名。名字背后，是一群 "80 后" "90 后" 青年。游戏在创意、情节、画面、感官及各种细微之处的点滴进步，皆是他们与同伴智慧与汗水的结晶。	正 98% 负 2%	0	正向
2021 年 3 月 10 日	光明网	《未成年人网络游戏防沉迷，需加强产品准入监管》	要对未成年人实施网络保护，其中之一就是必须提高未成年人接触网络游戏的难度，不能让他们轻易接触并不受限制地玩游戏。落实企业的主体责任、利用已经成熟的技术手段，完全可以做到这一点。	正 1% 负 99%	0	负向
2021 年 2 月 24 日	光明网	《假期游戏玩疯了？防沉迷系统不能成为摆设》	"春节假期我玩了 7 天游戏，你是这样吗？" 有数据显示，我国网络游戏用户超 5 亿，即每 2 个网民中就有 1 个玩网络游戏。有网友反映，在玩游戏时，经常碰到疑似未成年玩家，"我在春节假期时经常能碰到小学生，听声音就能判断，奶声奶气的"。一些游戏厂商号称的未成年人防沉迷系统，真在起作用吗？有媒体调查发现，结果不容乐观。	正 0% 负 100%	-15	负向
2021 年 1 月 29 日	光明网	《出现纠纷只能认倒霉 游戏灰色练法色地带谁来管？》	如同近年来兴起的直播，外卖行业一样，针对如游戏代练领域，相关部门也应该在其不断发展的过程中进行规范，使行业更健康的发展，也让从业者获得更多保障。	正 0% 负 100%	-10	负向

注：百度 AI 情感倾向判断和 Rost 系统是对报道标题进行判断。百度 AI 判断结果是正负倾向及相应的置信度（正向+负向=100%）；Rost 判断结果是正负倾向向相应的数值，大于 0 是正向，小于 0 是负向，数字越偏离 0 代表程度越高。

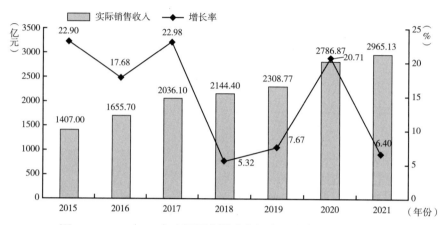

图 2-5 2015~2021 年中国网络游戏市场实际销售收入及增长率

数据来源：中国音数协游戏工委（GPC）。

2020 年中国网络游戏用户规模为 5.18 亿人，同比下降 2.63%（见图 2-6），这是近年来网络游戏用户规模首次出现下滑。CNNIC 数据显示，截至 2021 年 6 月，网络游戏用户规模为 5.09 亿人，较 2020 年 12 月减少 869 万人。这主要是受疫情影响，人们居家期间网络在线时长增长，玩网络游戏的人数达到了一个高峰，随着疫情得到控制和复工复产有序开展，玩网络游戏的人数慢慢回落到正常水平。实际上，与 2018 年相比，网络游戏用户规模仍处于缓慢增长中。

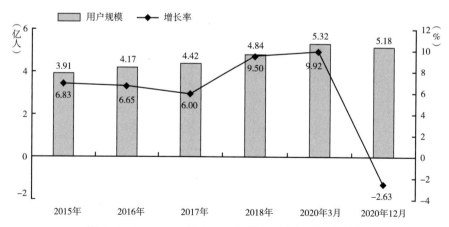

图 2-6 2015~2020 年中国网络游戏用户规模及增长率

注：受疫情影响，CNNIC 未披露 2019 年 12 月数据，这里以 2020 年 3 月的数据代替。

数据来源：CNNIC 发布的第 37~48 次《中国互联网络发展状况统计报告》。

二　限制未成年人游戏时长对企业业绩影响有限

2021 年 8 月 30 日，号称"史上最严"的网络游戏限令出台，国家新闻出版署下发的《关于进一步严格管理切实防止未成年人沉迷网络游戏的通知》中，严格限制向未成年人提供网络游戏服务的时间，所有网络游戏企业仅可在周五、周六、周日和法定节假日每日 20 时至 21 时向未成年人提供 1 小时服务。通知下发后，腾讯、网易、完美世界、三七互娱、巨人网络等企业股价应声下跌，但在随后的两天迅速翻红。监管"靴子"终于落地，对于资本市场来说，这并不是一个坏消息。网络游戏企业数据显示，未成年人对网络游戏企业流水贡献低，新规对网络游戏业绩影响有限，从长期来看反而有利于行业规范发展。

以腾讯、哔哩哔哩为例，腾讯 2021 年第二季度财报披露的数据显示，腾讯游戏 16 岁以下未成年人流水占比为 2.6%，12 岁以下未成年人流水占比为 0.3%。哔哩哔哩也披露 18 岁以下用户的流水占比约 1%。当前国内主要网络游戏公司未成年人收入贡献占比都较低，如三七互娱 18 岁以下用户的收入贡献占比不足 0.05%，游族网络也大约同等水平（见表 2-3）。从行业数据来看，以典型的氪金游戏种类养成类手游为例，腾讯内容开放平台数据显示，18 岁以下的用户以不消费和 10 元以下消费为主，31~35 岁年龄层玩家才是重度氪金者的代表。

表 2-3　2021 年第二季度网络游戏公司未成年人收入贡献占比

单位：%

序号	公司名称	18 岁以下	16 岁以下	12 岁以下
1	腾讯	—	2.6	0.3
2	网易	< 1	—	—
3	三七互娱	< 0.05	—	—
4	游族网络	0.055	0.016	—
5	中手游	0.026	—	—
6	哔哩哔哩	≈ 1	—	—
7	创梦天地	0.18	—	—
8	心动公司	1.09	—	—
9	吉比特	0.14	—	—
10	姚记科技	< 0.01	—	—
11	百奥家庭互动	—	0.38	—
12	凯撒文化	0.0039	—	—

资料来源：游戏新知。

三 疫情刺激手游付费转化率快速提升

网络游戏的付费转化率居数字内容产业 10 个细分领域之首，付费模式灵活，变现效率极高。进入 2020 年以来，受疫情影响，"宅经济"快速发展，网络游戏成为人们居家娱乐的重要方式，手游月活跃用户规模快速攀升。TalkingData 数据显示，2020年 4 月，手游月活跃用户规模达到 7.9 亿人，而在 2019 年 4 月，这个数据仅为 6.2 亿人（见图 2-7）。

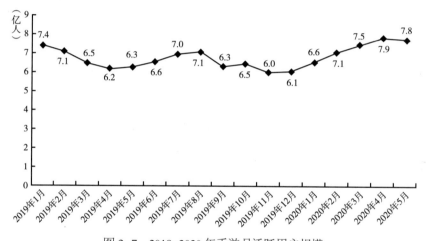

图 2-7　2019~2020 年手游月活跃用户规模

数据来源：TalkingData。

月活跃用户规模的增长带动了付费转化率的快速提升。据本研究测算，2020 年，网络游戏付费转化率高达 80.9%，同比增长 27.4%；2019 年网络游戏付费转化率为63.5%，同比下降 19.42%（见图 2-8）。受 2018 年网络游戏版号限制的影响，2019年新游戏供给萎缩，月活跃用户规模和付费转化率下降。

四 行业前四企业营收占比超过八成，集中度同比略降

本研究选取了每年营收规模排名靠前的 4 家网络游戏上市公司进行统计，2015~2020 年这 4 家龙头公司营收之和如表 2-4 所示，占网络游戏市场规模的比例（即市场集中度）如图 2-9 所示。

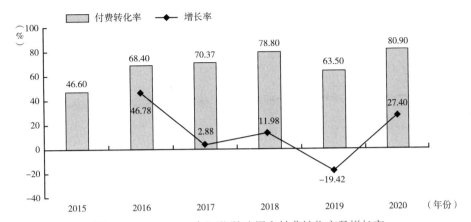

图 2-8　2015~2020 年网络游戏用户付费转化率及增长率

数据来源：2015~2017 年数据来自 CNNIC 和企鹅智库，2018 年数据来自极光大数据，2019 年数据测算自极光发布的《2019 年手机游戏行业研究报告》，2020 年数据来自艾媒数据中心。

表 2-4　2015~2020 年网络游戏龙头上市公司营收规模

单位：亿元

企业名称	2015 年	2016 年	2017 年	2018 年	2019 年	2020 年
腾讯游戏	566.00	709.00	978.83	1284.00	1411.00	1561.00
网易游戏	173.14	279.80	362.82	401.90	464.23	546.09
三七互娱	42.09	46.22	56.29	72.47	132.27	144.00
完美世界	未披露	46.76	56.22	53.89	68.61	92.62
游族网络	15.35	不选取	不选取	不选取	不选取	不选取
合计	796.58	1081.78	1454.16	1812.26	2076.11	2343.71

注：（1）2016~2020 年选取腾讯游戏、网易游戏、三七互娱、完美世界 4 家企业营收数据；（2）由于完美世界未披露 2015 年数据，2015 年营收数据以游族网络代替；（3）2016~2020 年游族网络营收小于前 4 家，因此不选取。

数据来源：各公司财报，Wind 数据库。

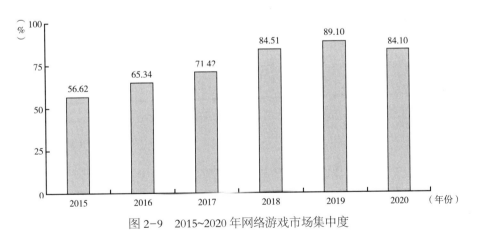

图 2-9　2015~2020 年网络游戏市场集中度

从 2015~2020 年的数据来看，网络游戏市场集中度在 2019 年达到峰值，即头部网络游戏公司市场主导能力达到最强。这主要由于中小游戏厂商获得版号的能力较弱，新游戏发行受到影响，而腾讯游戏、网易游戏等头部企业获得游戏版号的能力更强，因此营收占比更大。随着版号发放的恢复以及 2020 年疫情的刺激，中小企业得以恢复生机并抢回市场份额，2020 年市场集中度同比有所下降。

除了本研究的测算，易观分析发布的《中国移动游戏年度市场综合分析 2020H1》[①]中也提到了竞争格局的数据。报告显示，2020 年上半年，腾讯游戏和网易游戏分别以 54.46% 和 15.29% 的市场份额占据行业第一和第二，行业 Top4 的市场份额之和为83.16%，与本研究数据较为接近，可作为测算数据的交叉验证。

第四节　投资动向与投资价值评估

一　投资数量和投资金额骤降后回暖

2015~2019 年网络游戏领域投资事件数量和投资金额持续下降，尤其在 2019 年出现骤降，2020 年有小幅回调。具体来看，2019 年国内网络游戏领域创投市场经历了震荡，投资数量和投资金额明显下降，投资金额下降一半，投资数量下降约四成（见图 2-10）。随着版号恢复发放，创投市场逐渐回暖，但回调力度不大，2020 年投资数量同比提升了 18.53%，投资金额同比提升 16.66%，但仍延续了 2018 年及以前的下滑走势。

二　新增企业数量微涨之后迅速回落

网络游戏领域新增企业数量经历了 2019 年的微涨之后，在 2020 年迅速回落，2020 年新增企业数量同比下降 35.85%。纵向来看，自 2015 年后，网络游戏领域每年新注册的企业数量整体呈现持续下降的趋势（见图 2-11）。一方面，随着监管政策加严，行业门槛提升，头部格局趋于稳固，网络游戏市场存量竞争愈加激烈；另一方面，网络游戏玩家审美体验等需求已逐渐被培养出来，玩家更加注重游戏质量，这就要求网络游戏企业投入更多的成本制作精良的网络游戏，网络游戏创业趋于理性。

---

① 李珠江．游戏行业前三囊括 80% 市场份额，中尾部营收不足大厂一个月流水 [EB/OL].2020-9-28[2021-10-15].https://finance.sina.com.cn/tech/2020-09-28/doc-iivhuipp6920019.shtml.

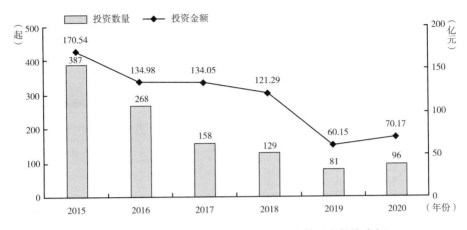

图 2-10　2015~2020 年网络游戏领域投资数量和投资金额

注：2015~2018 年的投资数量、投资金额、新增企业数量数据较上一版有变动。原因为本部分数据的来源方 IT 桔子投资信息数据库处于动态更新中，采集数据源的拓展会导致历史数据增多，应投资事件相关方要求停止对外披露投（融）资信息而做出的相应处理则会导致历史数据减少。通过对两版检索结果——比对，笔者发现，数据变动幅度不大且数据趋势一致，不影响对最终结果的判断，误差在可接受范围内。因此，本版采用 2021 年最新采集的 2015~2020 年数据。本节、第三章至第十一章第四节中的柱状图均同。

数据来源：IT 桔子。

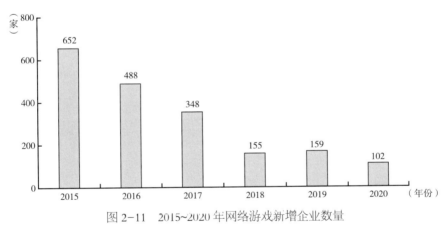

图 2-11　2015~2020 年网络游戏新增企业数量

数据来源：IT 桔子。

三　网络游戏研发仍最受关注，海外市场成新热点

通过统计 2019 年和 2020 年网络游戏领域国内投资事件中受资企业业务方向的高频词，可以分析网络游戏领域最受创投市场资本关注的业务方向，统计方法如图 2-12 所示（其他领域方法相同）。需要说明的是，相比于前两版报告仅选取一年的投资事件进行分析，本报告选取了 2019 年和 2020 年的投资事件作为分析对象，这

主要由于数字内容产业创投事件普遍逐年减少，仅选取 2020 年数据量太少，参考性不够强。

2019~2020 年网络游戏领域的投资热点如图 2-13 所示，游戏研发／开发相比于游戏运营、发行依然获得更多资本关注，这与 2017 年和 2018 年表现一致。值得关注的是，"海外／全球"新出现在热点方向中，投资事件数量超过互动、竞技、休闲等类型游戏，这说明随着国内存量市场的饱和，海外市场成为资本关注的新领地。

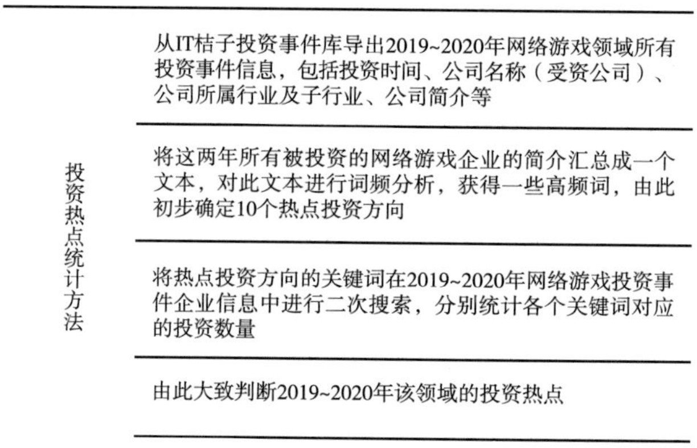

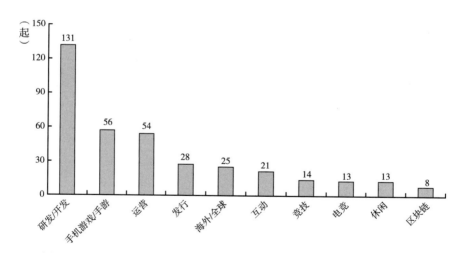

图 2-12　网络游戏领域投资热点统计方法说明

图 2-13　2019~2020 年网络游戏领域投资事件高频词及对应的投资数量

注：如果被投企业简介中包含此关键词，那么此条投资事件就算到该关键词对应的投资数量里。因此，如果企业简介中有多个热点方向的关键词，就会出现在多个投资热点的数量统计中，其余各章同。

数据来源：IT 桔子。

四 网络游戏投资价值评估结果：较高（★★★★）

根据第一章第三节所述的投资价值评估方法，网络游戏领域的投资价值评估结果为★★★★，即投资价值较高，有不错的投资机会，但没有达到很高的程度。评估详情如表2-5所示。

表2-5 网络游戏投资价值综合评估结果

序号	一级指标	一级指标得分	二级指标	二级指标原始数据	原始数据标准化	二级指标得分
1	基础规模	3.5	市场规模	2786.9亿元	1.000	★★★★★
			用户规模	5.18亿人	0.331	★★
2	发展速度	2.5	市场规模增长率	20.71%	0.228	★★
			用户规模增长率	−2.63%	0.452	★★★
3	转化程度	5.0	付费转化率	80.90%	1.000	★★★★★
4	竞争程度	1.0	市场集中度	84.10%	84.10%	★
5	活跃程度	3.0	新增企业数量增长率	−35.85%	0.642	★★★★
			投资数量增长率	18.52%	0.799	★★★★
			投资金额增长率	16.66%	0.145	★
6	相关政策导向	2.0	相关政策支持程度	监管严格，限制未成年人时段时长，偏负向		★★
7	传统主流媒体报道倾向	3.0	传统主流媒体报道的倾向程度	正向占比减去负向占比的值为 −6 个百分点，中性		★★★
加权总计结果						17.30
综合结果						★★★★

第五节 未来发展趋势

出海、云游戏打开增长新空间，元宇宙游戏火爆。不管是从市场规模还是从用户规模来看，国内网络游戏存量市场已增长乏力。市场规模方面，2018 年和 2019 年连续两年同比增速为个位数，2020 年受疫情刺激"宅经济"盛行利好网络游戏，增长率才回到两位数，随着疫情防控进入常态化和社会生活的恢复，2021 年增长率再次回到个位数。用户规模方面，近年来增长率一直比较平缓，2020年甚至出现了负增长，2021年上半年网络游戏用户规模较2020年12月减少了869万人。网络游戏企业要保持高增长，一方面需要拓展新市场，如海外市场；另一方面需要拓展用户的新需求，尤其是年轻用户的新需求，如云游戏甚至元宇宙。

在海外市场方面，伽马数据显示，2020年受疫情影响，海外用户居家时长大幅增长，中国游戏出海收入同比增长33.3%，达到154.5亿美元，增幅高于国内市场。在疫情影响缓解后，海外移动游戏市场增长依然强劲，App Annie和Google的数据显示，2021年上半年与2018年上半年相比，海外移动游戏用户支出增长73%，海外移动游戏用户时长和用户下载量分别增长92%和72%。中国移动游戏用户支出持续增长，现已占全球用户支出的近25%。①一方面，相比于国内市场，海外市场尤其是东南亚市场，随着当地经济的发展，网络游戏需求空间逐渐提升；另一方面，相比于国内50%左右的渠道分成，海外市场渠道分成比例仅为30%，这也有利于提升网络游戏企业的利润率。

在拓展新游戏需求方面，云游戏已成为行业公认的发展方向。相比于移动游戏、主机游戏、端游，云游戏的存储、加载、画面渲染都是在云端完成的，用户无须事先下载安装游戏程序，即可在任何一台联网的电子设备上体验，因此可以大大降低硬件成本。云游戏已经有一定的用户需求基础，伽马数据在一项关于云游戏的用户调查中发现，绝大多数用户都不同程度体验和了解过云游戏产品，有15.3%的用户甚至正通过云游戏平台付费玩游戏。虽然当前云游戏在商业模式、成本投入、网络加载技术等方面还存在不少问题，但在未来几年，云游戏将获得快速成长，成为拉动行业规模增长的新动力。

2021年元宇宙概念爆火，网络游戏成为元宇宙应用的重点领域，为人们打开了体验元宇宙的大门。Facebook改名Meta，知名显卡厂商英伟达借助Omniverse（全方位虚拟化AI助手平台），开启迈向万亿市值的大门，微软以687亿美元收购动视暴雪，希望借此搭上元宇宙的列车，国内的头部公司腾讯、字节跳动、世纪华通等争相投入。从巨头们的一系列动作可以看出其进军元宇宙的雄心壮志，而网络游戏成为人

---

① App Annie、Google.2021年移动游戏出海洞察报告[EB/OL].2021-8-10[2021-10-15].http://www.199it.com/archives/1292560.html.

们第一时间认可这个新概念的载体。早在 2018 年底，一款名叫"SomniumSpace"的游戏平台就已经具备了元宇宙游戏的特质，据官方说法，该游戏是一个基于区块链并完全由用户主导的开源 VR 世界，希望帮助玩家在虚拟的世界里创建一个正常运转的经济体系。与传统游戏策划、开发、运营都由游戏公司主导不同，元宇宙游戏的一个重要方向就是为玩家提供官方编辑器，让玩家自己做小游戏，平台成为聚合游戏的虚拟社区。典型的如国内腾讯旗下《王者荣耀》推出了"天宫编辑器"，莉莉丝游戏推出了"达芬奇编辑器"；国外老牌游戏龙头索尼的《Dreams》游戏平台支持玩家使用 VR 设备绘制、开发游戏，微软旗下《我的世界》拥有全球最多的游戏创作者，掌握上亿 DAU 的《Robox》在美股上市后，短短数月市值超过 500 亿美元，成为全球用户最多的游戏。国内外游戏厂商纷纷尝试探索元宇宙新业务、新方向，甚至有些并不具备元宇宙的特质，仅仅是蹭概念，这也说明了传统游戏业务增长乏力，市场需要追逐下一个风口。

第三章
动漫市场格局与投资观察

第一节　动漫概述

一　动漫界定

动漫属于创意产业，以动画、漫画、游戏为核心，包括所有采用漫画和动画元素制作生产的作品和产品。其通过品牌、形象和衍生产品打造巨大的产业链，涵盖艺术、科技、传媒、出版、商业与制造等多个行业。动漫产业具有消费群体广、市场需求大、产品生命周期长、高附加值、高国际化等特点。

动漫按题材可以分为推理、言情、动作、战争、后宫、历史、悬疑、科幻等多种类型；按播放平台则可以分为电视动画（TV）、剧场动画（MOV）、原始光盘动画（OVA、OAD）、网络动画（NET）四类。

二　动漫发展历程

我国的动漫从1999年进入萌芽期以来，市场接受度不断提升。它的发展历程大致可以分为萌芽期、探索期、发展期和成熟期四个阶段（见图3-1）。

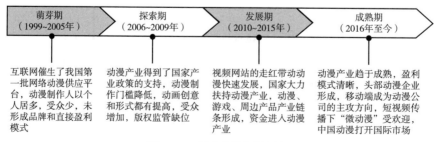

图3-1　中国动漫发展历程

第二节　发展环境

一　政策环境：政策大力扶持，推动精品创作

2016~2019 年，我国积极推动动漫产业的发展，先后提出了动漫企业认定工作、产业规划、税收优惠政策等举措，动漫产业迎来发展契机。《"十三五"时期文化发展改革规划》中提出"支持原创动漫创作生产和宣传推广，培育民族动漫创意和品牌"。《"一带一路"文化发展行动计划（2016~2020）》的实施，进一步推动动漫产业繁荣发展。同时，在税收方面，国家对动漫企业自主开发生产的动漫软件增值税实际税负超过 3% 的部分，实行即征即退政策，并对软件出口免征增值税，这体现了国家对动漫产业的扶持态度。

随着供给侧改革的不断深入，消费结构不断升级，人民对精神文化作品的欣赏水平逐渐提高，政策开始引导动漫产业走向高质量发展之路，鼓励内容精品创作。2019年，《关于推动广播电视和网络视听产业高质量发展的意见》中提出以实施"新时代精品工程"为抓手，对包含动画片在内的多种类型的视听作品加大专项资金扶持力度。

2020 年以来，虽然税收方面政策优惠结束，但其他相关政策继续引导动漫提质增效，鼓励动漫精品创作，以动漫讲好中国故事，延伸动漫的产业链和价值链。如 2020年 8 月，国家广播电视总局办公厅发布的《关于做好重点广播电视节目、纪录片、动画片创作播出工作的通知》，提出要制作播出具有较高思想艺术水平的广播电视新闻、文艺、纪录片、动画片等各类作品，加强优秀作品的供给和各类作品的联动，开展爱国主义教育，讲好脱贫攻坚故事，引导广大群众铭记历史、缅怀先烈、珍爱和平。《"十四五"文化产业发展规划》中提出要提升动漫产业质量效益，打造一批中国动漫品牌，促进动漫"全产业链"和"全年龄段"发展。2021 年 6 月，国务院发布的《全民科学素质行动规划纲要（2021~2035）》将动漫、短视频、游戏等作为科普作品的重要传播形式鼓励大力开发。2021 年 10 月，国家广播电视总局发布的《广播电视和网络视听"十四五"发展规划》提出"大力扶持重点动漫企业发展，打造具有竞争力和影响力的中国动漫龙头企业"，具备市场影响力的动漫龙头企业迎来发展利好。政策内容详见表 3-1。

表 3-1 动漫相关政策梳理

发布时间	发布机构	文件名称	主要内容
2021年10月	国家广播电视总局	《广播电视和网络视听"十四五"发展规划》	• 加强动画片选题规划和创作组织，扶持引导国内动画短片创作机构进行重大主题精品动画和优秀动画作品创作，深入开展"社会主义核心价值观动画短片扶持创作活动"。大力扶持重点动漫龙头企业。加强国家动画产业教学研究基地建设。
2021年6月	国务院	《全民科学素质行动规划纲要（2021~2035）》	• 提升优质科普内容资源创作和传播能力，推动传统媒体与新媒体深度融合，建设即时、泛在、精准的信息化全媒体传播网络、服务。 • 支持优秀科普创作和资助计划。支持面向世界科技前沿、面向经济主战场、面向国家重大需求，扶持科普创作人才成长，培养科普创作领军人物。 • 实施聚荣耀科普创作资助计划。支持优秀科普原创作品、短视频、动漫、游戏等多种形式科普创作。大力开发动漫、短视频、游戏等多种形式动漫。健康等重大题材动漫，以动漫讲好中国故事
2021年5月	文化和旅游部	《"十四五"文化产业发展规划》	• 提升动漫产业质量效益，促进动漫"全产业链"发展。发展动漫品牌，延伸动漫产业链。增强人民精神力量，打造一批中国动漫品牌，培育青少年精神力量。生动传播社会主义核心价值观，打造一批中国动漫品牌，培育"全年龄"和"全年龄段"发展。发展动漫"全产业链"，以动漫讲好中国故事，开展中国文化艺术政府奖动漫奖评选。
2020年8月	国家广播电视总局办公厅	《关于做好重点广播电视节目、纪录片、动画片创作播出工作的通知》	• 形成主题主线作品创作播出热潮。要紧紧围绕中心、服务大局，按照"找准选题、讲好故事、拍出精品"的要求，抓紧推进脱贫攻坚、抗战、抗美援朝作品创作，分批次、有节奏地做好节目排播。要紧扣重要时间节点，动画片创作。要紧扣重要时间节点，全媒体覆盖的宣传矩阵，做到主题鲜明、高潮迭起、氛围浓厚。 • 抓实爱国主义题材作品编排展播。要抓住重要契机，深入开展爱国主义教育，精心编排播出一批反映抗日战争、抗美援朝伟大历史，展现伟大的抗战精神、伟大的抗美援朝精神，具有较高思想艺术水准的节目、纪录片、动画片，引导广大观众永远铭记历史、缅怀先烈、珍爱和平。 • 加快推进脱贫攻坚作品创作播出。广播电视新闻、文艺、纪录片、动画片等各类作品要进一步加强联动，形成声势，用生动的形式讲好脱贫攻坚故事，用群众喜闻乐见的方式推动脱贫攻坚宣传深入实践，任深里走、任心里走。 • 加强暑期优秀少儿节目供给。要针对未成年人收听收视和暑期生活需要，制作播出一批内容健康、生活服务类的青少年节目，积极弘扬社会主义核心价值观，积极向上的历史文化、革命文化、社会主义先进文化，坚持讲品位、讲责任、坚决抵制低俗、庸俗、媚俗，防止不良内容侵害青少年身心健康。各少儿频道要积极播出近年来广播电视制作少儿节目优、动画推优作品，持续加强国产动画主题、集体主义、社会主义教育，用正能量作品丰富青少年暑期生活，用中国精神滋养青少年身心。 • 精心组织建党100周年作品创作。要聚焦庆祝中国共产党成立100周年，抓紧组织相关节目、纪录片、动画片创作，聚焦党史、新中国史、改革开放史和新时代中国特色社会主义建设伟大实践，深入挖掘能够充分反映中国共产党初心与使命、光荣与梦想的题材和素材，生动展示中国共产党带领中国人民从站起来、富起来到强起来的历史飞跃，深刻诠释中国共产党百年光辉历程、伟大成就和宝贵经验。 • 切实维护广播电视创作播出秩序。要切实履行意识形态工作责任制，落实属地管理责任，指导督促所属广播电视播出机构按照本知要求做好重点节目、纪录片、动画片创作播出安排，及时向广电总局报告播出情况和效果。

续表

发布时间	发布机构	文件名称	主要内容
2019年8月	国家广播电视总局	《关于推动广播电视和网络视听产业高质量发展的意见》	• 以实施"新时代精品工程"为抓手，谋划实施好电视剧、动画片、纪录片、广播电视节目、网络视听节目等重点创作规划，完善优秀选题项目储备率，加强动态调整管理，加大专项资金扶持力度。
2018年12月	国务院办公厅	《文化体制改革中经营性文化事业单位转制为企业和进一步支持文化企业发展两个规定的通知》	• 鼓励有条件的文化企业利用资本市场发展壮大，推动资产证券化，充分利用金融资源。
2019年9月	国家广播电视总局	《关于做好庆祝新中国成立70周年纪录片、动画片、电视节目公益展播的通知》	• 为进一步扩大优秀纪录片、动画片、电视节目传播效应，为庆祝新中国成立70周年营造浓厚氛围，总局统筹确定了一批优秀现实题材和重大革命历史题材纪录片和电视节目，统一购买了电视版权和互联网信息传播权，用于提供给全国电视上星综合频道、纪录片专业上星频道、动画和少儿专业上星频道以及"学习强国"平台进行公益展播。
2018年4月	财政部、国家税务总局	《关于延续动漫产业增值税政策的通知》	• 自2018年5月1日至2020年12月31日，对动漫企业增值税一般纳税人销售其自主开发生产的动漫软件，按照16%的税率征收增值税后，对其增值税实际税负超过3%的部分，实行即征即退政策。 • 动漫软件出口免征增值税。
2017年4月	原文化部	《关于推动数字文化产业创新发展的指导意见》	• 推动动漫产业提质升级。发挥好动漫独特的艺术魅力和传播优势，创作生产优质动漫产品。坚持品牌化发展战略，创作生产技术手段和各种新兴媒体，创新表现形式，拓展传播渠道。发展基于互联网和移动互联网的智能终端动漫"全产业链"和"全年龄"发展。运用信息技术开发动漫表情等动漫新业态。积极开拓动漫及衍生产品消费，活跃动漫会展发展，促进动漫与文学、游戏、影视、音乐等内容形式交叉融合，引导促进动漫品牌授权和形象营销，与相关产业融合发展，延伸动漫产业链和价值链。
2017年2月	原文化部	《"十三五"时期文化发展改革规划》	• 加快发展动漫、游戏、创意设计、网络文化等新型文化业态。推动中国国际网络文化博览会、中国国际动漫游戏博览会等重点文化产业展会市场化、国际化、专业化发展。支持原创动漫创作生产和宣传推广，培育民族动漫创意和品牌，持续推动手机（移动终端）动漫等标准制定和推广。 • 推进动漫游戏产业"一带一路"国际合作。 • 推进国家文化产业创新实验区、国家动漫游戏产业综合示范区建设，形成面向区域和产业发展的协同创新中心。

续表

发布时间	发布机构	文件名称	主要内容
2016 年 12 月	原文化部	《"一带一路" 文化发展行动计划（2016~2020）》	• 推动 "一带一路" 文化产业繁荣发展。加强与 "一带一路" 国家在文化资源数字化保护与开发中的合作，积极利用 "一带一路" 国家在文化资源数字化保护与开发中的合作，积极利用 "一带一路" 文化交流合作平台推介文化创意产品，推动动漫游戏产业面向 "一带一路" 国家发展。 • 实施动漫游戏产业 "一带一路" 国际合作行动计划。发挥动漫游戏产业在文化产业国际合作中的先导作用，面向 "一带一路" 各国，聚焦重点，广泛开展。搭建交流合作平台，开展交流推广活动。发挥中国动漫游戏产业创新能力强，产业规模大的优势，培育重点企业，构建产业生态体系。实现中国动漫游戏产业与共建国家合作规模显著扩展，水平显著提升，为青少年民心相通发挥独特作用。 • 实施 "一带一路" 文博产业繁荣计划。推进 "互联网＋中华文明" 及 "文物带你看中国" 项目，提高 "一带一路" 文化遗产与旅游、文物资源的国际流通。围绕动漫、出版、动漫、游戏、建筑、设计等产业结合度，促进文物资源、新技术和创意人才等产业要素的国际合作。围绕动漫、游戏、数字文化、文化科技装备、艺术品及授权产品等领域，开拓完善国际合作渠道。
2016 年 8 月	财政部、海关总署、国家税务总局	《关于动漫企业进口动漫开发生产用品税收政策的通知》	• 自 2016 年 1 月 1 日至 2020 年 12 月 31 日，经国务院有关部门认定的动漫企业自主开发、生产动漫直接产品，确需进口的商品可享受免征进口关税及进口环节增值税的政策。 • 获得进口免税资格的动漫企业，进口《动漫企业免征进口动漫开发生产用品清单》范围内的商品免征进口关税和进口环节增值税。

续表

此外，为繁荣国产动画片创作生产，切实推进国产动画片精品工程，国家广播电视总局每季度都会筛选并推荐一批优秀的国产动画片。2020 年第四季度共有《幸福路上》《大王日记》《中国神话故事》等 12 部作品被推荐（见表3-2）。

表3-2　2020 年第四季度优秀国产动画片名单

名称	制作单位
《幸福路上》	北京广播电视台、上海炫动传播有限公司、湖南金鹰卡通传媒有限公司、湖南快乐阳光互动娱乐传媒有限公司、优酷信息科技（北京）有限公司
《大王日记》	江苏广电影视动漫传媒有限责任公司
《中国神话故事》	央视动漫集团有限公司
《海底小纵队》第五季	央视动漫集团有限公司
《熊熊乐园4》	华强方特（深圳）动漫有限公司
《口袋森林》第二季	杭州蒸汽工场文化创意有限公司
《灵草小战士》第一季	甘肃华盛文化影视有限责任公司、湖南马栏山兄弟影视有限公司
《叽哩与咕噜》	山西乐酷文化传媒有限公司
《彩虹宝宝》第四季	上海湘辰文化传播有限公司
《汉字侠·神奇汉字星球》	功夫动漫股份有限公司
《我为歌狂之旋律重启》	上海美术电影制片厂有限公司、上海福煦影视文化投资有限公司
《叮叮咚咚毛毛镇》	北京空速动漫文化有限公司

数据来源：国家广播电视总局。

二　舆论环境：传统主流媒体报道正向占比超一半

2021 年，传统主流媒体关于动漫报道的高频词为"动画片""儿童""精品""童谣""经典"等（见图3-2），这说明国内动漫在低幼亲子档上发力；而"中国""融合""全球化""韵味"等关键词肯定了动漫的文化教育与传播价值。

总的来说，2021 年传统主流媒体对动漫的报道以正向为主，占比过半，负向报道数量占比仅为16%，中性报道占比为31%（见图3-3）。其中，正向报道主要探讨了动漫的新发展与文化传播价值，如经典动漫IP创新、中国动漫全球化、国创IP唤醒阅读力量、文物拟人动画唤醒年轻人的文物热情等。中性报道探讨了我国动漫产业发展模式，报道了动漫相关的会议或活动。负向报道则指出了一些动漫内容低俗，会对青少年造成不良影响等问题。报道的核心内容及倾向性判断详见表3-3。

图3-2   2021年动漫领域传统主流媒体报道关键词分布

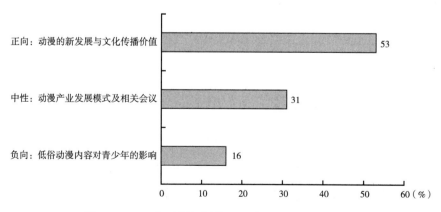

图3-3   2021年动漫领域传统主流媒体报道倾向分布

表 3-3　动漫报道梳理及倾向性判断

报道时间	传统主流媒体	报道标题	报道的核心内容	百度 AI 判断	Rost 判断	人工修正
2021 年 6 月 24 日	新华网	《动漫精品迎七一！中央广播电视总台举办原创精品动漫发布暨儿童动漫作品战略合作签约仪式》	为庆祝建党 100 周年，传承弘扬红色基因，中央广播电视总台原创精品动漫作品《林海雪原》《延安童谣》6 月 23 日正式发布。总台与北京市儿童动漫作品战略合作签约仪式同时举行。总台体育青少节目中心与北京演艺集团签署了内容产品开发战略合作协议，央视动漫集团与著名儿童文学作家吴玉中签署了作品开发协议。	正 99% 负 1%	6	正向
2021 年 6 月 23 日	新华网	《中国动漫博物馆于馆在即》	中国动漫博物馆位于杭州市白马湖畔，总建筑面积 3 万余平方米，集展陈、收藏、教育、体验、学术等多功能于一体，以"动漫让生活更美好"为主题，拥有"动漫你的过想""动漫你的今天""动漫你的未来"四大展区，将于近日对外开放。	正 97% 负 3%	3	正向
2021 年 6 月 15 日	新华网	《宁洋影业将打造〈红孩儿〉等 20 余部国产动画电影》	在现阶段与未来的三到五年，宁洋影业将打造 20 余部国产动画电影，即将上映的作品有：少儿卡通系列、传统神话系列及未来科幻系列，如《休罗纪大乐园》系列、《红孩儿》系列、《时空疑云》、《飞车》系列等。	正 90% 负 10%	-3	中性
2021 年 6 月 9 日	新华网	《经典动画上舞台，IP 创新助力亲子教育》	6 月 1 日，由央视动漫集团、北京保利剧院管理有限公司联合出品的音乐话剧《新大头儿子和小头爸爸之穿越平行世界》在北京保利剧院闪亮登场，继而拉开全国巡演的帷幕。	正 99% 负 1%	6	正向
2021 年 6 月 3 日	新华网	《儿童动画片不该充斥成人化内容》	时值"六一"儿童节，一部在"00 后"中爆红的动画片《精灵梦叶罗丽》却成了众矢之的。在自媒体发表的相关文章里，该片被批评过度成人化，充斥暴力元素，身材性宣场炒盘，甚至存在宣场低俗，身材炒盘等无审美视等并不适宜儿童的粗鄙观念。	正 1% 负 99%	0	负向
2021 年 5 月 2 日	新华网	《杭州："迎五一"千苗花海漫嘉年华》	5 月 1 日至 5 日，浙江省杭州市余杭区径山镇的千亩绚烂花海内开启了千丰富多彩的动漫嘉年华，安排了活动主题内启区、文创区、美食区等 8 大活动区域。中央舞台区、游戏区。	正 99% 负 1%	0	中性

续表

报道时间	传统主流媒体	报道标题	报道的核心内容	百度AI判断	Rost判断	人工修正
2021年4月28日	新华网	《专家热议中国动漫如何引发世界共鸣》	由人民日报社《讽刺与幽默》报主办的"中国动漫产业创新融合高质量发展研讨会"在人民日报社新媒体大厦召开，20余位国内动漫领域知名专家学者围绕"中国动漫的中国化表达和国际化传播"各抒己见。	正84% 负16%	-1	中性
2021年4月27日	新华网	《广东优秀动漫作品即将在喀什地区免费播出》	广东省是全国动漫制作的强省，近年来涌现出一批优秀的青少年动漫作品，尤其是《熊出没》《熊熊乐园》《喜羊羊与灰太狼》等作品因图形象可爱，富有正能量而深受广大少年儿童的喜爱。为进一步丰富喀什地区少年儿童的文化娱乐生活，增强对学习国家通用语言的兴趣和能力，省前指与省文联相关协会决定把引进广东创作的优秀动漫作品作为今年深入实施文化润疆工程的一项重大举措。	正99% 负1%	7	正向
2021年4月22日	新华网	《动漫产业创新融合发展研讨会召开》	4月20日，由《讽刺与幽默》报主办的"中国动漫产业创新融合高质量发展研讨会"在京召开，与会专家学者就中国动漫如何实现创新融合进行深入研讨。	正99% 负1%	6	中性
2021年4月8日	新华网	《几十年的动漫IP持续吸粉给我们什么样的启示》	像EVA这样历经多年持续吸粉的神作在日本都屈指可数，日本动漫IP用户粘性之大实为惊人。那么，其产业究竟是用何种方式创造出神级IP的呢?	正94% 负6%	0	中性
2021年4月6日	新华网	《动漫游戏嘉年华亮相上海》	4月6日，"玩心百变"CCG跨次元嘉年华在上海世茂广场揭幕，众多国漫IP的珍藏级展品亮相，涵盖等比例道具、非遗周边以及互动游戏等多个类型。	正99% 负1%	3	中性
2021年3月18日	新华网	《探访国家动漫园》	位于天津市滨海新区中新生态城的国家动漫园，是集动漫研发、培训、生产制作，展示交易、衍生产品开发及国际合作交流于一体的国家级动漫产业园。	正98% 负2%	0	中性
2021年3月14日	新华网	《用好故事影响世界"熊猫和和"系列动漫探索中国动漫全球化》	随着寒假的结束，中央广播电视总台少儿频道和央视动漫集团共同打造的"熊猫和和"系列动画大播映顺利播收官。	正99% 负1%	5	正向

续表

报道时间	传统主流媒体	报道标题	报道的核心内容	百度AI判断	Rost判断	人工修正
2021年1月20日	新华网	《国潮动画，让世界感受中国美学韵味》	近期，国内主流视频平台接连发布未来一两年内的动画IP片单，腾讯视频、爱奇艺、优酷、B站四家平台累计公布188部动画作品，其中不乏受期待的国产动画IP。	正99% 负1%	12	正向
2019年4月15日	新华网	《为何孩子爱学动画角色踩泥坑？暴力、危险元素不该加进动画片》	动画片是很多孩子的心头好。对于成年人来说，不少动画片的角色、情节、台词，甚至是音乐都能唤起一代人的集体记忆，产生共鸣。不过，动画片除了这些美好外，也可能潜藏风险。	正0% 负100%	2	负向
2021年7月7日	人民网	《享年86岁，〈阿凡提的故事〉总导演兼美术设计曲建方去世》	日前，有媒体报道系列动画片《阿凡提的故事》总导演兼美术设计曲建方因病医治无效，于今年3月19日在上海逝世，享年86岁。	正94% 负6%	6	中性
2021年6月24日	人民网	《95.1%受访者担忧动画片不良内容对孩子造成影响》	部分动画片中存在一些不适合儿童观看的内容，一直让不少家长非常担忧。近日，中国青年报社社会调查中心通过问卷网（wenjuan.com），对1525名受访者进行的一项调查显示，95.1%的受访者担忧动画片中儿童不宜内容对孩子造成不良影响。尽管77.9%的受访者表示会对动画片进行筛选，但只有59.4%的受访者觉得此举能有效避免动画片中的儿童不宜内容。	正2% 负98%	-3	负向
2021年6月16日	人民网	《当党史遇上动漫：主流故事讲述也能推陈出新》	当党史遇上动漫，将碰撞出怎样的火花？近日，由中央网信办网络传播局指导出品的30集党史动漫专题片《血与火：新中国是这样炼成的》正在火热上映中。以互联网为载体，巧妙地结合动漫短视频这一形式进行党史宣传，是党史宣传教育工作的一大亮点。	正97% 负3%	0	正向
2021年6月16日	人民网	《国产动漫题材多样性或有大力探索突破》	近年来，在各类影视评选中，动漫作品越来越受到关注。上周，两部引进的日本动画番剧入围上海电视节白玉兰奖评选，一部是《工作细胞》；另一部是《摇曳露营》。两部入围动画片都登上央视电视频道的科普动画，讲述的是到各地露营见到的风光以及发生的故事，且入围后广受动漫观众欢迎。	正95% 负5%	6	中性
2021年6月11日	人民网	《打破次元壁非遗变身动漫IP——只泥猴也能"身价"上千万》	近年来，各地都以"非遗+文创"的模式，探索打造非遗IP，各种时尚新品引人"打卡"，深受年轻人喜爱。	正1% 负99%	-3	正向

续表

报道时间	传统主流媒体	报道标题	报道的核心内容	百度 AI 判断	Rost 判断	人工修正
2021年6月10日	人民网	《第二届全国动漫美术作品展举行 展现中国动漫艺术最新成就》	由中国美术家协会、上海市文学艺术界联合会主办的"第二届全国动漫美术作品展"，近日在上海刘海粟美术馆举行。本届展览共有255件作品入选，内容涵盖动画、叙事漫画、动漫立体造型三大类，集中展现了近年来中国动漫艺术发展的最新成就。	正 99% 负 1%	21	正向
2021年5月31日	人民网	《武汉小学校园内动漫卡牌泛滥 一张卡片竟炒至上千元》	"六一"儿童节将至，不少家长都精心为孩子准备了礼物。动漫卡牌盲盒成为不少小学生颇为期待的礼物之一。针对动漫卡牌在小学生中兴起，不少学生家长颇为苦恼。	正 4% 负 96%	-5	负向
2021年5月14日	人民网	《来看展！百余幅绘画作品和动漫手绘原稿展出至5月21日》	5月14日，"薪火相传——史国娟王钢生作品展"于吉林艺术学院美术馆开幕。本次展览呈现了史国娟、王钢、王强三位艺术家的120余幅绘画作品和动漫手绘原稿，以及部分历史文献和图片资料。展出作品还包括三位老师培养的部分学生的作品。	正 99% 负 1%	0	中性
2021年5月13日	人民网	《国家动漫园打造数字文化新技术实验室》	5月11日，"IP 赋能，聚势而变" 2021年 IP 主题研讨交流活动在位于中新天津生态城的国家动漫园举行。	正 99% 负 1%	-3	中性
2021年4月29日	人民网	《数智赋能，云上的动漫游戏产业交易会精彩依旧》	2021年云上动漫游戏产业交易会新闻发布会在杭州举行。会上发布了2021年云上动漫游戏产业交易会的亮点特色。集中展示了动漫游戏领域的新趋势新项目，并邀约海内外动漫游戏企业、专业人士和爱好者于金秋时节会聚杭州同见证第十七届中国国际动漫节。	正 99% 负 1%	10	正向
2021年4月8日	人民网	《动画片问题点太多 用分级制消除隐患》	5岁儿童看了动画片中的马桶自喝饮料，也拿杯子在自家马桶舀水喝；暴力、犯罪元素……江苏省消保委日前发布的《动画领域侵害未成年人成长安全消费调查报告》显示，21部动画片共梳理出1465个问题点，8成家长支持进一步严格把控放映尺度。	正 3% 负 97%	3	负向
2021年4月2日	人民网	《动画片播放超 30 亿次，三只松鼠IP 风靡全国》	近几年，新消费的概念大热。新消费观念的变迁，作为新消费代表的三只松鼠已经占据了得天独厚的优势。新消费的本质就是新一代年轻人消费力，离年轻人更近的三只松鼠已经占据了得天独厚的优势。	正 83% 负 17%	0	正向

续表

报道时间	传统主流媒体	报道标题	报道的核心内容	百度 AI 判断	Rost 判断	人工修正
2021 年 3 月 25 日	人民网	《动漫人才困局 笔合所有制办学在撬动》	早在 2010 年，山东世博华创动漫传媒有限公司便携手山东轻工职业学院共同探索职业教育产教融合的育人之道，这也是山东动漫领域首个产教融合试点。	正 67% 负 33%	−1	中性
2021 年 3 月 17 日	人民网	《北京动漫游戏产业总产值破千亿》	2020 年，北京数字内容行业发展迅猛，呈现出线上经济需求激增、头部产品带动效应显著等特征，其中动漫游戏行业总产值破千亿元，达到 1063 亿元，已成为全国动漫游戏行业重要的研发中心和最大出口地。	正 3% 负 97%	0	正向
2021 年 1 月 12 日	人民网	《中国首部彩色动画长片〈大闹天宫〉动画设计稿亮相杭州》	2021 年 1 月 12 日，中国首部彩色动画长片《大闹天宫》动画设计稿亮相在杭州举办的一场拍卖会的预展，吸引不少观众前来观看。	正 99% 负 1%	12	正向
2021 年 7 月 5 日	光明网	《中国动漫博物馆重磅开馆》	在"动漫之都"杭州，美丽的白马湖畔，中国动漫博物馆举办了开馆仪式及首届动漫大讲堂，用动漫独有的方式，献礼建党百年。动漫博物馆除了设有"动漫你的遐想""动漫你的回忆""动漫你的今天""动漫你的未来"四大常设展厅，还设有剧场、影视区、图书馆、视听室等极具动漫特色的配套功能区域。馆藏现有原画、台本、史料、刊物、模型周边等各类动漫藏品 2 万余件。	正 98% 负 2%	3	正向
2021 年 6 月 30 日	光明网	《首座"国字号"动漫博物馆在杭州开馆》	这座经国家广播电视总局和中国动画学会批准的首家"国字号"动漫博物馆，坐落于浙江省杭州市滨江区白马湖畔，主体建筑面积 30382 平方米，建筑外形宛若一朵白色"祥云"，充满动漫奇幻色彩。	正 98% 负 2%	3	正向
2021 年 6 月 29 日	光明网	《动漫〈赓续〉|传承红色基因，百年法治展风华》	回顾党的百年征程，法治，如同沙石贝壳般点点散落在岩大的历史沙滩上。百年法治征程里程碑熠熠生辉的历史华章，也是人类文明交融与进步的结晶。它无法用任何一个画面去诠释，无法在任何一个片段去演绎，但激励着一代代法治人上下求索，奋勇向前。	正 99% 负 1%	0	正向
2021 年 6 月 24 日	光明网	《中央广播电视总台发布原创精品动漫》	中央广播电视总台原创动漫作品《林海雪原》《延安童谣》23 日正式发布。总台与儿童动漫作品战略合作签约仪式同时举行。	正 73% 负 27%	3	正向

续表

报道时间	传统主流媒体	报道标题	报道的核心内容	百度 AI 判断	Rost 判断	人工修正
2021 年 6 月 17 日	光明网	《网友热议党史动漫专题片：知党史、惜今朝、奋图强》	日前，由中央网信办、中央党史和文献研究院、教育部、退役军人事务部、共青团中央联合主办的"以青春之我擎信仰之光"大主题宣传活动启动。作为活动的一部分，30 集党史动漫专题片《血与火：新中国是这样炼成的》6 月 1 日起在各大平台上线，引发广大网友关注和热议。	正 75% 负 25%	−1	正向
2021 年 6 月 11 日	光明网	《文物拟人动漫〈秘宝之国〉收官，唤醒年轻人的文物热情》	6 月 11 日上午，由哔哩哔哩、两点十分动漫联合出品，两点十分动漫制作的国内首部新国风拟人动画《秘宝之国》正式在哔哩哔哩收官。该动画与湖北省博物馆联合打造了"穿梭千年时空重拾国宝国宝当日"的文物对话视频，通过创新的拟人化设定，让传统国宝穿梭时空跨越次元，唤起当代青年对文物的关注。	正 99% 负 1%	9	正向
2021 年 6 月 11 日	光明网	《〈天官赐福〉动画开启旧书新生计划 以国创 IP 势能唤醒阅读力量》	阅读似品茶，好书如灯塔，在奔涌的高速生活里纷繁的信息碎片里，真正沉心品味一本书似乎正愈发成为奢之事。以"给每本书二次生命"为初衷，6 月 10 日，由哔哩哔哩和绘梦动画出品的《天官赐福》动画携手花城出版社、微博动漫、超话社区共同启动"天官赐旧书新生计划"。值此中秋之际一花城之一花城发起旧书交换的公益阅读活动，为花城之一特别而富有意义的生日，一起唤醒旧书的生命，共享精神宝藏。	正 99% 负 1%	0	正向
2021 年 6 月 7 日	光明网	《成人内容入侵儿童动画，"少儿不宜"的尺度应厘清》	日前，少儿动画片《精灵梦叶罗丽》被指存在成人化内容，引发舆论关注和争议。有网友指出："该动画片以保护环境、讴歌自然立意，内容中却充斥着主角吵架、同学同吵架互撕、攀比格套等情节，担心对未成年人造成不良影响。"	正 82% 负 18%	8	负向
2021 年 6 月 2 日	光明网	《"六一"来了，看一部动画电影找寻封存的童趣》	"六一"儿童节马上到来，名义上这是属于儿童的节日，但其实也是一个"普适"的节日。孩童在节日里寻找加倍的欢乐，而成人则在节日里寻找内心深处被封存的童趣。	正 99% 负 1%	0	正向

续表

报道时间	传统主流媒体	报道标题	报道的核心内容	百度 AI 判断	Rost 判断	人工修正
2021 年 6 月 1 日	光明网	《如何让儿童看到更好的动画片？专家：应满足三个层次需求》	动画片为什么会出现这些"问题点"，在中国动漫集团发展研究部主任宋磊看来，动画片给少年儿童看的所谓"低幼"动画片，反倒是最难做的。"它背后需要有强大的色彩学、声音学、心理学的理论基础支撑，而我们的国产'低幼'动画片有不少是编剧单纯按自己喜好来写、导演单纯按自己想法来拍，因此就会出现各种不适宜的语言、剧情、动作。"	正 41% 负 59%	10	中性
2021 年 6 月 1 日	光明网	《动画片：超越娱乐陪伴成长》	动画片会在不经意间塑造儿童的价值取向和行为方式，对孩子成长的重要性不言而喻。这个"六一"，让我们聊聊如何让少年儿童更好地观看动画片，看到更美好的动画片。	正 99% 负 1%	3	正向
2021 年 6 月 1 日	光明网	《在孩子的内心种下真善美的种子》	在数字化时代，动画片成为伴随每个儿童成长的伙伴，是孩子们接触外部世界的一扇窗。好的动画作品，能起到寓教于乐的作用，促进孩子的想象力与感知力的发展，从而内化成良性的思维模式，帮助其心智成长。基于此，我们应该特别重视动画，重视动画片对儿童的教育、引导意义。	正 99% 负 1%	20	正向
2021 年 5 月 10 日	光明网	《着思量》动画定档端午 前往思量的船终于准备起航》	由央视文化、企鹅影视出品，知名动漫创作人赵禹晴亲自编剧、执导的大型古风浪漫动画番剧《着思量》近日发布定档预告，宣布即将于 2021 年 6 月 14 日起在腾讯视频全网独播。	正 99% 负 1%	0	中性
2021 年 5 月 9 日	光明网	《经典动画 IP 电影默默发力》	在堪称"史上最强"的这个电影五一档，12 部影片中有喜剧、游戏改编影片的票房翻车，也有口碑黑马影片的翻盘，但整体来看还是没有出圈的爆款电影。相对而言，5 部出现在影院银幕上的动画电影票房成绩表现却十分稳定，默默发力的经典动画 IP 实力不容小觑。	正 99% 负 1%	0	正向
2021 年 4 月 9 日	光明网	《21 部动画片查出 1465 个问题，〈熊出没〉〈小猪佩奇〉被点名！网友必翻》	近日，江苏省消费者权益保护委员会发布《动画领域侵害未成年人成长安全消费调查报告》，《报告》显示调查人员在 21 部动画片中共梳理出 1465 个问题点。	正 5% 负 95%	0	负向

第三节　市场运行现状

一　市场规模持续稳步扩增，用户规模增长放缓

　　2020 年我国动漫产业产值达到 2170 亿元，同比增长 11.8%，基本延续了前两年的增速（见图 3-4）。2015~2017 年，我国动漫市场快速发展，受文娱产业大环境的影响，动漫市场投融资处于活跃期。2018 年及以后，动漫市场规模增速回落，市场进入调整期。2020 年新冠肺炎疫情来袭，动漫衍生业务尤其是动漫主题乐园、动漫大电影等线下文旅业务受到波及，对动漫产业规模增长产生了一定影响。随着线下业务逐渐向线上转移，如动漫直播、网络电影、线上动漫乐园等，动漫产业迎来发展契机。

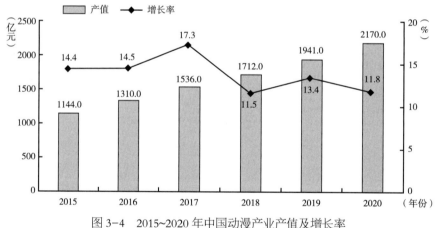

图 3-4　2015~2020 年中国动漫产业产值及增长率

数据来源：比达网。

　　根据对动漫的投入程度不同，可将动漫用户分为泛二次元用户和在线动画用户。泛二次元用户是指那些对动漫基本了解，会观看热门漫画或动画改编的大电影，但投入的精力和财力相对有限的群体；[①] 在线动画用户是以"95后""00后"为代表的年轻群体，是动漫作品的主要消费团体。2020 年我国泛二次元用户规模达到 4.1 亿人，在线动画用户规模达到 3 亿人（见图 3-5）。

---

　　① 智研咨询.2017 年中国二次元行业发展现状分析及市场发展前景预测 [EB/OL].2017-04-27[2021-10-13].http://www.chyxx.com/industry/201704/517767.html.

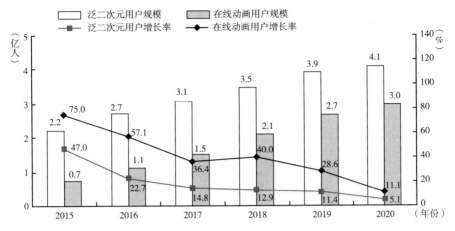

图 3-5　2015~2020 年中国动漫用户规模及增长率

数据来源：中商产业研究院。

二　电视动画备案数和发行数双提升，非低幼国产动画播放时长超海外作品

2015 年到 2020 年，我国电视动画备案数量整体呈现稳步提升的趋势，虽然 2020 年疫情对动漫线下业务影响较大，但并未对动画制作产生明显影响，2020 年备案数量达到新高 571 部（见图 3-6）。此趋势仍延续至 2021 年上半年，据国家广播电视总局发布的 2021 年 6 月全国国产电视动画片制作备案公示的通知，2021 年前 6 个月里，我国备案国产电视动画片为 285 部，与 2020 年上半年的 286 部基本持平。电视动画发行数量呈现先缓降后回升的趋势，同样在 2020 年达到了新高 374 部。2020 年我国备

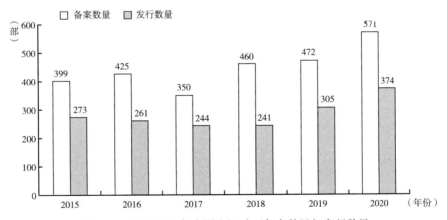

图 3-6　2015~2020 年中国电视动画备案数量与发行数量

数据来源：国家广播电视总局。

案的电视动画题材仍以低幼向为主，童话类占比 36%，教育类占比 32%（见图 3-7），二者合计占比将近七成，延续了低幼向占比为主的态势。

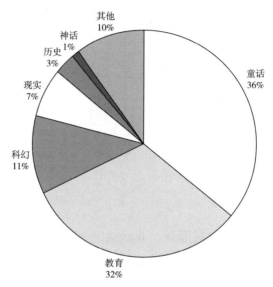

图 3-7　2020 年中国电视动画备案题材分布

数据来源：国家广播电视总局。

非低幼国产动画质量受到认可。艾瑞 iVideoTracker 数据显示，2020 年按照独立设备数排列的 Top30 动画作品中，国产动画月均播放时长占比 50.6%，超过了日本动画月均播放时长占比 49.4%。这说明在动漫播放时长上，国漫已占据领先优势。

三　在线动画付费转化率稳步提升

动漫领域已形成以用户付费、广告营销、IP 授权为主的营收模式，且三种模式结合应用已趋于成熟。随着以哔哩哔哩为主的二次元网站逐渐"破圈"，二次元文化从亚文化延伸至大众文化，活跃用户群体日渐庞大，愿意为自己喜爱的 IP 付费的人群数量也日益增多。其中，用户付费包括内容解锁付费、会员付费、付费抽卡等模式。

目前没有对在线动画或漫画付费转化率的直接统计。本研究通过测算得出，2020

年我国在线动画的付费转化率为 12.36%，2018~2020 年稳步提升（见图 3-8）。与网络视频近 30% 的付费转化率相比，在线动画还有较大的付费转化空间。

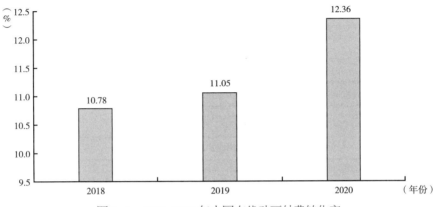

图 3-8　2018~2020 年中国在线动画付费转化率

2018~2020 年付费转化率的测算过程如图 3-9 所示。其中，用户付费营收 = 总用户规模 × 付费转化率 × 年 ARPU[①]，用户付费营收 = 总营收 × 用户付费营收占比。

2018 年在线动画营收中用户付费部分占比 34.7%，假设 2018~2020 年这个比例不变，根据在线动画营收可以得出 2018~2020 年用户付费营收规模。年 ARPU 值参考头部动漫平台的会员价，2017 年底动漫新番付费观看的模式刚开始实行，哔哩哔哩大会员连续包年价格为 148 元 / 年（按当前折扣）、单年价格为 168 元（按当前折扣）；腾讯动漫会员连续包月是 15 元 / 月（一年是 180 元）、半年卡价格是 98 元（一年是 196 元）；2020 年 7 月快看漫画年费为 188 元。2020 年 6 月月活跃用户规模 Top1 是快看漫画，为 3079.4 万，腾讯动漫第二，为 1485.8 万。[②] 本研究主要参考快看漫画、腾讯动漫的会员年度费用，综合考虑后将年 ARPU 取值为 190 元。由此计算在线动画付费用户规模，再用付费用户规模除以在线动画用户规模，可大致测算出 2018~2020 年付费转化率。

---

① 年 ARPU 指平均每个用户一年贡献的消费金额。

② 比达网 .2020 上半年度中国动漫 App 产品市场研究报告 [EB/OL].2020-08-19[2021-10-22].http://www.bigdata-research.cn/content/202008/1092.html.

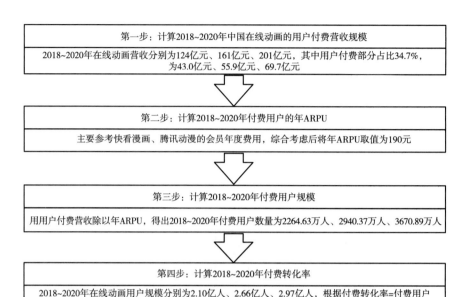

图 3-9　2018~2020 年中国在线动画付费转化率测算过程

四　市场竞争分散，集中度极低且持续下降

本研究选取每年营收规模排名靠前的 4 家动漫上市公司奥飞娱乐、美盛文化、祥源文化（2020 年替换为杰外动漫）、华强方特进行统计。2015~2020 年头部 4 家公司动漫及衍生业务营收规模如表 3-4 所示，占动漫整体市场规模的比例（即市场集中度）如图 3-10 所示。

表 3-4　2015~2020 年动漫龙头上市公司营收规模

单位：亿元

公司名称	2015 年	2016 年	2017 年	2018 年	2019 年	2020 年
奥飞娱乐	25.89	33.61	36.42	28.40	27.27	23.68
美盛文化	2.88	4.19	8.10	7.31	13.46	9.45
祥源文化	2.55	5.14	4.69	4.09	1.95	不选取
华强方特	1.54	1.51	2.08	3.19	4.02	1.43
杰外动漫	不选取	不选取	不选取	不选取	不选取	1.88
合计	32.86	44.45	51.29	42.99	46.70	36.44

数据来源：各公司财报。

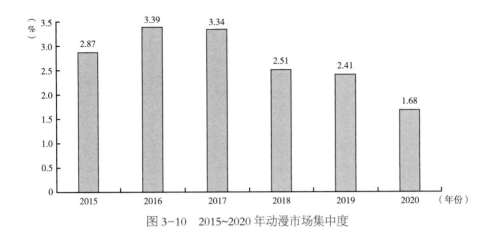

图 3-10 2015~2020 年动漫市场集中度

　　动漫市场的竞争长期比较分散。据本研究测算，2020 年动漫市场集中度仅为 1.68%，且自 2016 年以来持续下降。动漫市场头部企业主导能力偏弱，这与动漫本身具有较强的创意属性，而创意很难被资本垄断有密切关系。我国电视动画目前仍以低幼向为主，偶有成人向的动画大电影引爆市场，每每引发国漫崛起的呼声，如 2019 年的《哪吒之魔童降世》《白蛇：缘起》《罗小黑战记》等精品国漫获得口碑和票房的双丰收。2020 年疫情来袭，电影市场遭重创，国漫一时难现 2019 年的辉煌。但优秀国漫剧集仍受到大量用户的喜爱，如《刺客伍六七》、《那年那兔那些事儿》系列、《镇魂街》系列、《罗小黑战记》（剧集版）等。随着市场逐渐步入成熟，我国动漫无论是内容质量还是制作工艺都在不断提升中，未来还将继续出现更多精品力作。

　　漫画是动漫产业的内容输出方，处在动漫产业链的最上游。我国漫画 App 以快看漫画、腾讯动漫为代表，原创内容多，围绕优质 IP 拓展影视、剧集等下游产业。2020 年 6 月快看漫画月活跃用户规模达到 3079.4 万人，领跑漫画行业，其次是腾讯动漫，月活跃用户规模为 1485.8 万人。我国主要的漫画 App 月活跃用户规模如图 3-11 所示。

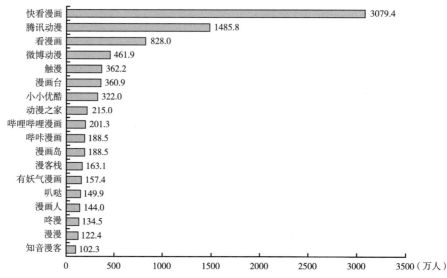

图 3-11　2020 年 6 月中国主要漫画 App 月活跃用户规模

数据来源：比达咨询。

第四节　投资动向与投资价值评估

一　2020 年投资数量和投资金额降幅超 50%

2020 年国内动漫领域一级市场发生投资事件 19 起，同比下降 59.57%；投资金额 11.21 亿元，同比下降 50.98%，二者下降幅度都较大（见图 3-12）。疫情对动漫展会、线下演艺、主题乐园等线下活动产生影响，后疫情时代，市场环境充满不确定性，投资风险增大。

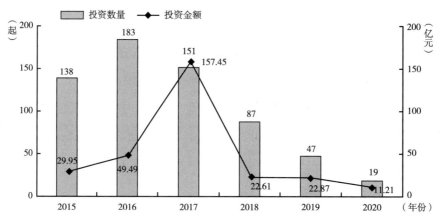

图 3-12　2015~2020 年动漫领域投资数量及投资金额

数据来源：IT 桔子。

　　动漫在 2016 年和 2017 年受资本关注度较高，2018 年及以后投资环境愈加严峻，每年投资事件数量下降都很多。2019 年相比于 2018 年，虽然投资数量下降多，但投资金额比较接近，说明资金流向更加集中。2019~2020 年，动漫领域资源进一步整合和集中，连尚文学全面收购了漫漫漫画，哔哩哔哩宣布收购超电文化主要股份，腾讯投资快看漫画……行业正在进行整合升级。

二　2019~2020 年动漫领域新增企业数量下降明显

　　2015 年以后，动漫领域新增企业数量连年下降，从 2015 年的 192 家下降至 2020 年的 20 家（见图 3-13）。2019 年和 2020 年新增企业数量变化不大，但相比 2018 年下降约三分之二。资本热潮退去，公司估值回到合理区间，动漫创业急剧降温。

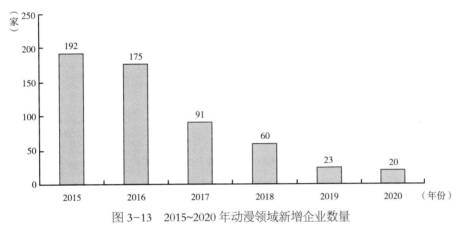

图 3-13　2015~2020 年动漫领域新增企业数量

数据来源：IT 桔子。

三　漫画／动画创作企业最受资本关注

　　2019~2020 年动漫领域的资金都流向了哪些类型的企业？图 3-14 总结了 2019~2020 年动漫领域的投资热点。其中，漫画和动画原创内容制作、IP 创作、IP 孵化获得了最多投资数量。漫画作为 IP 的起源，漫画类企业比动画类企业更受资本关注。如打造了旗舰品牌《秦时明月》的玄机科技，开发制作了《食神魂》等作品的原创二次元 IP 开发商重力聿画，拥有包括长草颜团子、制冷少女、小僵尸、破耳兔、正经人、芮小凹凸等原创版权形象的十二栋文化，以及拥有漫画阅读平台美蓝漫画 App 的多蕴漫文化等企业均获得了投资。动漫衍生品、周边、影视等投资关注度相对较低，目前还处于蓄势期。

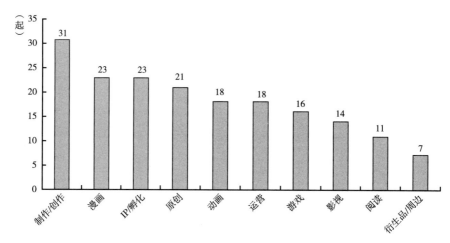

图 3-14 2019~2020 年动漫领域投资事件高频词及对应的投资数量

数据来源：IT 桔子。

四 动漫投资价值评估结果：中等（★★★）

根据第一章第三节所述的投资价值评估方法，动漫领域的投资价值评估结果为★★★，即有不错的机会，但也有相应的风险，风险与机遇并存，评估结果偏中性。评估详情如表 3-5 所示。

表 3-5 动漫投资价值综合评估结果

序号	一级指标	一级指标得分	二级指标	二级指标原始数据	原始数据标准化	二级指标得分
1	基础规模	2.5	市场规模	2170.0 亿元	0.747	★★★★
			用户规模	4.1 亿人	0.128	★
2	发展速度	2.5	市场规模增长率	11.80%	0.069	★
			用户规模增长率	5.13%	0.664	★★★★
3	转化程度	1	付费转化率	12.36%	0.104	★
4	竞争程度	1	市场集中度	1.68%	1.68%	★
5	活跃程度	2.3	新增企业数量增长率	−13.04%	0.870	★★★★★
			投资数量增长率	−59.57%	0.166	★
			投资金额增长率	−50.98%	0.058	★
6	相关政策导向	5	相关政策支持程度	鼓励精品创作与传播，资金扶持，强正向		★★★★★

续表

序号	一级指标	一级指标得分	二级指标	二级指标原始数据	原始数据标准化	二级指标得分
7	传统主流媒体报道倾向	5	传统主流媒体报道的倾向程度	正向占比减去负向占比的值为37个百分点，强正向		★★★★★
			加权总计结果			14.33
			综合结果			★★★

第五节　未来发展趋势

动漫内容日渐丰富，头部企业围绕 IP 开展多元化经营。动漫作品相比于其他内容作品，具有更强的创意属性，是内容的源头，因此更容易实现 IP 的快速转化。我国早期动漫的发展受日漫影响较大，内容上以历史、穿越、武侠为主。随着动漫在国内市场的扎根、成长、成熟，我国优秀的传统文化逐渐融入动漫内容，动漫制作者有丰富的文化素材可以挖掘和使用，近年来在动漫题材上也有体现，如以中国古典神话故事为基础的《哪吒之魔童降世》《白蛇：缘起》《姜子牙》等一系列国漫作品，引发市场好评。

除了动画大电影，我国动漫领域头部企业围绕 IP 开展多元化经营，充分拓展产业链上下游业务。以奥飞娱乐为例，作为国内 IP 矩阵头部企业之一，其拥有《喜羊羊与灰太狼》《超级飞侠》等知名 IP，在动漫玩具开发、母婴、IP 授权等领域已深耕多年，在线下还开拓了奥飞全新智慧共享乐园。奥飞娱乐在投资者互动平台上表示，目前《喜羊羊与灰太狼》系列已有两部电影在开发中，预计分别于 2022 年、2024 年上映。动画内容制作企业两点十分投资动漫电商、内容制作技术企业以拓展业务版图。随着动漫企业业务领域的拓展，动漫产业链将逐渐走向融合。

第四章
网络视频市场格局与投资观察

第一节　网络视频概述

一　网络视频界定

网络视频是指由网络视频服务商提供的以流媒体为播放格式，可以在线直播或点播的声像文件。其主要来源于用户自主上传原创内容、向专业影像生产机构和代理机构购买版权内容，以及网络视频企业自制内容。

按视频内容的来源，网络视频大致可以分为用户原创内容（UGC）视频、专业生产内容（PGC）视频、网络视频企业自制视频三大类。本研究所指的网络视频为长视频，[①]以电影、综艺、电视剧、网剧等类型为主。

二　网络视频发展历程

中国网络视频的发展开始于 2004 年，经过近 20 年的发展已经步入成熟期。网络视频的发展阶段大致可以分为萌芽期、发展期和成熟期（见图 4-1）。

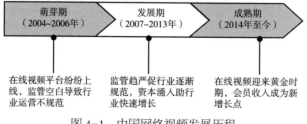

图 4-1　中国网络视频发展历程

---

① 　为与短视频进行区分，本研究中将长视频界定为时长在 5 分钟以上的视频。

第二节 发展环境

一 政策环境：加强内容与服务标准管理，推进行业规范

2016~2019 年，网络视频领域风波不断。从明星限薪令、税收新政到信息备案，政策监管力度加强，主要表现在两个方面：一是对网络视频内容的规范引导，重点在于引导网络视频健康有序发展，具体措施有加强行业管理、突出强调内容把关、注重网络视频内容的价值观导向、强调落实主体责任、加强行业自律等。二是对影视剧、综艺节目制作成本配置和明星片酬的规定。如 2018 年下半年，中共中央宣传部、文化和旅游部、国家税务总局、国家广播电视总局、国家电影局等联合印发通知，要求对影视行业天价片酬、"阴阳合同"、偷逃税等问题严加治理，控制不合理片酬。2019 年，国家广播电视总局新推出"重点网络影视剧信息备案系统模块"，要求重点网络影视剧在制作前登录该系统登记节目名称、题材类型、内容概要、制作预算等规划信息。这些方面的监管对肃清行业乱象、规范市场秩序产生了重要影响。

2020 年以来，一批涉及网络视听的政策规定相继出台，对内容生产、传播、数据安全、版权保护、产业发展、制度体系等方面进行了相应规定，为网络视频领域的新发展提供了有利的政策保障，将促进行业健康有序发展。

在行业规范方面，党的十九届五中全会通过《中共中央关于制定国民经济和社会发展第十四个五年规划和二〇三五年远景目标的建议》，明确提出"加强网络文明建设，发展积极健康的网络文化"，为未来五年视听新媒体发展提供了思想和路线上的指引；同时提出加强和改进反垄断和反不正当竞争法，对网络视听平台反垄断和反不正当竞争有着重要指导意义。中共中央印发《法治社会建设实施纲要(2020~2025 年)》，专门设立"依法治理网络空间"一章，对未来五年全面推进网络空间法治化进行了顶层设计。2021 年国家广播电视总局办公厅发布了《关于发布视音频内容分发数字版权管理标准体系的通知》，为网络视频内容传播提供了标尺，有利于促进网络视频内容的版权保护。

在内容管理方面，政策积极维护良好的网络空间，针对统计造假和严重失信行为

建立惩戒机制。2020 年 2 月国家广播电视总局发布的《关于进一步加强电视剧网络剧创作生产管理有关工作的通知》针对网络剧创作的一些乱象进行了规定，反对内容"注水"，提倡电视剧网络剧拍摄制作不超过 40 集，鼓励 30 集以内的短剧创作。同时，对内容制作成本的配置也进行了规定，提出"每部电视剧网络剧全部演员总片酬不得超过制作总成本的 40%，其中主要演员片酬不得超过总片酬的 70%"。在内容规范方面，《关于加强"双 11"期间网络视听电子商务直播节目和广告节目管理的通知》中提出"要坚守底线红线，节目中不得包含低俗、庸俗、媚俗的情节或镜头，严禁丑闻劣迹者发声出镜。网络视听电子商务直播节目和广告节目用语要文明、规范，不得夸大其词，不得欺诈和误导消费者"。政策在规范网络视听节目传播效果评价上也有所规划，2021 年 10 月国家广播电视总局发布的《广播电视和网络视听"十四五"发展规划》中，专门提出广播电视和网络视听节目收视综合评价大数据系统的升级建设，对节目开展全网络、全形态的整体传播效果评价，强化对广播电视、网络视听节目的规范管理。

在产业发展方面，政策鼓励加大优质网络视听内容供给，提高内容质量和供给效率，为精品项目提供资金支持，推进项目合作。同时，加快推进广播电视媒体深度融合发展，坚持广播电视和网络视听实行一个标准、一体管理。当前，观看网络视频是广大人民群众文化生活的重要方式之一，尤其是在新冠肺炎疫情期间，网络视频成为居家隔离的人们获取新闻资讯、休闲娱乐的重要渠道，网络视听节目对人们的文化生活影响显著。2020 年 11 月，国家广播电视总局发布的《关于加快推进广播电视媒体深度融合发展的意见》中提出加快建设全媒体内容供给体系，统筹考虑音频节目、短视频、竖屏节目等形式，针对不同场景和需求提供丰富多彩的内容；强化艺术与技术深度融合，加大移动端内容产品制播力度，加强超高清视频、沉浸式视频、互动视频、VR/AR/MR 视频等高新视听内容供给。《广播电视和网络视听"十四五"发展规划》中提出聚焦网络视听等内容产业，以及超高清、高新视频等数字经济重要领域，新培育打造一批内容资源丰富、技术优势突出、产业集聚效应明显、融合发展引导有力的产业高地。这为网络视频行业发展指引了明确的方向，将助推行业高质量发展。相关政策内容详见表 4-1。

表4-1　网络视听相关政策梳理

发布时间	发布机构	文件名称	主要内容
2021年10月	国家广播电视总局	《广播电视和网络视听"十四五"发展规划》	• 广播电视和网络视听节目收视综合评价大数据系统升级建设。基于"全网络、全样本、大数据、云计算"的节目收视综合评价体系，实现全国收视数据汇聚，全面覆盖有线电视、直播卫星电视、IPTV、互联网电视以及网络视听及网络视听节目领域，对节目开展全网络、全形态的整体节目收视效果评价，强化对广播电视、网络视听节目的规范管理。 • 坚持正能量充沛要求，建好用好网络视听节目集纳平台，打造网络电影、网络纪录片、网络综艺、网络动漫动画标杆作品，推动网络视听节目量质齐升。 • 聚焦电视剧、动画片、网络视听节目内容产业，超高清、高新视频等数字经济重要领域，加强政府统筹规划和引导指导，选择产业基础、政策环境、发展潜力、人才技术储备等具有突出优势的地区，强化政策扶持和资源配置，着力推动技术创新、业态培育、模式推广，融合发展引导有力的产业高地。做强做优已有产业基地，新培育打造一批内容资源丰富、技术优势突出、产业集聚成明显、融合发展引导有力的产业高地。
2021年2月	国家广播电视总局办公厅	《关于发布视音频内容分发数字版权管理标准体系的通知》	• 视音频内容分发数字版权管理（Digital Rights Management, DRM）标准体系贯彻落实媒体融合、超高清电视、5G、商用密码应用等要求，针对广播电视和网络视听行业视音频内容分发业务场景下数字版权管理实际需求，覆盖有线数字电视、IPTV、互联网电视、互联网视频等新形态下视音频内容分发系统标准化建设和规范化运行。 • 视音频内容分发数字版权管理标准体系以分发保护为基础，业务集成、测试，系统实现4大类，共12项标准。本标准体系规定的视音频内容分发数字版权管理是指有线数字电视、IPTV、互联网电视、互联网视频等业务场景下视音频内容从分发到终端接收播放以及终端之间传递过程中的视音频版权保护。
2021年2月	国家广播电视总局办公厅	《关于做好广播电视和网络视听文化供给服务人民群众就地过年的通知》	• 积极营造就地过年良好氛围。要加强舆论引导，充分发挥主流媒体和新媒体新平台优势，做好疫情防控政策、措施解读宣传，加大各地各部门节日期间保障生活物资供应，方便群众出行，关心关爱群众就地过年等措施的宣传报道力度，密切关注群众就地过年的热点难点问题，及时回应人民群众关切，讲好节日期间各行各业坚守岗位、志愿服务、互帮互助的感人故事，稳定人心、温暖人心、努力营造良好节日氛围。 • 精心排播丰富多彩的广播电视节目。要根据新情况新要求统筹节目排播，让更多好节目进入好时段。要做好节日联欢晚会和戏曲、民俗、音乐、音乐攻坚、脱贫攻坚、少儿等主题晚会的创作播出，增加文化类、体育类、生活服务类节目和优秀纪录片、动画片播出，切实做好电视剧网络剧播出编排。各电视上星综合频道要坚持以人民为中心的工作导向，精心选题、科学编排。要做好春节综合频道要位置开设"就地过大年欢乐春节"活动，在首页首屏显著位置开设"就地过大年欢乐春节"活动。要根据总局安排，上线一批与春节喜庆气氛相契合的好片好剧，统筹做好春节期间文化供给，加大优质网络视听内容供给，上线、播出，同时限时免费提供一批优秀网络电影、网络剧、网络综艺、直播节目的观看服务，为全国人民就地过年提供文化支撑。 • 加强组织领导和服务保障。要从讲政治的高度充分认识做好春节期间同广电和网络视听文化价值的重要意义，强化属地管理责任和主体责任，主要负责同志要靠前指挥，加强组织协调，细化任务排播方案，要充分调动采编播等一线工作人员的积极性，给予关心关爱，提供充分的服务保障。

续表

发布时间	发布机构	文件名称	主要内容
2020年12月	中华人民共和国中央人民政府	《法治社会建设实施纲要(2020~2025年)》	• 在网络视听领域，要通过立改废释并举等方式，完善对网络直播、自媒体、知识社区问答等新业态和算法推荐、深度伪造等新技术应用的规范管理办法，修订互联网信息服务方面的法律法规，制定互联网信息服务管理办法，加强和创新互联网内容建设，推动互联网信息服务领域"黑名单"制度和惩戒机制，督促网信企业落实主体责任等。
2020年11月	国家广播电视总局	《关于加快推进广播电视媒体深度融合发展的意见》	• 优化资源配置。按照主力军全面挺进主战场的要求，以互联网思维优化媒体资源配置，加快把分散的、优质网络资源要素向互联网主阵地集合，向移动端倾斜。 • 大力建设新型传播平台。积极支持广电机构加快整合视听特长，运用市场机制打造技术先进、面向各类终端、用户众多、自主可控的新型传播格局，推进各级新型传播平台，引入多方资源，加强多方合作，整合网上网下业务，建立健全资源集约、方式创新、协同高效、协同创新，方式创新、协同高效、内宣外宣联动的全媒体传播矩阵，占据全媒体传播制高点。 • 塑造全媒体知名品牌。保持战略定力和发展自信，完善自有平台功能，一体推进优质内容、优质平台和优质全媒体传播主流化建设，大力发展新业态新应用。 • 贴近服务群众。强化媒体与用户的连接，建构群众离不开的平台和渠道。 • 持续提高服务能力水平。完善应急广播体系，全面推进"智慧广电+公共服务"，全面提升用户体验。坚持为民、便民、惠民，顺应万物互联、万物皆媒趋势，创造更好体验。 • 提高精品内容的持续供给能力。深入实施舆论引导能力提升工程和新时代精品工程，从创作生产的源头发力，做精做强做优全媒体内容，不断创新新闻宣传报道之宣传。 • 加大高新视听内容供给。加快建设全媒体内容供给体系，统考虑音频节目、短视频、竖屏节目等形式，针对不同场景应用，推出一批应用示范标杆项目，加快新建5G应用，打造广电5G应用平台、多终端融合传播等典型场景，建设智慧广电数据中心，推进相关工程建设标准化，加快有线、地面无线、卫星等相互融通，智能协同，构建高速、泛在、智能的新型视听内容服务体系，提供新型高清视频，加大超高清制播力度，形成广播通信协同，大塔小塔联动、大中小屏互动的全媒体传播格局和用户服务体系，智能配置"云、网、边、端、业"要素，提升综合业务承载能力。 • 加快升级传播体系。围绕高新视听，多终端融合传播等典型场景，打通广播电视和互联网传播各环节之间的信息孤岛，加快行业数据的网络化、数据化、智能化。建立行业大数据基础信息平台，加快行业新应用。 • 保持对新技术的战略主动。培育更高技术格式，更新应用场景，更美视听体验的高新视听新业态，拉动用户多终端高新视听消费，加强5G、4K/8K、大数据、云计算、物联网、区块链、人工智能等在各流程各环节的综合应用，抢占全媒体时代战略高地。 • 用好市场机制，开展"广电+"多元业务，构建事业产业有机统一、生态体系，实现事业产业有机统一、良性互动，增强自我造血机能，推动可持续发展。

续表

发布时间	发布机构	文件名称	主要内容
2020年11月	国家广播电视总局	《关于加快推进广播电视和网络视听媒体深度融合发展的意见》	● 建立健全一体化管理体系。坚持广播电视和网络视听实行一个标准、一体管理、一个尺度，落实导向内容管理全覆盖要求。强化主管主办责任和属地管理责任。压实传播平台对内容管理、安全管理的主体责任，推动建立行业从业主体信用激励或管理机制。加强媒体融合效果考评。充分利用节目收视综合评价的大数据系统，科学评价视听内容融合传播效果。
2020年11月 党的十九届五中全会		《中共中央关于制定国民经济和社会发展第十四个五年规划和二〇三五年远景目标的建议》	● 明确提出"加强网络文明建设、发展积极健康的网络文化"，为未来五年视听新媒体发展提供了思想和路线上的指引。党的十九届中央全会依法治国工作对当前和今后一个时期网络视听行业法制体系建设发展指明了指导思想、目标任务、路径选择。党的十九届五中全会和中央经济工作会议提出统筹发展和安全，加强和改进反垄断和反不正当竞争执法，对网络视听平台反垄断有着重要指导意义。
2020年11月	国家广播电视总局	《关于加强网络秀场直播和电商直播管理的通知》	● 明确网络秀场直播平台要对网络主播和"打赏"用户实行实名制管理。未实名制注册的用户不能打赏。对发现相关主播及其经纪代理通过虚假充值、有组织炒作，暗示、诱惑或者鼓励用户大额"打赏"，或引诱未成年用户以虚假身份信息"打赏"的，平台须对主播及其经纪代理进行处理，列入关注名单，并向广播电视主管部门书面报告。
2020年10月	国家广播电视总局	《防范和惩治广播电视和网络视听统计造假、弄虚作假责任制规定》	● 本规定适用于从事广播电视和网络视听统计工作的各级行政主管部门、国有企业、事业单位、社会团体的广播电视主管部门。坚持以习近平新时代中国特色社会主义思想为指导，增强"四个意识"，坚定"四个自信"，应当坚持党的领导，做到"两个维护"，建立健全防范和惩治统计造假、弄虚作假责任制。防范和惩治统计造假、弄虚作假，按照"集体领导与个人分工负责相结合"的原则，谁主管、谁负责，谁统计、谁报告，"一级抓一级、一级对一级负责"，层层抓落实。
2020年4月	国家广播电视总局	《广播电视和网络视听统计调查制度》	● 增加了广播电视和网络视听产业相关的统计内容，完善了广播电视和网络视听公共服务事业统计指标，以全面反映广播电视和网络视听行业和事业单位改革创新发展情况。 ● 对广播电视和网络视听统计范围、报表和指标等进行了调整。一是明确统计对象和范围为全国广播电视和网络视听行政事业单位、企业单位以及产业活动单位，新增对广播电视播出和传输覆盖（OTT）和短视频网络覆盖等服务，增加对产业基地（园区）的统计。二是调整网络节目服务、IPTV、互联网电视、智能终端等内容，并强化高清超高清、智能播出等指标。三是调整播出传输指标，卫星地球站传输系统等指标，并将网络中与农业、农村有关的农村节目播出、统一调整为对农村节目播出、乡村广播电视覆盖、乡村有线电视等指标。四是调整投资、经营相关报表，经营相关报表、县级融媒体中心建设投资额、销售额以及投资折旧等指标，按照新会计制度关于资产折旧的要求，增加固定资产折旧指标，补充网络视听节目的制作投资、经营额以及县级融媒体中心建设投资额、销售额以及投资折旧等指标，并创造收视。 ● 统计分析要充分反映广播电视和网络视听产业发展现状，也要科学反映广播电视事业发展现状，尤其要把好电视剧、动画片、纪录片、园区基地等具有产业支点的数据分析，以及网络视听等具有引领性领域带动作用的新增长点的分析。要通过统计分析，研判广播电视发展趋势和规律，引导广播电视和网络视听产业高质量发展创新发展。

续表

发布时间	发布机构	文件名称	主要内容
2020年3月	国家广播电视总局	《关于统筹疫情防控和推动广播电视行业平稳发展有关政策措施的通知》	• 加强疫情防控和复工复产的宣传舆论引导支持。综合运用多媒体、多元素、新手段、新技术，全方位、全过程宣传阐释习近平总书记重要讲话和指示批示精神，宣传解读北京政、复工复产进展、科学防疫知识、抗疫一线工作者感人事迹等。 • 加大对内容创作生产传播的支持力度。围绕统筹推进疫情防控和经济社会发展重大决策部署，指导创作生产一批优秀的电视剧、纪录片、网络影视剧、电视节目、公益广告、MV、短视频等，优先列入重点选题和资金支持范围，并通过现有资金渠道、调整优化结构、统筹存量资金、加大资金扶持力度。 • 优化业务审批流程和方式。进一步推进"互联网＋政务服务"，加快推进"不见面审批"。运用数字版权保护、区块链等技术，提升内容审核效率和水平。通过网上办公、视频会议等方式，做好电视剧、网络视听节目等的主题策划、创作研讨、专家评议、专题培训工作。 • 统筹提升广电领域应急管理、公共卫生防疫、生物安全、野生动物保护等法律法规的修订，将此次疫情防控中广电媒体科技经验和举措体现在国家层面立法之中。 • 加快完善国家应急广播体系建设。研究制订《应急广播管理暂行办法》，加快对接国家应急广播体系建设，克服疫情影响，尽早建成发挥效益。 • 加快推动全国有线电视网络整合和广电5G建设一体化发展。贯彻落实《全国有线电视网络整合发展实施方案》，加快推动全国有线电视网络整合和广电5G建设一体化发展，抓紧组建"全国一网"股份公司。 • 强化"智慧广电"新产品、新业态、新模式支持。紧密抓住疫情防控带来的数字文化、在线消费、智慧管理等方面的迭代升级、变革重构机遇，深入实施"智慧广电"战略，新模式广电5G建设，以加快推进全国有线电视网络整合和广电5G建设一体化发展、建设新一代信息基础设施为突破口，充分利用物联网、大数据、云计算、人工智能等技术，促进高新视听业务、内容、平台、网络、终端的共融共通，全面提升综合信息服务能力。加快发展超高清视频、虚拟现实、可穿戴设备等新型信息产品，推动居民家庭文化消费升级。 • 加强产业政策支持引导。鼓励发挥疫情防控中发挥特殊作用的新业态、新模式等相关产业项目申报国家广播电视和网络视听产业发展项目库，采取多种方式推动项目合作资金对接，为优质项目建立多元化投融资渠道。 • 加强对公共服务投资和建设改进的支持。积极争取中央预算内投资支持，推动智慧广电公共服务设施提档升级，提升广播电视和惠民工程实施效果。充分发挥广播电视和网络视听行业优势，充分利用"公益广告、节目＋扶贫""短视频、直播＋扶贫"，开拓产业扶贫、消费扶贫政策，帮助深度贫困地区解决生产发展和产品积压难题。 • 用足用好中央和地方减税降费、社会保障等扶贫政策。鼓励激励各地党委干部担当作为。

续表

发布时间	发布机构	文件名称	主要内容
2020年2月	国家广播电视总局	《关于进一步加强电视剧网络剧创作生产管理有关工作的通知》	• 加强源头引导，完善拍摄制作备案公示管理。在申报备案公示时，制作机构须向有关广播电视主管部门承诺已基本完成剧本创作；内容涉及政治、军事、外交、国家安全、统战、民族、宗教、公安、司法、反腐等敏感内容的，申报拍摄制作备案公示前须征得有、自治区、直辖市以上人民政府有关主管部门或者有关方面的书面同意意见。 • 反对内容"注水"，规范集数长度。电视剧网络剧拍摄制作提倡不超过40集，鼓励30集以内的短剧创作。要加强对"注水"问题的综合施策，协同治理，相关行业协会要进一步研究制定更加科学合理、符合实际的行业标准。 • 做好制作成本配置比例情况报告备案工作。在电视剧网络剧制作完成片审查阶段，制作机构须将制作成本决算配置比例情况报告、演员片酬合同复印件，提交至有关广播电视主管部门备案。每部电视剧网络剧全部演职人员总片酬不得超过制作总成本的40%，其中主要演员片酬不得超过总片酬的70%。
2019年11月	国家互联网信息办公室、文化和旅游部、国家广播电视总局	《网络音视频信息服务管理规定》	• 国家鼓励和指导互联网行业组织加强行业自律，建立健全网络音视频信息服务行业标准和行业准则，推动网络音视频信息服务行业信用体系建设，督促网络音视频信息服务提供者依法提供服务，接受社会监督。 • 网络音视频信息服务提供者应当依法取得法律、行政法规规定的相关资质，落实信息内容安全管理主体责任。 • 网络音视频信息服务提供者应当依照《中华人民共和国网络安全法》的规定，对用户进行基于组织机构代码、身份证件号码、移动电话号码等方式的真实身份信息认证。 • 网络音视频信息服务提供者基于深度学习、虚拟现实等新技术新应用上线具有媒体属性或者社会动员功能的新音视频信息服务，或者调整增设相关功能的，应当按照国家有关规定开展安全评估。 • 网络音视频信息服务提供者应当加强对网络音视频信息的管理，部署应用违法违规音视频以及非真实音视频鉴别技术，应当建立健全辟谣机制，发现网络音视频信息服务使用者利用基于深度学习、虚拟现实等新技术新应用发布、传播谣言的，应当及时采取相应的辟谣措施，并将相关信息报网信、文化和旅游、广播电视等部门。 • 网络音视频信息服务使用者应当在与网络音视频信息服务提供者签订的服务协议中，明确双方权利、义务，要求网络音视频信息服务提供者遵守本规定及相关法律法规。 • 为网络音视频信息服务提供技术支持的主体应当遵守相关法律法规规定和国家标准规范，采取技术措施和其他必要措施，保障网络安全、稳定运行。 • 各级网信、文化和旅游、广播电视等部门应当建立日常监督检查和定期检查相结合的监管管理制度，指导督促网络音视频信息服务提供者依据法律法规和服务协议提供网络音视频信息服务行为。

续表

发布时间	发布机构	文件名称	主要内容
2019年11月	国家广播电视总局办公厅	《关于加强"双11"期间网络视听电子商务直播节目和广告节目管理的通知》	• 坚持正确导向，强化节目管理。网络视听电子商务直播节目和广告节目内容既要遵守广告管理法律法规，也要符合网络视听节目管理相关规定。要认真落实"广告宣传也要讲导向"的要求，切实增强政治意识，导向意识，责任意识和法律意识，将导向管理贯穿到节目制作，审核，播出等各个环节，把好导向关，内容关，人员关。要坚持把社会效益放在首位，大力弘扬社会主义核心价值观，树正气，讲品位讲格调，积极传递正能量。 • 规范服务内容，维护群众利益。要严格落实企业主体责任，坚守诚信原则，坚决维护人民群众切身利益。网络视听电子商务直播节目和广告节目用语要文明，规范，不得含低俗，庸俗，媚俗的情节或领域，严禁五毒义逆者发声出镜。要坚守底线红线，严禁欺诈和误导消费者。 • 加大公益广告播出比例，均衡配置公益视听节目。应加大公益广告播出力度，均衡配置公益广告节目。 • 服务国家大局，助力脱贫攻坚。要积极服务国家经济社会发展总体战略，当前特别是要响应国家脱贫攻坚战，扩大覆盖面和影响力，助力产业扶贫。充分利用大数据，人工智能，区块链等新技术，针对不同贫困地区，把扶贫产品精准推送到有需求的用户，让网络视听电商更好地服务基层，服务群众。 • 加强监督管理，营造良好环境。要强化属地管理责任。会同相关部门加强对"双11"期间网络视听电子商务直播节目和广告节目的监督管理。要及时回应群众关切，对监看中发现，群众举报的网络视听服务活动中的违法违规行为，依法依规予以处置。
2019年2月	国家广播电视总局	《关于网络视听节目信息备案系统升级的通知》	• 新增"重点网络影视剧信息备案系统模块"，并对相关信息报备方式做出相应调整。 • 重点网络影视剧（包括网络剧，网络电影，网络动画片）在制作前，需要由制作机构登录"重点网络影视剧信息备案系统"，登记节目名称，题材类型，内容概要，制作预算等规划信息。
2018年11月	中共中央宣传部，文化和旅游部，国家税务总局，国家广播电视总局，国家电影局等	《关于进一步加强广播电视和网络视听文艺节目管理的通知》	• 加强对影视行业天价片酬，"阴阳合同"，偷逃税等问题的治理，控制不合理片酬，推进依法纳税，促进影视业健康发展。 • 要制定出台电影节目片酬最高行标准，明确定出节目片酬最高限额，现阶段严格落实制作实已有规定，每部电影，电视剧，网络视听节目全部演员，嘉宾的总片酬不得超过制作总成本的40%，主要演员片酬不得超过总片酬的70%。 • 严格执行网络剧，网络视听节目审批制度，严格规范影视剧，网络视听节目片酬执行同管理，加大对偷逃税行为的惩戒力度。
2017年9月	原国家新闻出版广电总局，国家发展改革委，财政部，商务部，人力资源和社会保障部	《关于支持电视剧繁荣发展若干政策的通知》	• 建立和完善科学合理的电视剧投入，分配机制，网络剧管理。对重点网络剧创作规划实行备案管理，加强对思想艺术性上的内容把关，进一步强化播出平台网站对应的主体责任。鼓励播出优秀电视剧积极投入网络剧制作，提升网络剧整体创作水平。鼓励各网站积极参与制作，购买，播出优质国产电视剧。规范网络上播出电影行为，未取得新闻出版广电部门颁发许可证的影视剧一律不得上网播放。

续表

发布时间	发布机构	文件名称	主要内容
2017年6月	原国家新闻出版广电总局	《关于进一步加强网络视听节目创作播出管理的通知》	• 各类网络视听节目的创作和生产都要紧紧围绕培育和弘扬社会主义核心价值观。各类网络视听、网络电影等网络视听节目必须坚守文明健康的审美底线。网络剧、网络电影等在剧情设计上要弘扬正义、伸张正义、传播真善美、鞭笞假恶丑，体现积善成德、明德惟馨的道德导向，发挥好道德教化和价值引领作用。 • 各类网络视听节目必须坚守文明健康的审美底线。网络综艺节目、网络剧、网络电影等要弘扬健康的审美情趣。网络综艺节目要弘扬清新之风，避免助长游戏人生态和浮夸炫富、奢华盛宴等不良风气，避免助长游戏人生态和浮夸炫富等错误方式误导受众，混淆是非。要坚持把社会效益放在首位，绝不能制造低俗噱头，展示丑行恶态，呈现阴暗心理、渲染色情暴力。坚决杜绝包装炒作明星子女和侵害未成年人权益的现象。 • 各类网络视听节目必须规范使用国家通用语言文字。严格按照规范汉字和标准读写法规范使用国家通用语言文字的字、词、短语、成语等，不得滥用谐音、生造滥造词义，肆意曲解内涵，不得使用不规范的网络语言和错别字。 • 网络视听节目要坚持与广播电视节目同一标准、同一尺度，把好政治关、价值关、审美关，实行统筹管理，未通过审查的电影、电视剧，不得作为网络剧、网络电影上网播出。号向不正确的电视综艺节目，也不得以网络综艺节目的名义在互联网、IPTV、互联网电视上播出。网络视听节目进入广播电台、电视台，要按照相关管理规定重新审核。 • 网络视听节目服务机构要全面落实主体责任，建立健全有效的内容审核、把导向落实到采编制播各个环节，具体到岗位等规章制度，把导向落实到采编制播各个环节，具体到岗位。总编辑负责制。要全面落实播出机构的相关机制；要建立健全完善有效的内容审核。 • 各级新闻出版广电行政部门要认真落实意识形态工作责任制，切实履行属地管理职责。有关行业组织要进一步发挥行业自律和监督作用，建立完善网络视听节目评议专家队伍和工作机制，及时对各类网络视听节目内容进行评议，积极推动网络视听节目健康有序发展。

二 舆论环境：传统主流媒体报道总体偏中性

2021 年，传统主流媒体关于网络视频报道的高频词为"流量""流媒体""精品""新规""质变""升级""创新"等（见图 4-2），说明媒体聚焦于网络视频内容创新和行业变革；同时"吐槽""倍速""鸡毛""严打"等关键词也反映出网络视频市场急功近利、乱象丛生的一面。

图 4-2　2021 年网络视频领域传统主流媒体报道关键词分布

整体上看，2021 年传统主流媒体对网络视频的报道以中性为主，相关报道数量占比高达 55%，正向报道和负向报道占比仅为 27% 和 18%（见图 4-3）。其中，中

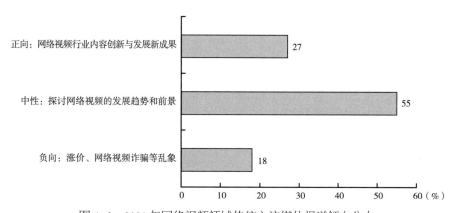

图 4-3　2021 年网络视频领域传统主流媒体报道倾向分布

性报道主要探讨了网络视频的发展趋势和前景；正向报道集中表达对网络视频"走出去"的期待，肯定网络视频行业的内容创新与发展新成果；负向报道则重点批评了网络视频平台乱提价、网络视频诈骗等乱象。报道的核心内容及倾向性判断详见表 4-2。

第三节 市场运行现状

一 市场规模持续稳步增长，用户规模到达峰值后回落

2019 年我国网络视频市场规模超千亿元。2020 年继续实现同比正向增长，增长率为 16.3%，略高于 2019 年（见图 4-4），继续保持了较强的增长势头。近年来我国网络视频内容质量不断提升，网络视频平台的一些精品自制剧和网络综艺引起了较大的关注和社会影响。随着短视频和直播的快速发展，网络视频用户在线时长被抢占，行业增长承压，网络视频平台积极探索新业务新方向，如竖屏剧、短视频产品等。

图 4-4 2015~2020 年网络视频市场规模及增长率

数据来源：中国网络视听节目服务协会发布的《2021 中国网络视听发展研究报告》。

我国网络视频用户规模基数大，2019 年中国网络视频用户规模达到近年来的峰值 7.26 亿人，同比增长 18.63%（见图 4-5）。2020 年用户规模回落至 7.04 亿人，已到达增长瓶颈期。

表 4-2　网络视频报道梳理及倾向性判断

报道时间	传统主流媒体	报道标题	报道的核心内容	百度 AI 判断	Rost 判断	人工修正
2021年6月19日	新华网	《美国人屏幕时间四分之一交给流媒体》	美国尼尔森公司最新调查结果显示，尽管美国人大部分屏幕时间依然留给电视网和有线电视，但流媒体正在走更多屏幕时间。	正 75% 负 25%	6	中性
2021年6月10日	新华网	《"一老一小"将成网络视听新增长点》	6月8日，2021年上海国际电影电视节互联网影视峰会举行主旨论坛，论坛上，《中国网络视听精品研究报告（2021）》《2020网络原创节目发展分析报告》以及《中国网络影视峰会视频新媒体发展报告（2021）》三份重磅报告正式发布，连续第四年夯实互联网影视峰会的"风向标"作用。三份报告不约而同指出，随着国力持续增强和5G时代来临，网络视听产业的前景将是一片大好。不过，想要成为未来行业真正的弄潮儿，精品意识绝不能缺失。	正 28% 负 72%	0	中性
2021年6月8日	新华网	《不唯流量、视频平台希望生产更多好看故事不负好时光》	"电影、游戏、电视剧、纪录片、精彩的比赛、好看的短视频等，本质上都是美好的时光。"腾讯公司副总裁、腾讯在线视频首席执行官孙忠怀认为，越来越多的视频平台注重在线视频聚合生产，将不同内容进行框架整合，满足不同用户需求；同时通过科技和艺术的双重驱动，让内容创造美好价值。	正 82% 负 18%	14	中性
2021年6月4日	新华网	《第九届中国网络视听大会在成都开幕》	6月3日，为期3天的第九届中国网络视听大会在成都开幕。本届大会以"奋进视听新征程"，将进一步深化网络视听高质量发展主题研讨，推动行业深入交流，促进产业密切合作。	正 69% 负 31%	0	中性
2021年5月27日	新华网	《"青少年模式"形同虚设"视频号"隐忧仍存》	6月1日起，新修订的《未成年人保护法》将正式施行。优化"青少年模式"内容池。不少视频、直播、游戏等网络平台正加快升级青少年防沉迷系统，然而记者发现，部分自媒体平台尤其是头部网络平台对未成年人网络安全保护仍有较大漏洞，比如进入"视频号"分区没有"青少年模式"，内容过滤上主要依赖家长监管，导致"青少年模式"形同虚设等。	正 1% 负 99%	-4	负向
2021年5月20日	新华网	《流量变"流毒"部分自媒体流量踏出一地鸡毛》	近年来，网络短视频和直播博主上市。一些普通老百姓在短视频走红后，很快被一些自媒体对走红者围追堵截，《经济参考报》记者调研发现，部分自媒体对走红者围追堵截，过度消费、"谁红蹭谁"多头涌向，愈演愈烈，靠着"蹭热度"引流量一张张粉丝一变现"的商业逻辑，一条自媒体行业"病态"牟利的产业链浮出水面。	正 10% 负 90%	-4	负向
2021年5月11日	新华网	《北京整治网络综艺节目乱象》	北京市广播电视局5月10日印发《关于进一步加强网络综艺节目管理工作的通知》，对部分综艺节目中出现的追星炒星、泛娱乐化等问题进行整治，打击非理性应援等行为。	正 30% 负 70%	-2	负向

续表

报道时间	传统主流媒体	报道标题	报道的核心内容	百度 AI 判断	Rost 判断	人工修正
2021 年 5 月 11 日	新华网	《2021 年一季度抖音反诈视频播放量超 1.3 亿次》	5 月 10 日，抖音安全中心发布《2021 年第一季度网络诈骗治理数据报告》（以下简称"报告"）。报告显示，2021 年第一季度，在网恋交友、兼职刷单、购物等高发类诈骗行为的打击中，抖音安全中心封禁涉嫌诈骗帐号 474119 个，其中，平台主动拦截封禁帐号占比 99.8%。	正 0% 负 100%	0	中性
2021 年 4 月 13 日	新华网	《视频平台 VIP 会员相继涨价，观众吐槽——不情愿，怕不值》	4 月 10 日 0 时，腾讯视频 VIP 会员正式涨价，涨幅达 30%。虽然只是每月贵数元的"小调整"，但此番涨价仍然招致网友一片骂声。	正 1% 负 99%	0	负向
2021 年 4 月 7 日	新华网	《年轻人喜欢的 B 站靠什么撑起百亿美元市值？》	3 月 29 日，哔哩哔哩（以下简称"B 站"）在香港交易所二次上市，股票代码为 9626。本次挂牌上市距离其一次上市，即 2009 年 6 月 26 日 B 站诞生日，3 年。不论是用户还是市场都对 B 站接下来的发展充满信心。2018 年 B 站登陆美国纳斯达克上市，市值仅为 32 亿美元，然而截至 2021 年 3 月底，B 站的美股市值超过 403 亿美元，增长 12 倍有余。	正 61% 负 39%	18	中性
2021 年 3 月 15 日	新华网	《主流视频网站能否成为国剧出海的新航道》	前段时间在爱优腾芒结束三国联播的电视剧《狼殿下》，几乎"零时差"登陆韩国电视台 Ching；另一部热门网文改编的古装玄幻剧《斗罗大陆》，早在国内尚未定档时版权就被韩国电视台确定引进。	正 13% 负 87%	0	中性
2021 年 2 月 25 日	新华网	《一年后再看"院转网"，线上线下不再是单选题》	近日，灯塔专业版发布的《2021 春节档院网用户趋势洞察》报告显示，春节期间影院受众平均观看院线电影 2.71 部。网络电影 0.44 部。已经显示出网络电影正在成为用户观影的新选择。"院网协同"时代势必催生出更大的想象空间，而现在反观在线上、"院转网元年"的 2020 年，传统电影和影院响力突破以及大潜力空间，线上与线下的竞争关系也产生了微妙的嬗变。	正 31% 负 69%	0	中性
2021 年 2 月 19 日	新华网	《优酷发布春节在线视频数据报告：23 亿人次上刷剧观影》	优酷近日发布的《2021 春节假期在线视频数据报告》显示，1 月 28 日到 2 月 16 日，用户日均观看时长接近 1.5 小时，同比增长 19.6%，在就地过年倡议下，上网追剧看电影成为过年期间的重要活动。	正 99% 负 1%	0	中性
2021 年 2 月 4 日	新华网	《超级 IP "跨媒体霸屏"，让电影和流媒体化干戈为玉帛》	近日，奈飞公司官宣将在 2021 年发行 70 多部影片，也公布了 2021 年超过 30 部影视剧集的出品计划。其中，迪士尼旗下的漫威以一口气推出 10 部漫威宇宙影剧引起业界关注，在影视联动策略的强势发力下，今年超级英雄们将同时"霸屏"。	正 79% 负 21%	0	正向

续表

报道时间	传统主流媒体	报道标题	报道的核心内容	百度AI判断	Rost判断	人工修正
2021年1月27日	新华网	《重庆广电集团（总台）与人人视频签订战略合作框架协议 携手开拓网络视频流媒体产业》	1月26日，重庆广电集团（总台）与人人视频正式签订战略合作框架协议，双方将本着务实、互利的原则，携手共进，发挥各自在平台、技术、版权、运营上的优势，谋求在媒体融合和互联网视频产业发展上实现突破。	正92% 负8%	6	中性
2021年7月7日	人民网	《中国网络视听用户规模达9.44亿 生活因此更精彩》	在视频网站收看综艺节目，通过电商直播下单购物，空闲时刷刷短视频……这已成为许多人的生活常态。中国网络视听节目服务协会日前发布的《2021中国网络视听用户规模达9.44亿，2020年12月，中国泛网络视听产业规模超6000亿元。	正98% 负2%	21	正向
2021年6月10日	人民网	《上海电视节三大报告发布：网络视听产业蓬勃发展 现实题材比例走高》	近日，上海国际电影电视节互联网影视峰会主旨论坛发布的《中国网络新媒体发展报告（2021）》《2020网络原创节目发展分析报告》以及《中国网络视听精品研究报告》显示，"十三五"时期，我国网络视听产业迎来蓬勃发展，而随着国力继续增强和5G时代来临，"十四五"期间，网络视听产业的前景将一片大好。	正97% 负3%	11	正向
2021年6月7日	人民网	《网络视听数字IP创新论坛在成都高新区举办》	日前，由成都高新区新经济发展局指导，成都高新区数字文创业界共治理事会，成都爱奇艺天象科技服务有限公司联合主办的网络视听数字IP创新论坛活动在成都高新区举行。	正93% 负7%	9	中性
2021年6月6日	人民网	《哪些"现象"？将成网络视听大会值得关注的"干货"观点》	6月3日至5日，第九届中国网络视听大会在成都召开。大会以"奋进视听新征程"为主题，探讨新形势下网络视听持续健康发展的方法路径。	正2% 负98%	11	中性
2021年6月4日	人民网	《无视频，不生活！探游网络视听新技术、新感受》	6月3日至5日，第九届中国网络视听大会在成都举办。会议首设体验馆，划分为互动娱乐展区、5G视听展区、智能影音展区三大区域，8K超高、裸眼3D、互动屏、云VR直播、体感游戏等新技术为用户带来了新的酷炫体验。	正51% 负49%	0	正向
2021年6月3日	人民网	《报告显示：我国网络视听用户规模达9.44亿 泛网络视听产业突破6000亿元》	"短视频领域市场规模占比最大""45.5%的用户在半年内为网络视频节目付费""2021中国网络视听发展研究报告》显示，截至2020年12月，我国泛网络视听产业规模破6000亿元。	正92% 负8%	0	正向

续表

报道时间	传统主流媒体	报道标题	报道的核心内容	百度 AI 判断	Rost 判断	人工修正
2021 年 6 月 3 日	人民网	《中国网络视听最新数据：人均每天刷短视频超 2 小时》	6 月 2 日，中国网络视听节目服务协会在成都举办了 "2021 中国网络视听发展研究报告"。报告显示，截至 2020 年 12 月，我国网络视听用户规模达 9.44 亿人，2020 年泛网络视听领域市场规模超 6000 亿元；用户人均每天刷短视频超 2 小时。	正 98% 负 2%	-1	中性
2021 年 6 月 2 日	人民网	《第九届中国网络视听大会明日开幕 以创新方式为行业赋能升级》	本届大会以 "奋进视听新征程" 为主题，设置了 45 场高热度、高水准论坛、展览、展映、盛典、大赛、产业推介、投融资路演、公益直播、文创市集等多种形式。同时，云上大会与线下会议同步互动，有机融合。届时，将会有超过 5000 多位行业嘉宾莅会参会。	正 97% 负 3%	9	正向
2021 年 5 月 31 日	人民网	《亚马逊拟 540 亿 "迎娶" 米高梅，流媒体大战升级》	在 "子弹" 飞了多日后，5 月 26 日美股盘前，亚马逊和米高梅（MGM）同时宣布，双方已经达成最终的合并协议，亚马逊将以 84.5 亿美元（约合人民币 540 亿元）的价格收购米高梅。	正 42% 负 58%	6	中性
2021 年 5 月 27 日	人民网	《网络视频激励红色 "传人"》	"1927 年，八七会议在汉口召开，'枪杆子里面出政权' 的著名论断就出自这次会议……" 初夏，武警湖北总队恩施支队组织党员干部开展学习教育，战士黄世鸿点开总队网络平台 "红色传人说" 专栏，观看武汉支队政治教导员汪政主讲的党史专题视频。图文并茂的形式，深入浅出的讲解，让他听得津津有味。	正 99% 负 1%	0	正向
2021 年 5 月 27 日	人民网	《北京举办首届网络直播与网络视听行业从业人员知识竞赛》	为加强网络文化市场监管和治理，维护风清气正和谐有序的首都网络文化空间。北京市文化市场综合执法总队会结合党史教育，携手北京市委网信办、北京市文化和旅游局、北京市广电局、首都精神文明办，北京市 "扫黄打非" 办共同主办首届北京网络直播与网络视听行业从业人员知识竞赛。	正 88% 负 12%	1	中性
2021 年 5 月 26 日	人民网	《汉斯霍尔格·阿尔布雷希特：打造个性化的音乐流媒体服务》	"流媒体正在彻底改变这个行业，改变人们发现和欣赏音乐的方式。" 汉斯霍尔格尔格说。	正 97% 负 3%	-3	正向
2021 年 5 月 14 日	人民网	《网络音视频让生活更精彩 网民日均刷视频约 100 分钟》	国家广播电视总局日前发布的《2020 年全国广播电视行业统计公报》显示，过去一年广电行业总收入 9214.6 亿元，全年互联网音视频节目增 2.2 亿小时，网民日均刷视频约 100 分钟，收听网络音频节目约 20 分钟，互联网视频年度付费用户达 6.9 亿。	正 99% 负 1%	10	正向
2021 年 4 月 7 日	人民网	《腾讯视频会员涨价约 33% 在线视频进入集中提价周期？》	爱奇艺涨价后，腾讯视频也 "官宣" 上调会员费。4 月 3 日，腾讯视频官方微博宣布，将于 2021 年 4 月 10 日零点起对 VIP 会员价格进行调整。新价格为连续包月 20 元，包年 218 元，包月 58 元，涨幅达 33.33%。	正 8% 负 92%	0	中性

续表

报道时间	传统主流媒体	报道标题	报道的核心内容	百度 AI 判断	Rost 判断	人工修正
2021 年 3 月 25 日	人民网	《在线视频盈利难，为创收又向用户出新招了》	腾讯视频亏损、爱奇艺亏损，优酷亏损，多数在线视频企业还挣扎在盈利线以下。这种种情况下，不少在线视频平台开始探索新的盈利模式，继"点播""VVIP"之后，卖"观影""视角"、卖多重会员等方式也来了。	正 1% 负 99%	-6	负向
2021 年 7 月 7 日	光明网	《加强网络文艺创作须从选题规划抓起》	网络文艺创作要加强正面引导力度，就必须提高政治站位，特别要深刻认识选题规划在内容生产中具有非常重要的牵引和促进作用。作生产的一个重要特征就是网民的广泛参与。在鼓励专业机构制作优秀网络视听节目的同时，我们也应发现更多优质创作者和原创内容，并通过给予专业指导和扶持，使优秀的内容获得更大的影视化空间和展示播出的平台。	正 55% 负 45%	0	中性
2021 年 7 月 6 日	光明网	《好看视频优质创作者规模同比增长178%》	7 月 5 日，由好看视频主办的以"知识在路上，创作在发光"为主题的"好看 club 轻知识+"活动正式开启。百度短视频生态平台总经理兼演员孙越、畅销书作者蔡崇达、编剧柏邦妮和知名媒体人潘乱作为媒体共青，与三十位来自好看视频各领域的优质创作者共青乘"轻知专列"，创作者们以兰州出发，以敦煌为目的地，沿着古老的丝绸之路绳之同开启了一趟知识探寻之旅。	正 99% 负 1%	9	正向
2021 年 7 月 2 日	光明网	《网生 IP "唱主角"，文化 IP 从量变到质变》	为深入彻落实党中央、国务院决策部署，实施文化产业数字化战略，推动数字文化产业高质量发展。2020 年底，文化和旅游部发布了《关于推动数字文化产业数字化发展的意见》。该意见指出，要顺应数字产业化和产业数字化发展趋势，培育和塑造一批具有鲜明中国文化特色的原创 IP，加强 IP 开发和转化。	正 10% 负 90%	0	正向
2021 年 6 月 22 日	光明网	《当倍速看剧可以"一小时七集" 为何好剧"不合好剧速进一秒"？》	近日发布的《2021 中国网络视听发展研究报告》显示，我国 9.44 亿网络视听用户里，有 28.2% 会选择倍速观看视频，尤其是"00 后"用户群有近四成选择倍速观看方式。	正 4% 负 96%	7	中性
2021 年 6 月 21 日	光明网	《中国互联网视频用户突破 9 亿 多出精品才能保住流量》	近日在上海国际电影电视节上发布的《中国网络视频精品研究报告》给出了答案。网络视频精品要有形有种，入眼入心、可长可久，"精品不但不民族的人爱欢看，不同国家的人也喜欢看，下一代人仍然喜看"。	正 59% 负 41%	10	中性
2021 年 6 月 18 日	光明网	《网络直播带货，别忘依法纳税》	在今年"6·18"年中购物节带动下，各大电商企业纷纷推出促销政策，加上政府消费券、线下商家优惠政策助推，人们的消费热情高涨相类。不过需要提醒的是，作为网络直播带货的相参与主体，在监管部门日益重视互联网平台合规纳税的背景下，直播营销平台和直播间运营者、直播营销人员，都应该承担起相关的纳税责任。	正 40% 负 60%	-2	中性

续表

报道时间	传统主流媒体	报道标题	报道的核心内容	百度 AI 判断	Rost 判断	人工修正
2021 年 6 月 17 日	光明网	《视频与数字支赋能党建、打造互联网企业党建品牌》	习近平总书记指出，要善于运用互联网技术和信息化手段工作。党建工作与互联网的结合势在必行。	正 99% 负 1%	−3	中性
2021 年 6 月 10 日	光明网	《直播带货又出花样！主播诱号场外下单，拉黑"跑路"》	随着互联网交易不断升级，直播带货销售模式迅猛崛起。与此同时，其存在的"号外大宣传，诱号场外交易，售后服务保障难等侵害消费者权益的问题也日益凸显。日前，长春消费者王丽（化名）在某短视频平台一直播间工作人员引导下，微信扫码付款 669 元购买产品，因售后未达成一致意见，卖家直接拉黑微信"跑路"。	正 0% 负 100%	−2	负向
2021 年 6 月 9 日	光明网	《倍速看视频，巨轻网人在赶什么》	近日发布的有关网络视听研究报告显示，截至 2020 年 12 月，中国网络视频用户规模达 9.44 亿人，较 2020 年 6 月增长 4321 万人，网民使用率为 95.4%，短视频用户达 8.73 亿人；用户平均每天花 2 小时看短视频，28.2% 的网络视频用户不按原速观看节目。"00 后"群体近 4 成选择倍速观看方式。	正 56% 负 44%	0	中性
2021 年 6 月 2 日	光明网	《我国网络视听月户规模 9.44 亿 泛网络视听市场规模破 6000 亿》	今日，中国网络视听节目服务协会在第 9 届中国网络视听大会发布《2021 中国网络视听用户规模研究报告》显示，截至 2020 年 12 月我国网络视频用户规模达 9.44 亿。《报告》显示，2020 年网络视听产业规模破 6000 亿元。	正 55% 负 45%	0	中性
2021 年 5 月 11 日	光明网	《2021 年一季度反诈视频播放量超 1.3 亿次 持续严打网络诈骗》	5 月 10 日，抖音安全中心发布《2021 年第一季度网络诈骗治理数据报告》。报告显示，2021 年第一季度，在网恋交友、兼职刷单、购物等高发类诈骗行为的打击中，抖音安全中心封禁涉嫌诈骗账号 474119 个，其中，平台主动拦截封禁帐号占比 99.8%。	正 0% 负 100%	−18	中性
2021 年 4 月 29 日	光明网	《直播平台应加强监管 谨慎提供展示机会》	客观而言，近年来，随着直播短视频行业的发展，越来越多的人通过直播平台走红，但也不乏劣迹艺人、黑料网红。对此，中国传媒大学文化产业管理学院系主任郑宁表示，文化行业应当坚持双效统一原则，即把社会效益放在首位，实现社会效益和经济效益相统一。	正 23% 负 76%	4	中性
2021 年 4 月 28 日	光明网	《警惕虚假视频骗局 网络环境不容污染 新业态更需新规则》	直播作假一方面从源头上恶化了短视频平台的内容生态，另一方面扰乱了直播带货这一新业态的游戏规则。一小部分人造假牟利，污染的是整个网络环境，伤害的是整个社会的信任度。	正 0% 负 100%	−21	负向

续表

报道时间	传统主流媒体	报道标题	报道的核心内容	百度 AI 判断	Rost 判断	人工修正
2021 年 4 月 22 日	光明网	《5G+4K/8K 超高清视频产业将亮相第四届数字中国建设成果展览会》	在新中国成立 70 周年庆典之时，5G+超高清视频就已崭露头角。通过 5G+4K 高清直播，5G 多机位技术的应用，对阅兵仪式盛况进行现场直播，使得直播画面更加饱满鲜活，生动流畅。	正 99% 负 1%	12	正向
2021 年 4 月 3 日	光明网	《平台亏损持续，会员增速趋稳，视频网站维持精品供应将何去何从？》	去年 11 月，爱奇艺会员宣布进行多端统一定价调整，这是爱奇艺自 2011 年推行会员制以来第一次提价。4 月 3 日，腾讯视频也正式宣布全新会员价格标准，并将于 4 月 10 日零点起正式实行，这也是腾讯视频多年来的首次提价。	正 1% 负 99%	3	负向

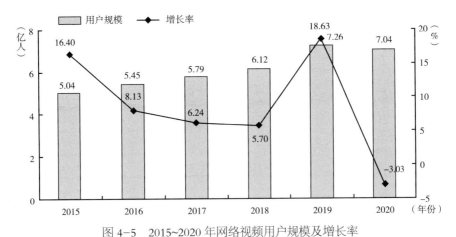

图 4-5 2015~2020 年网络视频用户规模及增长率

数据来源:《2020 中国网络视听发展研究报告》《2021 中国网络视听发展研究报告》。

二 头部平台纷纷加码自制剧场，开启差异化运营路线

随着网络视频平台的竞争日益激烈，2020 年以来，头部网络视频平台纷纷推出剧场模式，走差异化运营路线。典型的如爱奇艺"迷雾剧场"主推悬疑类短剧集，已推出了包括《隐秘的角落》《沉默的真相》等的 6 部国产剧，而所提到的这两部剧分别获得了豆瓣 8.9 分和 9.1 分的好评，引发热烈讨论；爱奇艺的另一个剧场"恋恋剧场"则以甜宠、CP 类剧集为主；其实早在 2018 年，爱奇艺就已推出"爱青春"剧场，这是国内第一个网络视频平台推出的剧场。

其他头部平台剧场，如芒果 TV 的"季风剧场"、优酷的"宠爱剧场"和"悬疑剧场"等纷纷推出优势剧集，以吸引该垂类方向的年轻用户，目前只有腾讯视频还未推出剧场模式。总体来看，剧场化运营有助于视频平台盘活存量资源，开启差异化运营路线，拉近用户和内容的距离，吸引一批精准用户，从而提升用户黏性。

三 深挖用户付费价值，会员涨价提升营收空间

我国主流的网络视频平台以在线广告、会员服务为主要营收来源，主要的成本则来自内容版权购买。爱奇艺、腾讯视频、优酷已纷纷发力自制剧，致力于提升剧集质量，吸引更多用户付费。从 2016~2020 年网络视频市场营收结构来看，用户付费收入占比逐渐提升，在线广告收入占比则总体逐渐下降（见图 4-6）。

2020年，中国网络视频用户付费收入规模达到765亿元，相比2019年增长49%，用户价值空间巨大。

图4-6　2016~2020年我国网络视频市场营收结构

数据来源：易观分析。

从网络视频平台来看，2018年，爱奇艺会员服务营收首次超过在线广告服务，占比42.51%，到2020年，会员服务的收入占比已经超过50%，在线广告服务收入占比则缩减至23%左右（见图4-7），用户价值迅速体现。头部平台付费会员规模过亿，2020年爱奇艺订阅会员人数1.02亿，腾讯视频的付费会员数则达到1.2亿。本研究根据腾讯视频和爱奇艺付费会员人数和月活人数测算头部平台的付费转化率，2019年付费转化率为21%，2020年结果为22%（见表4-3）。

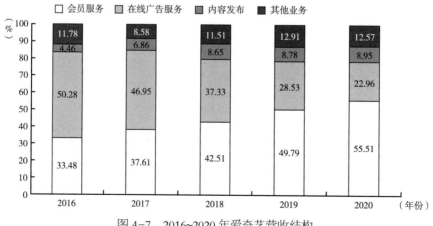

图4-7　2016~2020年爱奇艺营收结构

数据来源：爱奇艺财报。

表4-3　爱奇艺和腾讯视频付费转化率测算

单位：亿人，%

视频平台	2019 年			2020 年		
	月活人数	付费人数	付费率	月活人数	付费人数	付费率
爱奇艺	4.76	1.07	22	4.80	1.02	21
腾讯视频	5.25	1.06	20	5.14	1.20	23
合计	10.01	2.13	21	9.94	2.22	22

数据来源：爱奇艺公司财报、易观分析。

　　为进一步深挖用户价值，头部网络视频平台纷纷提价。2020年11月，爱奇艺会员调整了黄金VIP的服务费，其中月卡、季卡、年卡分别上涨5.2元、10元、50元，连续包月、包年也相应提升，涨价幅度在25%~50%。在此之前，包括爱奇艺在内的头部网络视频平台已经9年没有涨价，爱奇艺负责人龚宇公开强调，9年前的定价太低了，无法覆盖内容成本。[①]2021年4月，腾讯视频也发布了VIP会员价格调整的消息，新价格为连续包月20元、包季58元、包年218元。以连续包月用户的支出来算，每月将多花5元，涨幅达33.33%。网络视频会员服务的提价遭到用户的反对，但对于网络视频平台来说，确是无奈之举。随着用户付费在营收中的重要性越来越强，内容成本价格飙升，会员提价短期或可提升营收空间，但从长期来看，还需衡量好价格和内容质量之间的平衡关系，提升用户满意度。

四　头部格局稳固，集中度进一步提升

　　本研究选取了每年营收规模排名靠前的4家网络视频上市公司进行统计，据本研究估算，2015~2020年头部4家公司营收之和如表4-4所示，其占网络视频整体市场规模的比例（即市场集中度）如图4-8所示。从数据结果来看，2019~2020年网络视频领域市场集中度提升明显，头部平台主导地位加强，腰部及尾部平台发展空间进一步被压缩。

---

　　①　互联网新风口.爱奇艺会员服务提价，腾讯视频或将跟涨[EB/OL].2020-11-16[2021-10-18].https://www.36kr.com/p/970936028718599.

表 4-4　2015~2020 年网络视频头部上市公司营收规模（估算）

单位：亿元

公司名称	2015 年	2016 年	2017 年	2018 年	2019 年	2020 年
腾讯视频	62.00	99.63	196.00	269.72	288.05	325.96
爱奇艺	53.19	112.37	173.78	249.89	289.94	297.07
优酷	46.00	140.00	77.00	116.00	150.77	169.48
乐视网	37.82	67.83	不选取	不选取	不选取	不选取
芒果超媒	不选取	不选取	33.85	74.29	102.20	118.26
合计	199.01	419.83	480.63	709.90	830.96	910.77

注：这里的营收数据都是指在线视频业务营收。爱奇艺数据来自公司财报；由于腾讯未拆分腾讯视频的营收数据，根据季度数据、付费会员数等数据估算；芒果超媒 2018 年经历了资产重组，2018 年年报中开始有新媒体平台运营、新媒体互动娱乐内容制作两项业务数据，视频业务营收采用这两个数据之和；优酷数据根据阿里巴巴财报估算；乐视网数据来自其公司财报。

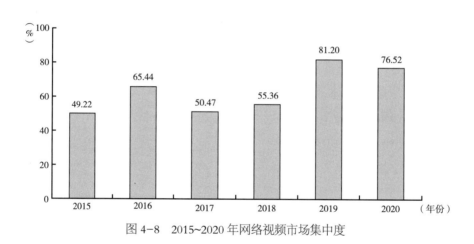

图 4-8　2015~2020 年网络视频市场集中度

第四节　投资动向与投资价值评估

一　投资数量持续下降，投资金额 2018 年达到峰值后回落

自 2016 年后，国内网络视频领域一级市场投资事件数量连年下降，自 2016 年的 329 起下降到 2020 年的 59 起，几乎呈直线下降趋势（见图 4-9）。投资金额在 2018 年达到峰值，随后在 2019 年和 2020 年迅速回落，主要由于 2018 年网络视频领域大额投资较多，有多起上亿美元、上亿元的投资事件。如哔哩哔哩获得腾讯 3.18 亿美元

战略投资，新乐视文娱获得融创中国 5.32 亿元的战略投资，聚焦于文娱产业的 AI 科技"独角兽"企业 Video++ 极链科技集团获得瑞力投资、汉富控股、文轩资本、投中资本等机构的 7.21 亿元 C+ 轮投资，百度视频获得 1 亿美元的 B 轮投资，致力于影像识别技术、网络视频技术等领域的影谱科技获得了 13.6 亿元的 D 轮投资……2019 年和 2020 年相比于 2018 年投资数量下降约一半，大额投资减少，除了未透露投资金额的，其中最大的一笔投资为中金公司、建银国际、步长家族母基金对原生影像互动平台北京影谱科技股份有限公司的 6.8 亿元战略投资。

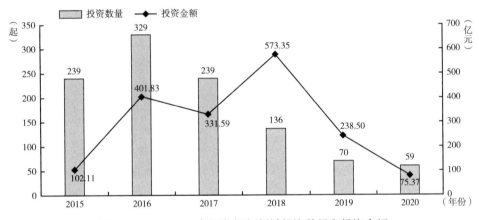

图 4-9　2015~2020 年网络视频领域投资数量和投资金额

注：数据统计的是以视频业务为主的企业，此类企业往往也包含短视频、直播业务，无法严格区分仅从事网络视频（长视频）的企业，因此短视频、直播类企业也会被统计在内。

数据来源：IT 桔子。

二　网络视频新增企业数量总体逐年下降

2020 年网络视频领域新增企业 71 家，同比下降 17.44%。自 2016 年以来，网络视频领域新注册的企业数量逐年下降，从 2016 年的 322 家下降至 2020 年的 71 家，几乎呈直线下降趋势（见图 4-10）。随着整体资本环境的降温，网络视频创业和投资都愈加谨慎。

三　视频技术研发与运营／营销成为投资热点

在图 2-13 中我们已经介绍了投资动向的判断方法。网络视频领域的投资动向

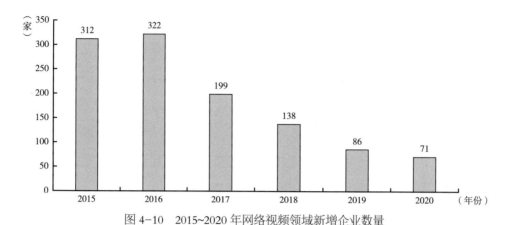

图 4-10 2015~2020 年网络视频领域新增企业数量

注：数据统计的是以视频业务为主的企业，此类企业往往也包含短视频、直播业务，无法严格区分仅从事网络视频（长视频）的企业，因此短视频、直播类企业也会被统计在内。

数据来源：IT 桔子。

统计的是以视频业务为主的被投资企业，此类企业往往也包含短视频、直播业务，无法严格区分出仅从事网络视频的企业，因此一些短视频、直播类企业也会被统计在内。

从统计的投资热点来看，短视频业务最受资本关注（见图 4-11），与短视频相关的投资热点分析详见第五章，这里重点关注除短视频之外的投资热点。

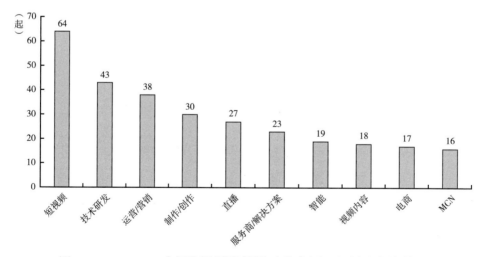

图 4-11 2019~2020 年网络视频领域投资事件高频词及对应的投资数量

注：数据统计的是以视频业务为主的企业，此类企业往往也包含短视频、直播业务，无法严格区分仅从事网络视频（长视频）的企业，因此短视频、直播类企业也会被统计在内。

数据来源：IT 桔子。

与 2018 年投资关注视频内容创作不同的是，2019~2020 年以视频技术研发、视频运营和营销为业务方向的企业成为资本关注的重点，相关投资事件分别为 43 起和 38 起，高于其他业务方向，视频制作 / 创作类排在二者之后。受资本关注的企业有凭借领先的 AI 技术及丰富的营销经验为客户提供明星及高端达人商业化变现、直播 AI 营销等业务的万面智能，专注短视频领域大数据营销的星榜，旗下拥有网红数字营销超级 MCN 机构炫石互娱以及 KOL 数据平台海豹数据的网红数字营销服务商无锋网络等。

四 网络视频投资价值评估结果：中等（★★★）

根据第一章第三节所述的投资价值评估方法，网络视频领域的投资价值评估结果为 ★★★，即有不错的机会，但也有相应的风险，风险与机遇并存，评估结果偏中性。评估详情如表 4-5 所示。

表 4-5 网络视频投资价值综合评估结果

序号	一级指标	一级指标得分	二级指标	二级指标原始数据	原始数据标准化	二级指标得分
1	基础规模	3	市场规模	1190.3 亿元	0.344	★★
			用户规模	7.04 亿人	0.682	★★★★
2	发展速度	2	市场规模增长率	16.31%	0.161	★
			用户规模增长率	−3.03%	0.441	★★★
3	转化程度	2	付费转化率	22.00%	0.230	★★
4	竞争程度	1	市场集中度	76.52%	76.52%	★
5	活跃程度	3	新增企业数量增长率	−17.44%	0.826	★★★★★
			投资数量增长率	−15.71%	0.521	★★★
			投资金额增长率	−68.40%	0.035	★
6	相关政策导向	3	相关政策支持程度	加强内容和服务标准管理，促进规范，中性		★★★
7	传统主流媒体报道倾向	3	传统主流媒体报道的倾向程度	正向占比减去负向占比的值为 9 个百分点，中性		★★★
加权总计结果						14.00
综合结果						★★★

第五节　未来发展趋势

网络视频平台入局短视频业务，长短视频走向融合。自 2015 年以来，短视频发展如火如荼，市场规模和用户规模爆发式增长，迅速抢占包括网络视频、网络游戏在内的数字内容领域市场空间，在 2019 年短视频领域用户在线时长首次超过了网络视频，到了 2021 年 6 月，短视频用户在线时长已经是手机游戏的 4 倍了。

为应对短视频带来的挑战，网络视频平台积极部署短视频业务，一方面推出自己的短视频产品，另一方面积极布局竖屏剧、互动剧、短剧等创新形态的剧集形式。2020 年 4 月，爱奇艺短视频产品"随刻"上线；同年 11 月，爱奇艺 App 正式上线了原创短视频种草产品"划啦"，该产品内容主要来源于爱奇艺上的电视剧、电影、综艺、动漫、纪录片以及通过 AI 剪辑的精彩片段。2021 年 3 月，腾讯视频上线的古装 IP 剧《长歌行》将微视作为上线渠道之一。与此同时，短视频也在变"长"，短视频平台同样在向长视频市场渗透。2021 年 8 月，抖音在首页增设了长视频专区，给予内容创作者更多发挥的空间；哔哩哔哩的长视频项目《风犬少年的天空》《说唱新世代》引发广泛关注；快手联合深圳市华浩影视有限公司出品了电影《空巢》，并在快手平台独家上线。

长短视频正在深入彼此腹地，此外还有"中视频"入场，西瓜视频、百度好看视频、哔哩哔哩是目前"中视频"主要玩家。2020 年西瓜视频总裁任利锋宣布，未来一年西瓜视频将至少拿出 20 亿元与优秀的视频创作者一同发力"中视频"赛道。[①] 究竟谁能成为中国的 YouTube，还需拭目以待，不过可以确定的是，视频赛道竞争愈加激烈。

---

① 郑玄 .3B 大战"中视频"西瓜：我先拿出 20 亿 [EB/OL].2020-10-22[2021-10-18].https://finance.sina.com.cn/tech/2020-10-22/doc-iiznezxr7404353.shtml.

第一节　短视频概述

一　短视频界定

　　短视频是指播放时长在 5 分钟以下，基于 PC 端和移动端传播的视频内容形式。其"短平快"的特点符合当下用户的消费习惯，满足人们碎片化的娱乐需求。从现阶段的短视频应用发展来看，短视频平台可以分为独立平台和综合平台两类。严格来说，短视频也是网络视频的一种，但行业通常以时长来划分短视频和网络视频。短视频是数字内容产业中比较热门的细分领域，备受市场关注，因此本研究将短视频单独作为一个细分领域进行分析。

二　短视频发展历程

　　我国短视频领域在经过萌芽期、成长期和爆发期之后，现已进入成熟期（见图 5-1）。短视频在多元化发展的同时，其内容也变得越来越精品化，受众群体越来越精细化。

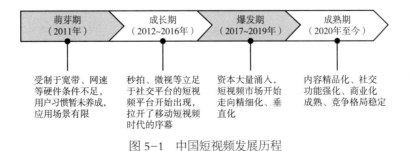

图 5-1　中国短视频发展历程

第二节　发展环境

一　政策环境：强化资质和内容监管，落实主体责任，规范行业秩序

2016~2019 年，政策对包括短视频在内的网络视听内容规范和秩序进行了监管，行业生态逐渐规范。2018 年国家版权局等单位联合开展"剑网 2018"专项行动，打击网络侵权行为；2019 年中国网络视听节目服务协会联合国内主要视频网站制定了《网络短视频平台管理规范》和《网络短视频内容审核标准细则》，标准细则内容加起来超过 100 条，对短视频领域出现的问题进行了全面规范。

2020 年以来，短视频发展如火如荼，优秀内容不断涌现，大批移动短视频 App 运营数据指数式增长。市场快速发展的同时也出现了一系列问题，众多触犯"红线"的行为受到严格的整治，平台整改、热门 App 下架、红人封禁……规范行业秩序迫在眉睫。2020 年短视频最引人注目的问题当属内容"搬运"侵权。2020 年 4 月 9 日，逾 70 家影视传媒单位及企业联合发布声明，抵制短视频"搬运工"；4 月 25 日，国务院新闻办公室新闻发布会上，中宣部版权管理局局长于慈珂回应"近期短视频侵权盗版问题严重，广大权利人反映强烈"情况时，表示"作品未经许可不得传播使用，这是著作权法规定的一项基本原则。这一原则当然也适用于影视作品"。针对此问题，2021 年 12 月，中国网络视听节目服务协会发布的《网络短视频内容审核标准细则（2021）》第 93 条标准规定，短视频未经授权不得自行剪切、改编电影、电视剧、网络影视剧等各类视听节目及片段，从行业机构的角度对短视频侵权问题做出明确回应。

在内容生产与传播上，当前短视频平台的内容来源以 UGC 为主，其个体化、碎片化的特性决定了监管审查机制难以从内容生产环节切入，因此政府监管主要从平台方入手，对内容和平台进行监管和规范。2021 年 2 月，国家互联网信息办公室发布的《互联网用户公众账号信息服务管理规定》，提出对制作发布虚假信息的公众账号生产运营者降低信用等级或者列入黑名单，明确了内容生产者和运营平台的主体责任。《网络短视频平台管理规范》中规定平台上播出的所有短视频均应经内容审核后播出，审核对象包括节目的标题、简介、弹幕、评论等内

容。2019 年，国家互联网信息办公室、文化和旅游部、国家广播电视总局也在《网络音视频信息服务管理规定》中明确了对网络音视频制作、发布、传播的监管要求。

短期来看，政策对短视频平台、短视频从业者加强了规则管理和规范要求，这对短视频行业发展和企业经营或有一定的压制作用；但长期来看，这将有利于促进行业规范化发展，提高用户对短视频平台的认可程度，有利于短视频行业长期健康可持续发展。相关政策内容详见表 5-1。

二 舆论环境：传统主流媒体报道负向占比超过正向

2021 年，传统主流媒体关于短视频报道的高频词为"电影""未成年人""侵权""虚假""盗版""治理"等（见图 5-2），说明短视频领域的一些乱象受到主流媒体的集体关注。

图 5-2 2021 年短视频领域传统主流媒体报道关键词分布

具体来看，2021 年传统主流媒体对短视频的报道以负向为主，数量占比达到45%；正向报道占比 33%，中性报道占比为 22%（见图 5-3）。其中，负向报道主要针对短视频对影视综作品的剪辑、二次创作现象，探讨了短视频搬运、侵权问题；正向报道集中探讨短视频对文化和经济的推动作用，如利用短视频创收、科普知识传播、

表5-1 短视频相关政策梳理

发布时间	发布机构	文件名称	主要内容
2021年2月	国家互联网信息办公室	《互联网用户公众账号信息服务管理规定》	• 建立公众账号监测评议机制，防范账号订阅数、内容点击率、转发评论量等数据造假行为。建立生产运营者信用等级管理体系，根据信用等级提供相应服务。建立健全网络谣言等虚假信息预警、发现、甄别、辟谣、溯源、消除等处置机制，对制作传布虚假信息的公众账号生产运营者降低信用等级或者列入黑名单。 • 规范管理电商销售、广告发布、知识付费、用户打赏等经营行为，不得发布虚假广告，进行夸大宣传，实施商业欺诈等干扰商业运营等，防止违法违规运营。加强对原创信息内容的著作权保护，防范盗版侵权行为。平台不得利用优势地位干扰生产运营者合法合规运营，侵犯用户合法权益。加强对本平台公众账号信息服务活动的监督管理，及时发现和处置违法违规信息或者行为。公众账号信息服务平台应当自觉接受社会监督。
2020年12月	中共中央	《法治社会建设实施纲要（2020~2025）》	• 治理网络空间方面，要通过立法释举报等方式，完善网络信息服务方面的法律法规，修订互联网信息服务方面的规范管理办法，深度伪造等新技术应用的安全可控和创新互联网内容建设，推动互联网信息服务领域严重失信"黑名单"制度和诚或制度。 • 制定完善对网络直播、自媒体、知识社区问答等算法推荐，以及新媒体业态方面立法和创新互联网内容建设，推动互联网信息服务领域严重失信"黑名单"制度和诚或制度。
2019年11月	国家互联网信息办公室、文化和旅游部、国家广播电视总局	《网络音视频信息服务管理规定》	• 落实信息内容安全管理主体责任，配备与服务规模相适应的专业人员，建立健全用户注册、信息发布审核、信息安全管理、应急处置、从业人员教育培训，未成年人保护，知识产权保护，防范违法违规信息等管理制度，具备与新技术新应用发展相适应的安全可控的技术保障和防范措施，有效应对网络安全法，维护网络数据的完整性、安全性和可用性。 • 依照《中华人民共和国网络安全法》的规定，对用户进行基于组织机构代码、身份证件号码、移动电话号码等方式的真实身份信息认证。任何组织和个人不得利用网络音视频信息服务以及相关信息技术从事危害国家安全、破坏社会稳定、扰乱社会秩序、侵犯他人合法权益等法律法规禁止的活动，不得制作、发布、传播煽动颠覆国家政权、危害国家安全和社会稳定、淫秽色情、侵犯他人合法权益等法律法规禁止的信息内容。 • 加强对网络音视频信息服务使用者发布的音视频信息的管理，部署应用违法违规音视频识别技术，发现应对违法违规的，应当依法依约停止传输相关信息，采取消除等处置措施，防止信息扩散，保存有关记录，并向网信、文化和旅游、广播电视等部门报告。 • 建立健全辟谣机制，发现网络音视频信息服务使用者利用基于深度学习、虚拟现实等方式制作、发布、传播谣言的，应当及时采取相应的辟谣措施，并将相关信息报网信、文化和旅游、广播电视等主管部门备案。在与网络音视频信息服务提供者签订的服务协议中，明确双方权利义务，要求网络音视频信息服务使用者遵守本规定及相关法律法规。自觉接受社会和公众监督。设置便捷的投诉举报入口，公布投诉、举报方式等信息，及时受理并处理公众投诉举报。

续表

发布时间	发布机构	文件名称	主要内容
2018 年 3 月	原国家新闻出版广电总局	《关于进一步规范网络视听节目传播秩序的通知》	● 坚决禁止非法抓取、剪拼改编视听节目的行为。所有节目网站不得制作、传播歪曲、丑化经典文艺作品的节目；不得擅自对经典文艺作品、广播影视节目、网络原创视听节目作重新剪辑、重新配音、重配字幕，不得截取若干节目片段接成新节目播出；不得传播编辑后篡改原意产生炭义的作品等片段。 ● 加强网络原创视听节目管理。各级视听节目网站播出的片头、预告片等视听节目片花，预告片所对应的节目是合法的广播影视节目，网络原创视听节目：不能断章取义、恶搞歪曲，不能做"标题党"，以低俗创意吸引点击；不得出现包括"未审核"版或"审核删节"版等不安内容。 ● 加强对各类节目接受冠名、赞助的管理。网络视听节目接受冠名、赞助等，要事先核验冠名或赞助方的资质，不得与未取得《信息网络传播视听节目许可证》非法开展网络视听节目服务的机构进行任何形式的合作。
2017 年 6 月	原国家新闻出版广电总局	《关于进一步加强网络视听节目创作播出管理的通知》	● 各类网络视听节目必须坚守文明健康的审美底线。网络综艺节目、网络剧、网络电影等要坚决反对天价片星、无聊游戏、奢华盛宴等不良风气，避免助长渲染人生心态和诤夸之风；要维护公序良俗，故意激化矛盾、放大非理性情绪等错误方式误导受众，混淆是非。要坚持把社会效益放在首位，绝不能作假作秀，绝不能制造低俗嘘头，展示丑行恶态，呈现阴暗晦涩、渲染色情暴力。坚决杜绝包装炒作明星子女和炭害未成年人权益等现象。 ● 网络视听节目服务机构要全面落实主体责任，建立健全完善有效的把关机制，要全面落实好播前内容审核、总编辑负责制等规章制度，把导向责任要求落实到采编制播各个环节。具体岗位。

城市形象宣传、促进非物质文化遗产传播等；中性报道则讨论了短视频的发展前景及行业规范。报道的核心内容及倾向性判断详见表5-2。

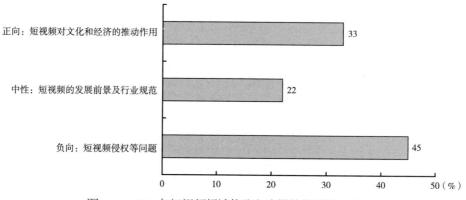

图5-3　2021年短视频领域传统主流媒体报道倾向分布

第三节　市场运行现状

一　市场经历爆发式增长，短视频成为全民基础应用

2019年我国短视频市场经历了爆发式增长，市场规模同比增速超过1000%，从百亿元一跃超千亿元；2020年虽然增速放缓，但也达到58%（见图5-4），在数字内

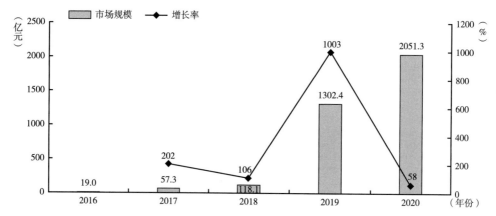

图5-4　2016~2020年短视频领域市场规模及增长率

数据来源：中国网络视听节目服务协会发布的《2021中国网络视听发展研究报告》。

表 5-2 短视频报道梳理及倾向性判断

报道时间	传统主流媒体	报道标题	报道的核心内容	百度 AI 判断	Rost 判断	人工修正
2021 年 6 月 27 日	新华网	《短视频：旅游市场"种草机"》	在短视频赛道的风口，旅行平台马蜂窝、携程、飞猪等纷纷开始重视短视频内容分享。	正 62% 负 38%	0	正向
2021 年 6 月 18 日	新华网	《短视频平台赋能川渝两地"吸睛"又"吸金"》	数字化时代，如何借助新技术进行城市营销，赋能本地企业发展？借助短视频平台的赋能，川渝两地更多地被分享、被看到，被这份"吸金"。	正 64% 负 36%	0	正向
2021 年 6 月 16 日	新华网	《短视频和直播立台，让非遗活起来》	目前，抖音发布非遗数据报告显示，入选抖音最受欢迎五大传统美术的非遗项目中，剪纸位列第一、第二至第五分别为竹编、木雕、石雕和泥塑。剪纸在抖音获赞超过 1.3 亿次，且尤其受到"00 后"的青睐。	正 96% 负 4%	0	正向
2021 年 6 月 1 日	新华网	《保护未成年人，短视频平台可探索空间很大》	新修订的《中华人民共和国未成年人保护法》今起施行，其中增设的"网络保护"专章，对互联网平台未成年人保护工作提出了更高要求，也将进一步指导企业、社会、家庭参与共建，带动更多关于未成年人网络安全方面的积极变化。	正 97% 负 3%	9	中性
2021 年 5 月 28 日	新华网	《短视频，大数据时代的双刃剑》	短视频也是一把双刃剑，在为人们提供信息获取及个人表现更利的同时，也带来许多负面影响，这些都是应该被人们理智对待的。	正 47% 负 53%	3	中性
2021 年 5 月 20 日	新华网	《别让短视频成虚假广告"风口"》	近年来，奥利司他类药品虚假广告在短视频平台泛滥。一些视频制作者以夸张的故事情节、不顾"减少热量摄入、控制体重"的药理作用，不顾药品说明书上的多项副作用警告，肆意宣传其"瘦脸瘦腿瘦肚子""一盒见效""完全无副作用"等，甚至有人打出"中华老字号"的旗号，引发网民反感。	正 0% 负 100%	−13	负向
2021 年 5 月 19 日	新华网	《短视频发展不能忽视版权问题》	短视频具有制作长短、传播快、制作周期短、制作门槛低、公众参与性强等特点，能有效满足公众对碎片化时间利用问及社交需求，近年来可谓异军突起。但其在创造巨大社会价值的同时，侵权方式更趋复杂，法律保护仍依旧不足、行业监管相对滞后等版权保护难题，也使之成为网络侵权与盗版问题的高发区。	正 45% 负 55%	0	负向
2021 年 5 月 18 日	新华网	《原创短视频博主 我的创意谁来保护》	爆发式增长的短视频已成为全民创作、参与、分享的文化现象。与此同时，越来越多年轻人走上了短视频博主的新职业岗位，但随之而来的跨平台"搬运"和抄袭事件屡见不鲜。	正 78% 负 22%	4	负向

续表

报道时间	传统主流媒体	报道标题	报道的核心内容	百度 AI 判断	Rost 判断	人工修正
2021年4月28日	新华网	《国家电影局：坚决整治"XX分钟看完一部电影"等短视频侵权盗版行为》	国家电影局网站4月28日消息，近日，针对部分影视行业协会、影视公司和演员等倡议的抵制短视频侵权问题，国家电影局相关负责人表示，保护电影版权是维护电影产业健康良性发展、激发创新创作活力、推动电影高质量发展的重要基础。国家电影局一贯高度重视电影版权保护工作，近年来会同公安、版权等部门，持续打击电影盗版、盗播等违法犯罪行为，将电影作品纳入版权保护预警名单，推动各类网络服务商采取有效措施，提前防范，及时处理侵权盗版行为。	正 0% 负 100%	−3	负向
2021年4月14日	新华网	《莫让短视频"搬运工"掏空原创者权益》	"12426"版权监测中心发布的《2020中国网络短视频版权监测报告》显示，2019年至2020年10月间，版权监测中心累计监测疑似侵权链接1602.69万条，独家原创作者被侵权率高达92.9%。	正 6% 负 94%	0	负向
2021年4月14日	新华网	《五分钟看完一部电影？你看的短视频可能侵权了》	电影、电视剧上映时，我们经常会在一些短视频App上，看到一些博主发布的"五分钟看完一部电影"。近日，53家影视公司、5家视频平台及15家影视行业协会发表联合声明，将对未经授权进行剪辑、切条、搬运、传播等行为，发起集中、必要的法律维权行动。	正 0% 负 100%	0	负向
2021年3月9日	新华网	《超千万名女性利用短视频创收》	昨天是"三八"妇女节。随着科技的发展，女性群体的收入来源越来越丰富。在短视频等新媒体技术的加持下，去年超千万名女性通过某短视频平台直接获得收入。	正 0% 负 100%	0	正向
2021年3月3日	新华网	《短视频平台要与"带毒"的流量切割》	日前，抖音安全中心发布治理处罚公告，对一批涉嫌刻意炫富、恶意炒作、有违社会公序良俗的账号进行禁言、封禁等处理。	正 13% 负 87%	−1	负向
2021年2月23日	新华网	《短视频字幕"逼疯语文老师"，该注意了》	中国互联网络信息中心发布的第47次《中国互联网络发展状况统计报告》显示，截至2020年12月，我国短视频用户规模达8.73亿，其中有很多中小学生，他们易于接受新鲜事物，对短视频的接受度高。短视频字幕中滥用、误用、错用的汉字，会给他们带来不良的示范和引导。	正 1% 负 99%	−7	负向

续表

报道时间	传统主流媒体	报道标题	报道的核心内容	百度 AI 判断	Rost 判断	人工修正
2021年2月8日	新华网	《俄罗斯小伙用短视频讲中国乡村故事》	德米日在中国乡村直播带货缘于一次偶然的旅行。2020年8月，正在上海华东交通大学攻读企业管理博士学位的他，接到一个中国朋友的邀请，来到这个浙南的小山村。	正81% 负19%	0	正向
2021年7月6日	人民网	《那些短视频平台上的小微创业者》	随着短视频带货方式被越来越多的人接受，小微创业者争先恐后入驻短视频平台，期望能获得一席之地，其中的酸甜苦辣，只有他们自己能够体味。	正85% 负15%	0	中性
2021年6月27日	人民网	《借短视频营销成文旅市场主流 但"内容为王"原则不变》	虽然传播手段不断更迭，但"内容为王"的创作原则没有变化，在短视频的赛道上也同样如此。	正1% 负99%	2	中性
2021年5月27日	人民网	《六成多未成年人家长对孩子使用短视频进行过管理》	"未成年人短视频青少年模式使用研究"显示，70.8%的受访未成年人认为短视频／直播给自己带来了积极作用，但也有31.8%的受访未成年人表示在时间管理上变差。	正6% 负94%	7	中性
2021年5月14日	人民网	《长短视频版权之争，"二次创作"如何求生？》	在短视频用户喜闻乐见的同时，短视频二次创作却面临着版权的困局。一边是用户的需求，一边是版权的缺位，"X分钟电影"该如何破局？	正15% 负85%	0	中性
2021年5月11日	人民网	《短视频平台盲盒泛滥》	文具盲盒、机票盲盒、自制盲盒……短视频上的盲盒泛滥，部分平台无奇甚至质量堪忧的商品，只要套上盲盒的概念，价格便部翻番。而短视频博主还在为盲盒"带货"，一条盲盒拆箱视频，轻松就能收获几十万的点赞。	正37% 负63%	-3	负向
2021年5月6日	人民网	《千余个短视频齐齐上线 打造有温度的医学科普》	据悉，《精诚奖—首届医生科普大赛（上海）》自3月25日启动至今，已有上千名医生报名，共征集到千余个来自医生的医学科普视频，其中由社区晨报支持配合的全市社区卫生服务中心医生报名超过三成。	正83% 负17%	-3	正向
2021年4月28日	人民网	《百部经典电影将制作成千支短视频传播》	为庆祝中国共产党成立100周年，电影频道推出"经典频传：看电影，学党史"系列短视频制作宣传推广活动，通过"百部经典电影·千段精微短视频，回顾和展示经典主旋律电影，传承红色基因。昨天，该活动在京宣布启动。	正83% 负17%	0	正向

续表

报道时间	传统主流媒体	报道标题	报道的核心内容	百度 AI 判断	Rost 判断	人工修正
2021 年 4 月 26 日	人民网	《"二次搬运"大疯狂——短视频平台乱象调查》	4 月 25 日，国家版权局召开新闻发布会称，将继续加大对短视频领域侵权行为的打击力度，坚决整治短视频平台以及自媒体、公众账号运营者侵权乱象。	正 3% 负 97%	-14	负向
2021 年 4 月 26 日	人民网	《短视频平台主播"卖惨带货"套路多》	近日有市民爆料，短视频平台整顿过后，一些打着卖惨带货、演戏炒作的百万粉丝主播声匿迹，但为了吸引粉丝、增加销售额，仍有主播改变"套路"卖惨。业内指出，当观众的善良与恻隐之心置于上来刻意意编织的剧本，"卖惨带货"无疑在挑战商业伦理的底线。	正 1% 负 99%	-3	负向
2021 年 4 月 23 日	人民网	《"拿来主义"大行其道，短视频不能短了版权意识》	近日，多家影视传媒单位及企业发布对影视保护版权的联合声明，将对短视频侵权行为发起集中、必要的法律维权行动。	正 0% 负 100%	3	负向
2021 年 4 月 7 日	人民网	《短视频原创作者通九成被侵权：五分钟看完一部电影，内容相似互相"搬运"》	在短视频 APP 上，经常能看到一些主播带你"五分钟看完一部电影"，或是多个主播换汤不换药复演着同一个"老梗"，短视频知识产权侵权的最新高发地带，有调查数据显示，短视频独家原创作者被侵权率超过九成。	正 8% 负 92%	0	负向
2021 年 3 月 18 日	人民网	《短视频用户规模达 8.73 亿 中国人为什么爱刷屏？》	前不久，中国互联网络信息中心发布的第 47 次《中国互联网络发展状况统计报告》显示，截至 2020 年 12 月，中国的短视频用户规模为 8.73 亿，较 2020 年 3 月增长 1 亿，占整体网民的 88.3%。	正 3% 负 97%	5	中性
2021 年 2 月 4 日	人民网	《短视频平台：不"短视"才能有长远》	短视频这种移动互联网下的综合产物，因其具有非常高的便民性，所以具有非常高的内容之善可陈。加之我国短视频平台发布者自身的商业价值，因此，吸引了许多拍摄者发布自身的作品。但部分作品粗制滥造，低估影像作品制作，这降低了整体的文化价值，导致受众对不容回避，导致受众产生不良的固化印象。	正 41% 负 59%	4	中性
2021 年 1 月 19 日	人民网	《短视频市场迎来创业商机 文创园"秒变"拍摄地》	沈阳的王先生是艺术仓库的运营者，在沈阳最近这段特殊时期，他引入导演、剧本创作、演员等，实现了线上谈创意和构思，线下落地拍摄短视频。	正 87% 负 13%	0	正向
2021 年 1 月 16 日	人民网	《短视频模板受著作权法保护吗？》	现行著作权法尚未对短视频模板这类新型的智力创造成果的法律明确界定，短视频模板的创作者，使用者以及其他网络平台之间的权利边界模糊，短视频模板的法律问题有待探讨。	正 0% 负 100%	2	中性

续表

报道时间	传统主流媒体	报道标题	报道的核心内容	百度 AI 判断	Rost 判断	人工修正
2021年7月6日	光明网	《专业医学科普成为短视频平台用户刚需》	7月6日，凯度携手腾讯医典发布《2021医疗科普短视频与直播洞察报告》，洞悉医疗科普短视频与直播供需两端——内容创作者和观看用户的行为特征、相关需求和趋势展望，为医生和行业生态方提供参考。	正 94% 负 6%	0	中性
2021年6月27日	光明网	《短视频：旅游市场"种草机"》	从线上"种草"到线下消费"拔草"，短视频博主、游客等相关方面均带来了效益。	正 62% 负 38%	0	正向
2021年6月23日	光明网	《抖音发布首份三农数据报告 农村视频创作者收入同比增长15倍》	6月22日，抖音发布首份三农数据报告。过去一年，抖音农村视频创作者收入同比增长15倍，农村视频获赞量129亿次。	正 46% 负 54%	0	正向
2021年6月16日	光明网	《短视频和直播平台让非遗活起来》	日前，抖音发布非遗数据报告显示，入选抖音最受欢迎大传统美术的非遗项目中，剪纸位列第一、第二至第五分别为刺绣、木雕、石雕和泥塑。剪纸在抖音获赞超过1.3亿次，且尤其受到"00后"的青睐。	正 92% 负 8%	0	正向
2021年6月2日	光明网	《短视频助力反诈宣传入脑入心》	日前，在国家反诈中心指导下，抖音开展了主题为"反诈者集合"的"安诈"活动。活动中，国家反诈中心及来自全国多个省市公安机关、反诈全网，针对来自来近年高发的电信网络诈骗等犯罪行为，在抖音等平台上推出反诈短视频宣传及反诈口号征集等活动。	正 1% 负 99%	0	正向
2021年5月28日	光明网	《看电影学党史 短视频传承红色基因》	为庆祝中国共产党成立100周年，在国家电影局指导下，电影频道分利用海量电影版权，策划推出"经典电影、学党史"系列短视频，通过"百部经典影片、千条精短视频"的展示，传承红色基因。	正 99% 负 1%	0	正向
2021年5月27日	光明网	《未成年人接触短视频比例不断攀升 家长如何管？》	近几年，未成年人接触短视频的比例不断攀升。短视频具有趣味性、知识性、互动性、多样性等特点，比较符合未成年人的认知特点。深得他们的喜爱。这也意味着家长要多关注短视频使用情况，加强引导，帮助他们从小养成良好的网络使用习惯。	正 0% 负 100%	0	负向
2021年5月22日	光明网	《抖音快手等105款App违法违规收集使用个人信息被通报》	据国家互联网信息办公室网站消息，近期，针对这些群众反映强烈的App非法获取、超范围收集，过度索取用户个人信息的现象，国家互联网信息办公室依据法律有关规定，组织对短视频、浏览器、求职招聘等常见类型，公众大量使用的部分App的个人信息收集使用情况进行了检测。	正 83% 负 17%	3	负向

续表

报道时间	传统主流媒体	报道标题	报道的核心内容	百度 AI 判断	Rost 判断	人工修正
2021年5月11日	光明网	《超6万条炫富短视频被清理 仍有人大肆用炫富换流量》	日前，网信办相关负责人表示，网上一些炫富内容迎合了人们顶图享乐甚至不劳而获的需求，前段时间清理违规炫富短视频的信息6万多条，不过问题依然存在。北京青年报记者调查发现，目前在抖音、快手、微博、小红书等平台上，不少房产、汽车、微商等领域博主依然在发炫富视频来吸引流量。	正 20% 负 80%	3	负向
2021年5月8日	光明网	《高手在民间 短视频让普通人变成"艺术家"》	在短视频平台上，不仅有朗现这样的专业艺术家进入日常生活，更有许多"民间艺术家"展现高光时刻。北京电影学院副校长胡智锋说："高手在民间，这是巨大的艺术创作力，想象力的迸发，借助短视频展示了生活的艺术化，以是普通人如何成长为艺术家。"	正 44% 负 56%	10	正向
2021年4月30日	光明网	《长视频维权, 短视频揭天？》	继4月9日、15日家影视行业协会、53家影视公司以及5家影视网站发布声明清追责短视频侵犯版权之后，4月23日，更多机构又联合514名艺人发布联合倡议书，呼吁短视频平台进进版权内容管理，清理未经授权的内容。	正 3% 负 97%	-9	负向
2021年4月16日	光明网	《短短影视作品格告别"剪刀手"》	长视频平台的流量大战，终于打到了"版权"这一关键之局。日前，53家影视公司，5家视频平台及15家影视行业协会发表联合声明，宣布将对网络上针对影视作品内容未经授权进行剪辑、切条、传播等行为，发起集中、必要的法律维权行动。	正 76% 负 24%	0	负向
2021年4月15日	光明网	《影视类短视频"先授权后使用"还有多远》	近日，数十家影视公司、行业协会、视频网站发布联合声明，共同呼吁大盗短视频平台和公众账号生产运营者尊重原创，保护版权，未经授权不得对相关影视作品实施剪辑、切条、传播等侵权行为。	正 87% 负 13%	3	负向
2021年4月15日	光明网	《治理"短视频追剧"侵权 平台合责无旁贷》	平台经济不是垄断的法外之地，也不是侵权的法外之地。短期利益对企业是一个吸力极强的"黑洞"，但企业必须要要抵制诱惑，不被平台反噬，迎来的绝不是行业的"冬天"，而恰恰是更好更健康发展的新起点。	正 1% 负 99%	0	负向
2021年2月23日	光明网	《短视频带来指尖上的城市形象传播》	整体而言，由新传播技术催生的短视频新势力，以短视频为代表的新传播形式，更新了城市形象的传播主体、传播渠道、传播内容、传播样态，以及日益挑剔、永不满足的受众，个一个城市的文化、历史、活力、生命力在触手可及的短视频中生活化、个体化、立体化。	正 93% 负 7%	0	正向

容产业的细分领域中属于高增速市场。短视频领域用户规模增长率峰值出现在 2018 年，同比增速达到 167.77%（见图 5-5）。2020 年我国短视频领域用户规模达到 8.73 亿人，是用户规模最大的数字内容领域，已成为全民基础应用，也是新增网民触网的主要渠道。随着用户基数的扩大，用户规模增速已明显放缓。

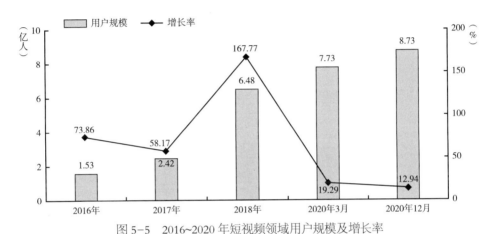

图 5-5　2016~2020 年短视频领域用户规模及增长率

数据来源：艾瑞咨询、CNNIC 发布的第 47 次《中国互联网络发展状况统计报告》。

二　行业发展趋于平稳，短视频内容向垂类拓展

随着短视频用户规模的扩张及增速的趋缓，短视频领域进入用户存量市场经营阶段。至此，经历了四至五年的快速发展之后，行业已逐渐进入平稳发展期。为进一步拓展流量、争夺用户时长，短视频平台向更多垂类内容拓展，当前主要的短视频平台除了娱乐化内容，也涵盖了资讯、电商、技能、知识等多元化内容。中国广视索福瑞媒介研究（CSM）的调查数据显示，用户观看短视频的动机为"获取信息，增长见识"，基本及完全满足这一动机的占比达到 77%，仅次于"放松休闲，填补空余时间"的动机被满足率（80%）；另外，"学习实用技能、生活常识"的动机满足率也达到 74%。[①] 用户未来希望更多看到的短视频达人账号类型调查显示，选择"生活技巧 / 知识科普"类的用户占比遥遥领先，达到 48.1%，远超第二名"个人秀"类（占比为 27.4%）。可见，从短视频中获取知识和实用技能

①　CSM.2020 短视频用户价值研究报告 [EB/OL].2020-09-16[2021-10-18].https://cbndata.com/report/2410/detail?isReading=report&page=1.

成为用户使用此类平台的一大动机。

短视频做垂类内容有天然的优势，一方面，在泛娱乐视频内容为主的环境下，垂类内容只要相对专业、精准，能够解决人们在某个方面的实际问题，就能快速积累大量忠实粉丝；另一方面，个性化推荐算法能为用户提供大量精准的同领域知识内容，为该垂类内容提供更多面向精准用户的曝光机会，促进用户的活跃度，减少用户流失。例如某头部母婴主播加盟的综艺节目，数据显示其受众群体为 25~30 岁的年轻女性，此类垂直化的内容和精准的用户群为商业化变现提供了有利基础。

三 超五成用户因受短视频影响而消费，平台营销价值大

当前主流短视频平台内容上传、下载、观看都是免费的。短视频平台主要通过流量变现，且变现模式多元，包括营销广告植入、用户打赏、品牌推广、电商导流、打造网红 KOL（意见领袖）带货等，最终都是为了实现付费转化。

短视频营销价值巨大，并正在创建新的消费场景。中国广视索福瑞媒介研究对短视频用户的调查显示，2020 年，短视频电商转化率已达 56%，另外通过短视频平台看直播带货的用户占比超过一半，这其中有近一半完成了下单购买。[①] 另一项关于短视频电商转化的数据是酷鹅用户研究院发布的《6.4 亿用户的狂欢：短视频用户洞察报告》，其中提到，2019 年上半年，40% 的用户因观看短视频内容而购物消费过。[②] 虽然与 2020 年数据相差较大，但总体来看，已有近一半用户受短视频影响而消费，随着平台商业变现链条的成熟，未来短视频营销仍有较大可提升空间。

用户受短视频影响而消费与用户在短视频平台上的消费是有区别的，后者可以看作短视频平台的"带货转化率"，其转化流程在平台完成，实现了内容消费闭环。因此，如果要讨论短视频的付费转化率，以便与其他数字内容领域统一比较，应当参考短视频平台的"带货转化率"。

QuestMobile 发布的《2020 中国移动互联网春季大报告》中的数据显示，在抖音、快手、微博、小红书 4 个内容平台中，小红书以 21.4% 的平均带货转化率排在首位，

---

① CSM.2020 短视频用户价值研究报告 [EB/OL].2020-09-16[2021-10-18].https://cbndata.com/report/2410/detail?isReading=report&page=1.

② 酷鹅用户研究院.6.4 亿用户的狂欢：短视频用户洞察报告 [EB/OL].2019-06-28[2021-10-22].http://www.woshipm.com/it/2522354.html.

抖音、快手、微博分别为 8.1%、2.7%、9.1%。快手营收以直播为主，抖音、微博、小红书则主要靠达人带货、广告转化，所以重点参考后二者的数据，三者中又因小红书月活规模小，参考重要性不及抖音和微博。最后，结合头部达人的带货转化率数据（活跃用户数在 1.5 亿人左右的，带货转化率在 9.5% 至 16.7% 之间[①]），粗略估计短视频平台的平均带货率为 8%~9.5%。

四　一二梯队占据超八成市场，市场份额更加向头部集中

当前短视频市场基本已经形成以头条系和快手占领大部分市场，其他中小平台瓜分尾部市场的格局。虽然腾讯把微视、微信短视频重新放在重要的战略位置，奋起直追，但从市场表现来看，仍与抖音、快手差距明显。中国网络视听节目服务协会发布的《2021 中国网络视听发展研究报告》数据显示，短视频一二梯队产品——抖音、快手（包括抖音极速版、抖音火山版、快手极速版）、西瓜视频、腾讯微视共占据了86% 的市场份额，第三梯队占据 7% 的市场份额，产品包括好看视频、爱奇艺"随刻"等。从近几年短视频市场集中度数据来看，头部平台主导能力越来越强（见图 5-6），2021 年在第一二梯度的七款短视频产品中，属于头条系和快手系的就有 6 款，随着达人和内容向头部平台集中，头部产品的话语权将继续增强。

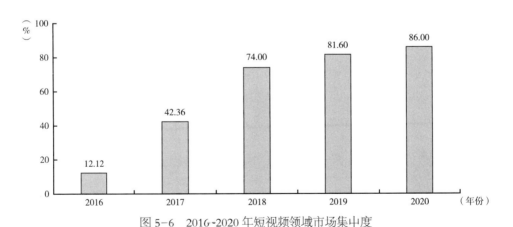

图 5-6　2016~2020 年短视频领域市场集中度

注：这里以头部 4 家短视频产品（包括极速版）所占的市场份额作为市场集中度数据。2019 年为抖音、快手、西瓜、好看、微视 Top5 市场份额。

数据来源：2016~2017 年数据测算自猎豹大数据，2018 年数据测算自恒大研究院，2019~2020 年数据来自中国网络视听节目服务协会。

① QuestMobile.2020 中国移动互联网春季大报告 [EB/OL].2020-04-21[2021-10-22].https://www.questmobile.cn/research/report-new/90.

第四节　投资动向与投资价值评估

一　2019年以来资本市场关注度减弱，投资金额大幅下降

2020年短视频领域一级市场发生融资事件41次，与2019年基本持平，相比2018年下降约一半（见图5-7）。短视频领域创投走过火热爆发期，企业估值回归合理区间，商业变现能力开始被看重。

2018年的投资金额是2015~2020年投资金额的峰值，但投资事件数量并未超过2016年和2017年。这主要是由于2018年涌现了不少大额投资事件，如软银中国、春华资本等机构对字节跳动的40亿美元F轮投资、腾讯对快手的4亿美元E轮投资、雄牛资本等对二更的1.2亿元B+轮投资等。2019年和2020年大额投资减少，2020年短视频领域最大的一笔投资（除了未披露金额的事件）为达晨财智、君润资本等机构对短视频制作工具"小影"的4亿元人民币C轮投资。2019年投资金额主要被红杉资本中国、腾讯投资等机构对快手的30亿美元F轮投资拉高了，事实上，去掉此项之后，低于2020年投资金额。

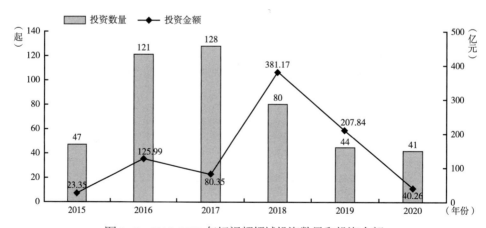

图5-7　2015~2020年短视频领域投资数量和投资金额

数据来源：IT桔子。

二 新增企业数量连续缓降

2020 年短视频领域新增企业 69 家，同比下降 17.86%，自 2016 年以来短视频领域新增企业数量连年下降，2016 年新增 171 家，到 2020 年仅新增 69 家（见图 5-8）。尽管如此，相比于数字内容产业其他大部分细分领域，短视频领域创业仍比较活跃。

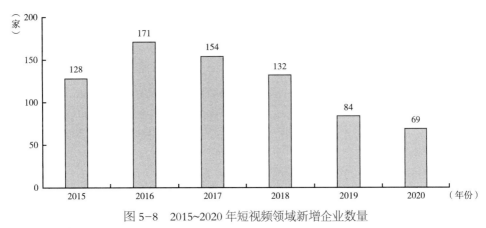

图 5-8 2015~2020 年短视频领域新增企业数量

数据来源：IT 桔子。

三 短视频垂类内容企业最受关注

从 2019 年和 2020 年两年的投资事件来看，短视频内容制作类企业最受投资人关注，共 47 起相关投资事件，其次是短视频营销 / 运营、网红 / 红人 /KOL/ 达人 / 主播孵化类企业，分别有 38 起和 28 起相关投资事件。其中，内容方向以短视频垂类内容制作与网红孵化类为主，获得投资的相关企业有与育儿相关的一分钟短视频资讯媒体贝贝粒，主攻三农、旅游、时尚领域短视频内容的暮云文化，专注于创作美食短视频的媒体日日煮，资讯短视频平台梨视频，帮助用户轻松学习区块链知识的短视频和漫画平台羊驼区块链，专注生活百科类短视频的好兔视频，美妆短视频 MCN 机构五月美妆，关注中国优质女性成长服务的平台三感 Video。此外，IP 孵化、短视频 MCN 机构、短视频电商类企业也受到资本关注（见图 5-9）。

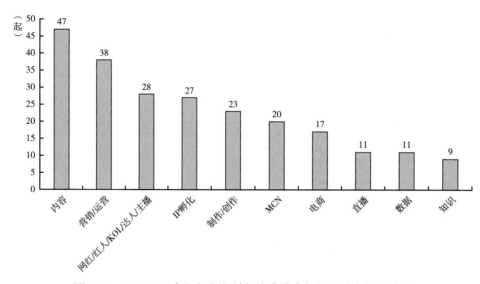

图 5-9　2019~2020 年短视频领域投资事件高频词及对应投资数量

数据来源：IT 桔子。

四　短视频投资价值评估结果：较高（★★★★）

根据第一章第三节所述的投资价值评估方法，短视频领域的投资价值评估结果为★★★★，即投资价值较高，有不错的投资机会，但没有达到很高的程度。评估详情如表 5-3 所示。

表 5-3　短视频投资价值综合评估结果

序号	一级指标	一级指标得分	二级指标	二级指标原始数据	原始数据标准化	二级指标得分
1	基础规模	4.5	市场规模	2051.3 亿元	0.698	★★★★
			用户规模	8.73 亿人	1.000	★★★★★
2	发展速度	5	市场规模增长率	57.50%	1.000	★★★★★
			用户规模增长率	12.94%	0.878	★★★★★
3	转化程度	1	付费转化率	8.30%	0.051	★
4	竞争程度	1	市场集中度	86.00%	86.00%	★
5	活跃程度	3	新增企业数量增长率	−17.86%	0.821	★★★★★
			投资数量增长率	−6.82%	0.593	★★★
			投资金额增长率	−80.63%	0.019	★

续表

序号	一级指标	一级指标得分	二级指标	二级指标原始数据	原始数据标准化	二级指标得分
6	相关政策导向	2	相关政策支持程度	资质和内容监管强化，落实主体责任和惩戒机制，偏负向		★★
7	传统主流媒体报道倾向	2	传统主流媒体报道的倾向程度	正向占比减去负向占比的值为 −12 个百分点，偏负向		★★
加权总计结果						16.50
综合结果						★★★★

第五节　未来发展趋势

短视频存量市场竞争激烈，垂类内容仍有拓展空间。短视频领域经历了快速地成长和爆发之后，当前已进入平稳运行的成熟期，市场规模仍在继续增长中，但增速已趋缓。用户规模方面，无论是对下沉市场的拓展，还是向一二线城市的渗透，基本也趋于饱和，现有的竞争集中在对存量市场即用户时长和用户转化价值的争夺上。如何留住用户，如何让用户对平台上的内容更感兴趣，从而提升商业转化率，是当前主流短视频产品关注的重点。

视频内容产品本身就带有休闲放松的属性，短视频作为碎片化的内容表达方式，自带娱乐化基因。从发展初期至今，幽默搞笑、美女帅哥、音乐时尚等休闲娱乐类博主、达人一直是主流短视频平台上最受用户喜爱的，广告主也乐于选择这类 KOL 进行广告投放。随着短视频行业的发展和成熟，用户审美能力和知识层次逐渐被教育到一定水平，对于短视频内容的要求也水涨船高。除了娱乐，用户还希望能从中获得新闻资讯、生活常识、知识技能、语言学习等更有用的信息。以抖音为例，2020 年上半年新闻资讯类短视频在疫情期间迅速发展，新闻社会类 KOL 增粉排名第一。另外，根据中国广视索福瑞媒介研究的数据，在短视频平台上，用户的"工作学习需要"在短视频平台"基本及完全满足"的比例为 72%，相对于"放松休闲"的 80%，仍有较大提升空间。

两大短视频巨头也在积极布局垂类短视频内容。2021 年 4 月，快手推出了

"新知新职计划"支持泛知识内容发展，抖音也推出了"萌知计划"，为青少年传播知识类短视频。2021 年 7 月，抖音推出了"扬帆计划"第一期，扶持知识类直播。可以预见，以后人们从短视频平台搜索知识技能类内容将成为一种普遍场景。类比来看，知乎是以图文问答为主的知识社区，而短视频将成为视频版的知识库平台。

第六章
直播市场格局与投资观察

第一节 直播概述

一 直播界定

本书研究的直播是指通过互联网进行的直播，即网络直播。网络直播建立在通信技术升级、智能设备普及的基础上，是一种即时同步的内容展现方式。它比文字、图片、语音更为生动且具有时效性，同时也是一种非常高效的通过 UGC、PGC 内容吸引流量并快速变现的方式。网络直播可以分为秀场直播、泛娱乐直播、游戏直播、企业直播和"直播 +"等垂直领域。

二 直播发展历程

直播在我国的发展从起步到爆发不过短短十余年时间，已经历了起步期、发展期、爆发期、成熟期四个阶段（见图 6-1）。

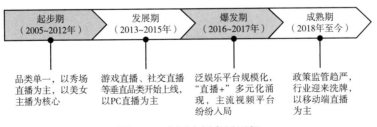

图 6-1　中国直播发展历程

第二节 发展环境

一 政策环境：加强网络文化空间净化和平台经济规范，引导行业良性发展

2016~2019 年，相关主管部门针对网络直播领域出台的政策以规范性文件为主，不断强化行业管理力度，特别注重对直播内容和平台资质的监管。2016 年国家互联网信息办公室发布的《互联网直播服务管理规定》对互联网直播服务提供者提出了资质要求；同年，由原国家新闻出版广电总局发布的《关于加强网络视听节目直播服务管理有关问题的通知》，不仅强调了主播和平台应履行的责任义务，也提出要加强对直播用户互动环节的管理。2018 年，全国"扫黄打非"工作小组办公室同工业和信息化部、公安部等部门联合发布《关于加强网络直播服务管理工作的通知》，要求网络直播服务提供者向电信主管部门履行网站 ICP 备案手续，并落实实名制制度，加强主播管理，推进、引导直播行业的转型升级和良性发展。

2020 年以来，网络直播作为一种新型传播形式发展迅猛，但部分直播平台缺乏资质，违规开展直播活动，甚至传播色情、暴力、谣言、诈骗等信息，扰乱正常传播秩序，必须予以规范。相关管理部门积极出台政策，净化网络空间，规范平台经济，引导网络直播行业健康有序发展。

在网络文化空间净化方面，2021 年 2 月，国家互联网信息办公室、全国"扫黄打非"工作小组办公室等七部门联合发布《关于加强网络直播规范管理工作的指导意见》，旨在进一步加强网络直播行业的正面引导和规范管理，重点规范网络打赏行为，推进主播账号分类分级管理，提升直播平台文化品位，促进网络直播行业高质量发展。要想引导行业良性发展，首先要压实平台主体责任。2020 年 11 月，国家市场监管总局发布的《关于加强网络直播营销活动监管的指导意见》明确了网络直播平台和主播的法律责任，要求落实网络实名制注册账号并规范使用账号名称。2021 年 9 月，中共中央办公厅、国务院办公厅发布的《关于加强网络文明建设的意见》中提出"深化公众账号、直播带货、知识问答等领域不文明问题治理，开展互联网领域虚假信息治理"。2021 年 11 月，文化和旅游部办公厅发布了《关于加强网络文化市场未成年人保护工作的意见》，对网络直播平台未成年人保护工作提出了严格要求，禁止为未满十六周岁的未成

年人提供网络直播发布者账号注册服务，要求平台不得以虚假消费、带头打赏等方式诱导未成年人用户消费，并督促平台提高未实名的未成年人用户鉴别能力，优化未成年人用户借成年人账号充值打赏的识别认定机制。

在平台经济规范方面，2022年1月，国家发展改革委、央行等九部门联合印发的《关于推动平台经济规范健康持续发展的若干意见》中明确提出，要强化平台广告导向监管，对以减配降质产品误导消费者的行为进行重点规制，同时要求平台实施对销售商品的市场准入资质资格审查。这对通过直播销售的产品质量和直播平台的责任提出了更高的要求。此外，该文件还提出加强平台企业税收监管，依法查处虚开发票、逃税等涉税违法行为。网络主播存在一定的涉税风险，2021年12月知名头部主播薇娅被曝光偷逃税被追缴并处罚款13亿元的事件就为主播偷逃税违法行为敲响了警钟。

在文化和旅游部、国家新闻出版署、国家市场监管总局等力量的介入下，网络直播前进的步伐势必会在短期内急速放缓。管控力度的加强将促使直播平台更加自律，有效促进行业良性发展。随着行业管理规范细则的进一步出台，行业发展趋势也会越发明朗，网络直播将进入下一个生长期。相关政策主要内容详见表6-1。

二　舆论环境：传统主流媒体报道以中性为主

2021年，传统主流媒体关于直播报道的高频词为"营销""带货""收益""电商"等（见图6-2），说明近年来风靡一时的直播带货成为媒体关注的焦点；而"诱导""诈骗"等词直指直播带货营销中出现的乱象。

图6-2　2021年直播领域传统主流媒体报道关键词分布

表6-1 直播相关政策梳理

发布时间	发布机构	文件名称	主要内容
2022年1月	国家发展改革委、央行等九部门	《关于推进平台经济规范健康持续发展的若干意见》	• 强化平台广告导向监管，对重点领域广告加强监管。重点规制以减价降质产品误导消费者、平台未对销售商品市场准入资格实施审查等问题，对存在缺陷的消费品实施线上经营者产品召回相关义务。加大对出行领域等企业非法运营行为的打击力度，强化平台企业涉税信息报送等税收协助义务，加强对平台企业税收监督，依法查处涉税违法行为。强化对平台押金、预付费等资金等费用的管理和监督。 • 从严管控算法等采集数据行为，依法依规打击黑市数据交易，大数据杀熟等数据滥用行为。在严格保护算法等商业秘密的前提下，支持依法依规对算法开展评估，推动第三方机构开展算法评估，引导平台企业提升算法透明度与可解释性，促进算法公平。严肃查处以虚假信息内容、传播负面有害信息和低俗内容、流量造假等违法违规行为。
2021年11月	文化和旅游部办公厅	《关于加强网络文化市场未成年人保护工作的意见》	• 要求网络文化服务提供者不得为未满十六周岁的未成年人提供网络直播发布者账号注册服务，对年满十六周岁的未成年人提供注册服务应当依法认证身份信息并征得监护人同意。 • 禁止直播间通过展示低俗图片、"福利"、"资料"等暗示性信息取得联系方式。网络文化市场不得采取设置"金钱打赏"。网络文化市场不得诱导未成年人前往获取涉黄内容。 • 网络文化市场主体不得诱导未成年人用户消费，虚假宣传引诱消费。引导网络文化市场主体借助未成年人账号充值打赏者收入，不得以虚假打赏、带有以虚假值等诱导进行规范，依法对未成年人充值打赏权限进行规范，推动建立优化未成年人的识别认定机制，加大电子证据综合分析等力度，实现快处处置。
2021年9月	中共中央办公厅、国务院办公厅	《关于加强网络文明建设的意见》	• 深入推进"清朗""净网"系列专项行动，深化打击网络违法犯罪，深化公众账号、直播带货、知识问答等领域文明治理，开展互联网领域虚假信息治理。
2021年4月	国家互联网信息办公室、公安部等七部门	《网络直播营销管理办法（试行）》	• 要求直播营销平台建立健全账号及直播营销功能注册注销、信息安全管理、营销行为规范、未成年人保护、消费者权益保护、个人信息保护、网络数据安全管理等机制、措施。对直播营销平台相关安全评估、备案审核、平台规则、身份认证动态核验、高风险和违法违规行为识别处置、新技术跳转转网服务风险防范，构成商业广告的付费服务等方面做出详细规定。 • 将从事直播营销活动的直播发布者或者同运营者分为为直播营销人员，明确年龄限制和行为红线，对直播运营者和直播营销人员相关广告活动、线上线下直播场所、商品服务信息核验、虚拟现实等领域使用、与直播营销人员合作等方面提出具体要求。 • 强调直播营销平台应当积极协助消费者依法依规维护消费者权益保护责任和义务，提供必要的证据等支持。直播运营者、直播营销人员应当依法依规履行消费者提出的合理要求，不得故意拖延或者无正当理由拒绝消费者提出的合理要求。

续表

发布时间	发布机构	文件名称	主要内容
2021年2月	国家互联网信息办公室、全国"扫黄打非"工作小组办公室、工业和信息化部、公安部等七部门	《关于加强网络直播规范管理工作的指导意见》	· 网络直播平台要建立健全直播账号分类分级规范管理制度，直播打赏服务管理规则和直播带货管理制度，要针对不同类别级别的网络受赏礼品、直播热度等方面合理建设限，要对单个虚拟消费品、单次打赏额度合理设置上限，对单日打赏额度累计触及商业相应阈值的用户进行消费提醒，必要时设置打赏冷静期和延时到账期。
2021年1月	国家互联网信息办公室	《互联网用户公众账号信息服务管理规定》	· 与生产运营者开展内容供给与账号推广合作，应当规范管理电商销售、广告发布、知识付费、用户打赏等经营行为，不得发布虚假广告，进行夸大宣传，实施商业欺诈及商业诋毁等，防止违法违规经营。 · 加强对原创信息内容的著作权保护，防范盗版侵权行为。 · 平台不得利用优势地位干扰生产运营者合法合规运营，侵犯用户合法权益。
2020年11月	国家市场监管总局	《关于加强网络直播营销活动监管的指导意见》	· 明确网络直播营销活动中相关主体的法律责任，特别是明确直播营销活动中网络平台和网络直播者的法律责任和义务。
2020年11月	国家广播电视总局	《关于加强网络秀场直播和电商直播管理的通知》	· 明确网络秀场直播平台要对网络主播和"打赏"用户严行实名制管理，未实名制注册的用户不能打赏，未成年用户不能打赏。对发现相关主播及其经纪代理通过传播低俗内容，有组织炒作，雇佣水军刷礼物等手段，暗示、诱惑或者鼓励用户大额"打赏"，或引诱未成年用户以虚假身份信息"打赏"的，平台须对主播及其经纪代理进行处理，列入关注名单，并向广播电视主管部门书面报告。
2020年7月	国家发展改革委、中央网信办等十三部门	《关于支持新业态新模式健康发展激活消费市场带动扩大就业的意见》	· 指出积极培育新个体，支持自主就业。进一步降低个体经营者线上创业就业成本，提供多样化的就业机会。支持微商电商、网络直播等多种模式的自主就业。分时段就业、副业兼职就业，打造兼职就业主体的创新创造活力和创造活力，着力激发各类主体的创新创造活力和创造活力，打造就业和创业等多种形式蓬勃发展格局。

续表

发布时间	发布机构	文件名称	主要内容
2019 年 11 月	国家广播电视总局办公厅	《关于加强"双 11"期间网络视听电子商务直播节目和广告节目管理的通知》	• 网络视听电子商务直播节目和广告节目内容既要遵守广告管理相关法律法规，也要符合网络视听节目管理相关规定。要认真落实"广告宣传也要讲导向"的要求，切实增强政治意识、导向意识、责任意识和法律意识，将导向管理贯穿到节目制作、审核、播出等各个环节，把好导向关、内容关、人员关。 • 要严格落实企业主体责任，坚决维护人民群众切身利益。要坚守底线红线，节目中不得包含低俗、庸俗、媚俗的情节或镜头，严禁丑闻录与网络直播同步出镜。网络视听电子商务直播节目和广告节目用语要文明、规范、媚俗配置公益视听广告节目和商业视听广告节目。 • 应加大公益广告节目播出比例，均衡配置公益视听广告节目和商业视听广告节目。 • 要积极服务国家经济社会发展总体战略。当前特别是要响应国家脱贫攻坚重大部署，通过直播电商、短视频等手段，让网络视听电商服务成为推介贫困地区农特产品的重要渠道，扩大覆盖面和影响力，助力产业扶贫。充分利用大数据、人工智能、区块链等新技术，针对不同贫困地区，群众的特点，把扶贫产品精准推送到有需求的用户，让网络视听电商更好地服务基层、服务群众。 • 要强化属地管理责任。会同相关部门加强对网络视听电子商务直播节目的监看管理。要及时回应群众关切，对监看发现、群众举报的网络视听电子商务直播服务活动中的违法违规行为，依法依规予以处置。
2018 年 8 月	全国"扫黄打非"工作小组办公室、工业和信息化部、公安部、文化和旅游部、国家广播电视总局、国家互联网信息办公室	《关于加强网络直播服务管理工作的通知》	• 网络直播服务提供者应向电信主管部门履行网站 ICP 备案手续，涉及经营电信业务及互联网新闻信息、网络表演、网络视听节目直播等业务的，应分别向相关部门申请取得许可，并于直播服务上线 30 日内按照有关规定到属地公安机关公安备案手续。 • 为直播平台提供网络接入服务的企业，不得为未履行 ICP 备案手续、未取得相关业务许可的网络直播服务提供者提供网络接入服务。应用商店不得为未履行 ICP 备案手续的网络直播 App 软件提供上架服务。 • 落实用户实名制度，加强网络主播管理、建立主播黑名单制度，健全完善直播内容监看、审查制度和违法有害内容处理制度。网络接入服务处置措施、要求未提供 ICP 备案手续或相关业务许可材料的网络直播平台在 2 个月内补充相关材料。应用商店不得为列入黑名单的网络直播 App 提供分发服务。

续表

发布时间	发布机构	文件名称	主要内容
2016年11月	国家互联网信息办公室	《互联网直播服务管理规定》	• 互联网直播服务提供者提供互联网新闻信息服务的，应当依法取得互联网新闻信息服务资质，并在许可范围内开展互联网新闻信息服务；开展互联网新闻信息服务的互联网直播发布者，应当依法取得互联网新闻信息服务资质并在许可范围内提供服务。
2016年9月	原国家新闻出版广电总局	《关于加强网络视听节目直播服务管理有关问题的通知》	• 互联网视听节目服务机构开展直播服务，必须符合《互联网视听节目服务管理规定》和《互联网视听节目服务业务分类目录》的有关规定。 • 开展网络视听节目直播服务应当具有相应资质。不符合相关条件的机构及人，包括开设互联网网络直播间以个人网络演艺形式开展直播相关活动，均不得通过互联网开展相关活动。事件的视听业务不得办各类视听节目，也不得开办网络直播平台（直播间）开办新闻、综艺、访谈、体育、评论等各类视听节目上使用"电视台""电台""TV""广播电台"等广播电视专有名称开展业务。未经批准，任何机构和个人不得在互联网上使用"电视台""电台""TV""广播电台"等广播电视专有名称开展业务。 • 对开展网络视听节目直播服务的单位应具备的技术、人员、管理条件、直播节目内容、相关弹幕发布、直播活动中涉及的主持人、嘉宾、直播对象等提出了具体要求。 • 各省（区、市）新闻出版广电行政部门对辖区内网络视听节目直播活动情况进行全面排查，对违反相关规定的要予以查处。
2016年7月	原文化部	《关于加强网络表演管理工作的通知》	• 网络表演经营单位要对本单位提供的网络表演承担主体责任，对所提供的产品、服务和经营行为负责，确保内容合法，经营有序，责任可查。网络表演经营单位要健全内容管理制度，配足内容审核人员，严格监督网络表演者表演行为，加强对用户互动环节的管理。 • 表演者对其开展的网络表演承担直接责任。表演者应当依法依规禁止内容的网络表演。表演者应当自觉提高职业素养，加强道德自律，自觉开展内容健康向上的网络表演。 • 内容管理是网络表演经营管理工作的重点。各级文化行政部门和文化市场综合执法机构要加强对辖区内网络表演经营单位的日常监管，重点查处违法违规网络表演行为，包括：提供含有《互联网文化管理暂行规定》第十六条规定的禁止内容，以恐怖、残忍、暴力等方式危害表演者身心健康或者以暴力、虐待动物等方式进行表演的网络表演，利用人体缺陷或者以展示人体变异等方式招徕用户，猥亵、色情、低俗的网络表演，使用违法违规文化产品开展的网络表演，对网络表演活动进行格调低俗的广告宣传和市场推广行为等。

　　具体来看，2021年传统主流媒体对直播的报道以中性为主，报道数量占比达到42%；正向报道占比仅为18%，负向报道占比为40%（见图6-3）。其中，中性报道的主题涉及直播发展规模及行业规范，如用户规模、主播账号规模，以及带货商品退换货条件、未成年人保护、个人信息保护等；正向报道肯定了直播经济的潜力及其产业带动作用；负向报道则指出了直播中诱导下单、诈骗、色情、侵犯公民隐私等违法违规行为和现象。报道的核心内容及倾向性判断详见表6-2。

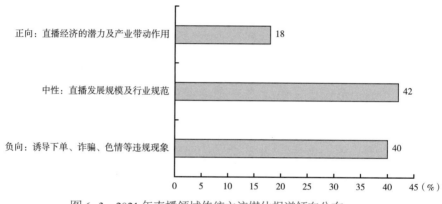

图6-3　2021年直播领域传统主流媒体报道倾向分布

第三节　市场运行现状

一　直播电商的火爆拉动市场规模和用户规模快速扩张

　　我国直播市场在2016年出现了爆发式增长，当年市场规模增速超过200%，随后市场规模增速逐渐放缓，到2019年已不足30%（见图6-4），但相比数字内容产业其他领域仍处于较高水平。2020年市场规模增速再次超过30%，这主要得益于直播电商的火爆。尤其是在2020年新冠肺炎疫情期间，在线购物需求爆发，网红线上带货优势凸显，抖音、快手等短视频平台纷纷加强了直播业务，各地政府也积极推动直播电商的发展以带动当地产品销售，这极大促进了直播电商的发展。CNNIC统计数据显示，2020年上半年，商家总直播次数超1000万次，日均直播近150万场，观看次数高达500亿次。

表6-2　直播报道梳理及倾向性判断

报道时间	传统主流媒体	报道标题	报道的核心内容	百度AI判断	Rost判断	人工修正
2021年6月26日	新华网	《沪港人士联袂直播 共话数字经济新机遇》	企业在零售数字化转型中面临哪些挑战？数字经济时代香港青年在内地如何寻找发展机遇？以"新世代、新消费、新商业思维"为主题，上海市香港商会近日举行直播活动，邀请多位沪港人士共话数字经济下的新机遇。	正72% 负28%	0	中性
2021年6月16日	新华网	《传统手艺人正用短视频和直播打了"匠心传承"的窗》	竹编、制陶、铜雕等原本传统小众的工艺产品，通过抖音电商触达了全国用户，在移动互联网时代找到自己的消费群体。	正98% 负2%	-3	正向
2021年6月10日	新华网	《又出花样！主播诱导场外下单，拉黑"跑路"》	日前，长春消费者王丽（化名）在某短视频平台一直播间工作人员引导下，微信"跑路"。长春消费者王丽（化名）在短视频平台扫码付款669元购买产品，因售后未达成一致意见，卖家直接拉黑微信。	正0% 负100%	-2	负向
2021年6月2日	新华网	《网络直播也需用好"青少年模式"》	近日，中国演出行业协会网络表演（直播）分会发布了《网络表演（直播）行业保护未成年人行动倡议》。超50家平台和MCN机构响应号召，承诺不为未满16周岁未成年人提供网络直播服务。	正59% 负41%	4	中性
2021年6月1日	新华网	《不为未满16周岁未成年人提供网络直播服务》	中国演出行业协会网络表演（直播）分会6月1日发出倡议，网络直播平台不为未满16周岁的未成年人提供网络直播服务，为已满16周岁未满18周岁的未成年人提供其他网络直播服务，应当征得其监护人书面同意；逐步建立安全可信的大额打赏处置机制；身份验证等防止未成年人冒用成年人账号充值的技术保障措施。	正21% 负79%	0	中性
2021年6月1日	新华网	《短视频架起助力农 金桥 直播带货点石成金》	近年来，短视频平台发展迅猛。近日，中国人民大学国家发展与战略研究院和拼多多联合发布了《短视频、直播带动力新型县域经济发展研究报告》。报告表明，聚集大量受众的短视频，与之相关的直播、拼单带货等现象已然成为全民直播。在产地与消费者之间架起了一座金桥，不仅激活了基层农副产品这一池春水，正安置了大量人口就业。	正88% 负12%	0	正向
2021年5月27日	新华网	《主播账号数过亿 直播经济走红带来了什么？》	近日发布的《2020年中国网络表演（直播）行业发展报告》显示，截至2020年底，我国直播用户规模已达6.17亿，全行业网络主播账号累计超过1.3亿个。内容创作、知识付费、直播带货……迅速走红的直播经济，孵化了很多新模式新业态，也带来了不少新体验。	正61% 负39%	0	中性
2021年5月25日	新华网	《山东烟台警方破获一起特大网络直播平台诈骗案》	山东省烟台市公安机关近日成功破获一起冒充美女主播实施诈骗的特大网络直播平台诈骗案，打掉诈骗窝点20个，抓获犯罪嫌疑人225名，冻结涉案资金1900余万元。	正92% 负8%	-4	负向

续表

报道时间	传统主流媒体	报道标题	报道的核心内容	百度AI判断	Rost判断	人工修正
2021年5月20日	新华网	《应放宽直播带货退换货条件》	5月19日发布的《法治蓝皮书》提到，在建立起完善归责体系的前提下，对明星受聘于商品商或服务提供者而进行网络直播营销的，可以考虑不将之视为广告代言人，而是将之作为网络直播营销模式发展的合理预期。	正19% 负81%	0	中性
2021年5月19日	新华网	《2020年我国直播用户规模达6.17亿》	5月18日在上海发布的《2020年中国网络表演（直播）行业发展报告》显示，截至2020年底，我国直播用户规模已经达到6.17亿，全行业网络主播账号累计超过1.3亿个。	正91% 负9%	0	中性
2021年5月18日	新华网	《划定行为红线 直播带货"金箍"戴上法治"金箍"》	4月23日，国家互联网信息办公室、公安部、商务部、文化和旅游部、国家税务总局、国家市场监督管理总局、国家广播电视总局等七部门联合发布了《网络直播营销管理办法（试行）》，将于5月25日起施行。	正0% 负100%	-2	负向
2021年5月17日	新华网	《直播带货将迎新规》	近日，国家网信办、公安部、商务部等七部门联合发布《网络直播营销管理办法（试行）》，将于5月25日起施行。	正70% 负30%	0	中性
2021年5月17日	新华网	《网络直播"打赏"乱象频生：主播被"打赏"千万元高额收益引争议》	近年来，随着越来越多的用户在网络直播平台分享生活、展示才艺、展开社交活动，网络直播平台受到的关注度越来越高。但也暴露出不良表演、宣扬一夜暴富等问题。最近，一篇描写某网络主播在短时间内获得某网友千万元打赏的文章流传，"打赏"致富引发争议。	正1% 负99%	-5	负向
2021年5月11日	新华网	《YY直播亮相中国品牌日 70万人共见证与云端直播延展》	5月10日，以"中国品牌，世界共享"YY直播为主题的2021中国品牌日活动举行。YY直播作为广东企业受邀参与本次活动，多方位展现广州品牌魅力，活动期间，YY直播推出的"云速展"系列主题活动吸引了近70万线上用户观看。	正94% 负6%	3	中性
2021年4月24日	新华网	《国家七部门联合发布《网络直播营销管理办法（试行）》：明确直播营销行为为8条红线》	近日，国家互联网信息办公室、公安部、商务部等七部门联合发布《网络直播营销管理办法（试行）》，将从事直播营销活动的直播发布者划分为直播间运营者和直播营销人员，明确直播营销人员应年满16周岁，明确直播营销行为不得发布虚假信息、不得欺骗、误导用户等8条行为红线。	正14% 负86%	3	中性
2021年5月28日	人民网	《"县长"红还是"苹果"红？领导干部直播带货热潮之后》	近日，针对山东菏泽曹县在网上引发的关注，曹县县委副书记、曹县县长公开作出回应。"曹县县长回应因此走红"的话题因此登上了微博全国热搜榜单。	正6% 负94%	-1	中性

续表

报道时间	传统主流媒体	报道标题	报道的核心内容	百度AI判断	Rost判断	人工修正
2021年5月21日	人民网	《对"炒作式"直播带货说"不！"》	网络直播营销近年来已成为电商新业态。但火爆的直播带货背后也暗藏不少问题：虚构交易、造假炒作，利用各种套路欺骗诱导消费者。如何整治直播带货中的炒作行为、规范网络市场秩序，促进新业态健康有序发展，成为人们关心的话题。	正 0% 负 100%	4	负向
2021年5月12日	人民网	《直播有规矩，带货不"翻车"》	近年来，直播带货发展势头迅猛，与此同时，扩大内需等方面发挥了重要作用。近日，国家网信办、公安部、商务部等七部门联合发布《网络直播营销管理办法（试行）》，旨在促进新业态有序发展。该办法自今年5月25日起施行。	正 48% 负 52%	2	中性
2021年5月7日	人民网	《公安部：对引诱未成年人色情直播露头就打》	2020年11月，公安部建立"扫黄打非"工作机制，以人民群众反映强烈的网络淫秽色情问题为打击重点，特别是对传播儿童色情信息、引诱强迫未成年人色情直播等违法犯罪活动，坚持闻警即动、露头就打，从严查处、营造清明网络空间，切实保护青少年身心健康。	正 0% 负 100%	−10	负向
2021年4月24日	人民网	《网络直播营销管理办法5月25日起施行 新规明确8条红线 16周岁以下不得直播带货》	直播营销人员或者直播间运营者必须年满16周岁；八项直播行为明令禁止；不明以删除、屏蔽相关不利评价等方式散播、误导等用户……昨日，国家互联网信息办公室、公安部、商务部、文化和旅游部、国家税务总局、国家市场监督管理总局、国家广播电视总局七部门联合发布《网络直播营销管理办法（试行）》。	正 5% 负 95%	3	中性
2021年4月23日	人民网	《直播经济市场潜力大》	当前，直播经济已成为全球数字经济发展的重要趋势之一。在刚刚结束的博鳌亚洲论坛多场分论坛中，与会嘉宾围绕直播电商、数字经济等议题进行探讨。	正 92% 负 8%	8	正向
2021年4月8日	人民网	《军营网络直播：您如一夜春风来》	如果你在以前，有人让推荐一种高效的思想政治教育方案，那你或许认真思索一番。但现在，几乎可以不假思索地给出答案："不妨试试军营网络直播。"	正 96% 负 4%	0	正向
2021年4月2日	人民网	《5G+直播，强强联合带来身临其境的新体验》	摘下VR眼镜，你又回到了现实，不过你的心情仍旧沉浸在刚刚激烈的比赛之中。这就是5G+超高清VR直播，未来会带给我们前所未有的全新体验。	正 99% 负 1%	0	正向
2021年3月23日	人民网	《国家网信办、工信部等四部门联合发文明确App收集个人信息范围》	国家互联网信息办公室、工业和信息化部、公安部、国家市场监督管理总局四部门联合发布《常见类型移动互联网应用程序必要个人信息范围规定》。其中明确地图导航、网络约车、即时通信、网络购物等39类常见类型移动应用程序必要个人信息范围，要求其运营者不得因用户不同意收集我们非必要个人信息，而拒绝用户使用App基本功能服务。	正 28% 负 72%	3	中性

续表

报道时间	传统主流媒体	报道标题	报道的核心内容	百度 AI 判断	Rost 判断	人工修正
2021 年 2 月 23 日	人民网	《检察机关针对网络销售新业态涉及的食品安全问题开展专项监督 公益诉讼 剑指食品"直播带货"》	剑指"网红代言"……全国检察机关针对网络销售新业态涉及的食品安全问题开展专项监督，通过公益诉讼紧盯网络食品销售等领域的问题。	正 60% 负 40%	8	负向
2021 年 2 月 20 日	人民网	《直播带货忙，专利得跟上》	在"人人皆主播，万物皆可播"的时代，忙着直播带货的同时，也要注重研发使用新的技术手段减少规避从生乱象，通过布局覆盖产业整体产业链的专利，有效保护创新技术。	正 89% 负 11%	1	中性
2021 年 2 月 10 日	人民网	《七部门：网络直播平台必要时要设置打赏冷静期》	国家互联网信息办公室、全国"扫黄打非"工作小组办公室等七部门联合发布《关于加强网络直播规范管理工作的指导意见》，旨在进一步加强网络直播行业的正面引导和规范管理，重点规范网络打赏行为，推进主播账号分类分级管理，促进网络直播平台文化品位，提升直播行业高质量发展。	正 92% 负 8%	-4	负向
2021 年 1 月 22 日	人民网	《充满套路的直播营销，忘记了策划的初心》	团队为欲价"内讧"，博主厂家争吵面面热间……相似的情节，雷同的对白，儿平是以打开各大直播带货的同感受。近日，媒体曝出网售"直播脚本"素材已形成完整链条的消息，引起人们对直播行业健康发展的思考。	正 7% 负 93%	-4	负向
2021 年 1 月 8 日	人民网	《2020 年关停 349 款严重违规直播 App》	全国"扫黄打非"工作小组办公室 7 日公布，2020 年共收缴各类非法出版物 1700 万余件、处置各类网络有害信息 1200 万余条，查办"扫黄打非"案件 1.1 万余起。监管部门关停严重违规直播应用程序 349 款。	正 0% 负 100%	0	负向
2021 年 1 月 6 日	人民网	《直播带货"翻车"，"司机"岂能一走了之？》	毋庸置疑，带货直播是趟"快车"。可"翻车"的次数多了，消费者的信任也就磨没了，最终维免招数"其兴也勃焉，其亡也忽焉"的命运。因此，对这一新兴行业做出规范监管很有必要。	正 1% 负 99%	0	负向
2021 年 6 月 22 日	光明网	《中国直播电商经验受外媒关注》	近年来，电商直播经验正在向外输出，成为中国的又一"新名片"。	正 98% 负 2%	10	正向
2021 年 5 月 28 日	光明网	《"美女"主播实为抠脚大汉！粤警方打掉一个直播诈骗团伙》	广东省湛江市公安局 28 日通报称，当地警方近日打掉利用"美女"网络直播实施诈骗的犯罪团伙 3 个，共抓获犯罪嫌疑人 27 名。目前，案件正在进一步侦办中。	正 1% 负 99%	2	负向

续表

报道时间	传统主流媒体	报道标题	报道的核心内容	百度 AI 判断	Rost 判断	人工修正
2021年5月6日	光明网	《直播带货有了新玩儿法》	在直播带货这一形式进入第六年的时候，店铺直播同化、电商平台负责退货，"来不动货就退货"等新玩法进入人们的视线。	正98% 负2%	−2	正向
2021年4月29日	光明网	《晋翔：网红直播带货迈入快车道，机遇与挑战并存》	随着我国经济数字化转型的步伐不断加快，社交媒体、短视频平台，直播带货等新型媒介及渠道的普及，服装业进入一个机遇与挑战并存的新发展阶段，知识产权保护也将成为全行业面临的痛点问题之一。	正99% 负1%	3	中性
2021年4月27日	光明网	《最高检剑指食品交易 易"直播带祸"》	近年来，"网红代言""直播带货"等网络销售新业态发展迅猛，由此带来的侵害消费者合法权益、损害社会公共利益的问题时有发生。最高人民检察院3月15日发布"3·15"食品安全消费者权益保护检察公益诉讼典型案例，剑指直播和短视频平台交易分违法违规行为。	正13% 负87%	3	负向
2021年4月15日	光明网	《实时直播公民隐私，对这种不法行为必须零容忍》	不法分子利用黑客技术轻易破解并控制家用及公共场所的摄像头，搭建App 或利用其他视频管理平台向客户收取"会员费""车费""套餐费"，"4·15全民国家安全教育日"前夕，据新华社报道，记者调查发现，不法分子采用隐蔽的方法出售出破解摄像头 ID 及破解软件，且价格"水涨船高"，对公民隐私安全带来巨大的威胁和隐患。	正5% 负95%	4	负向
2021年3月31日	光明网	《网络直播中致敬前贤》	30年编剧工作从未遇到的挑战，2020年的前200多天里扑面而来。图书地面卖场无法营业、发货、物流一度停滞、数字化转型提速，出版方紧盯线上平台、编书人播身变为说书人，同行们浸然向全媒体加持，声情并茂、光彩四射。德国哲学家爱克哈特说得恰切，痛苦这个动物用最快速度把你带到完美境界。	正99% 负1%	0	中性
2021年3月17日	光明网	《直播带货成为消费投诉"重灾区" 责任不清晰导致消费者维权难》	随着直播带货的发展，各种新问题也不断出现……在数据至上的直播江湖末，隐藏着一个巨大的泡沫：百万在线，流量过亿，爆款过秒……90元可买500个机器粉进直播间发言带节奏，售价上千元的翡翠带进30元、2元一瓶的抑菌洗手液其实是"三无"产品。	正3% 负97%	−8	负向
2021年3月22日	光明网	《直播带岗带来"高流量"，却难解招工难》	从人社局局长做客直播间"云带岗"到推出微信、抖音"24小时不打烊""的"直播带岗"服务平台，再到开展集体直播发布、求职登记、招聘面试等专项就业专项行动，多地在这个招工季，把招聘会搬到了直播间里"花式"招工，为缺工企业"纳才"。	正6% 负94%	−16	中性

续表

报道时间	传统主流媒体	报道标题	报道的核心内容	百度 AI 判断	Rost 判断	人工修正
2021 年 3 月 15 日	光明网	《直播购物乱象频现 有待进一步规范》	吉林省消费者协会日前发布的《网络直播购物消费者满意度调查报告》显示，网络直播购物存在夸大商品功效和虚报价格、刷粉丝流量、商品货不对板、销售假冒伪劣商品等问题，亟待整治。	正 70% 负 30%	-2	负向
2021 年 3 月 15 日	光明网	《直播带货：热闹过后真能走多远》	作为数字经济新业态的"爆款"，最近一年多，直播带货风头正劲。无论是职业主播还是路明星、博主、素人，纷纷走进直播间，从夺口红到卖房子，主播们"个个能说会道""好吃""好看""买它"……越来越多的消费者也适应了直播购物方式。中国互联网络信息中心发布的数据显示，截至 2020 年 12 月，我国电商直播用户规模达到 3.88 亿人，在所有网络直播细分中排名第一，66.2% 的直播电商用户购买过直播商品。	正 80% 负 20%	5	中性
2021 年 3 月 3 日	光明网	《未成年人打赏直播平台主播 160 万元 法院判全额返还》	刘某生于 2002 年，初中辍学。2018 年 10 月 23 日至 2019 年 1 月 5 日，刘某使用父母用于生意资金流转的银行卡，多次向某科技公司账户转账用于打赏直播平台主播，打赏金额高达近 160 万元。刘某父母得知后，希望公司能退还全部打赏金额，遭到拒绝。刘某诉至法院要求某科技公司返还上述款项。	正 7% 负 93%	-3	负向
2021 年 1 月 21 日	光明网	《直播带货，究竟带来了什么？》	过去一年，直播电商既经历了高光时刻，又遭遇了乱象低谷。然而，也正是因此，促使了各级监管机构和平台纷纷出手进行整顿。不可否认，电商直播飞速发展的过程中的确存在各种问题。但也要看到，电商直播在提振经济、促进地区发展，推动就业等方面起到了积极作用。特别是今年受疫情影响，线上经济潜力被进一步挖掘，直播带货更引发了一股全民参与的热潮。	正 4% 负 96%	0	中性
2021 年 1 月 19 日	光明网	《900 万网友"云端"相聚 共赏网络直播创新生态》	1 月 17 日，2020 年酷狗直播盛典活动定在三亚举办。本届盛典以"酷浪潮起"为主题，借助互联网科技之力，展现数字音乐和网络直播的创新生态。活动采用"线下演出+线上直播"的形式，吸引了 900 万名酷狗网友在"云端"相聚，以弹幕等方式实时互动 1400 万次。	正 83% 负 17%	6	正向
2021 年 1 月 14 日	光明网	《直播间里的"低价"黑幕》	直播带货的风口下，"守在屏幕前抢购 '特价商品'"已经成为很多人的习惯。近日，记者调查发现，部分直播带货套路满满。	正 10% 负 90%	-2	负向

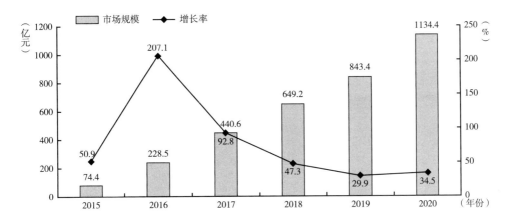

图 6-4　2015~2020 年直播领域市场规模及增长率

数据来源：中国网络视听节目服务协会发布的《2020 中国网络视听发展研究报告》。

从用户规模来看，在经历了"千播大战"、行业监管、短视频抢占用户时间之后，直播用户规模在 2018 年出现了负增长。随着各大短视频平台布局直播市场，叠加新冠肺炎疫情期间人们居家隔离刺激线上经济发展，2020 年初直播用户规模很快出现触底反弹，同比增速高达 41.1%，2020 年底虽然增速再次放缓，但直播用户基数已超过 6 亿人（见图 6-5），网民渗透率达到 62%，增长空间收窄。其中，电商直播用户规模达到 3.88 亿人，网民渗透率为 39.2%，成为用户占比最大的直播类型；真人秀直播紧随其后，用户规模为 2.39 亿人，网民渗透率为 24.2%。

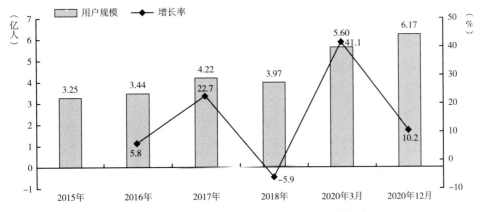

图 6-5　2015~2020 年直播领域用户规模及增长率

注：CNNIC 未披露 2019 年 12 月数据。

数据来源：CNNIC 发布的第 34~47 次《中国互联网络发展状况统计报告》。

二 泛娱乐移动直播进入全民时代

自 2005 年 9158 秀场直播成立以来，直播行业兴起，至今经历了 17 年的发展。从最初的美女真人秀直播到游戏直播，再到泛娱乐直播，直播行业衍生出众多方向和类型。随着移动互联网的兴起和移动终端的普及，每个人都可以随时随地开播，泛娱乐直播队伍迅速壮大。此外，其他一些垂直领域直播，如体育直播、电商直播、社交直播、财经直播等也属于泛娱乐直播的范畴（见表 6-3）。

表 6-3 泛娱乐直播类型及典型平台

直播类型	典型平台
娱乐直播	YY 直播、映客直播、花椒直播、六间房、KK 直播、微信直播
电商直播	淘宝、京东、抖音、快手网红带货直播
社交直播	陌陌、腾讯 NOW 直播
体育直播	直播吧、PP 直播
财经直播	知牛直播、视吧直播

互联网巨头纷纷布局泛娱乐直播。2020 年 10 月百度上架"音啵"，这是一款包含语音交友、秀场直播的社交类直播产品，虽然上架仅 3 个多月就被关停，但"音啵"成为百度试水泛娱乐直播的产品。腾讯旗下有全民视频社交直播平台 NOW 直播，拥有过亿用户；此外，2021 年 6 月，腾讯将微信直播入口放入"发现"中（见图 6-6），而且默认为开启状态，直接提升了直播内容的地位。而且早在 2019 年 3 月，腾讯就推出了直播工具"腾讯直播"。目前微信直播已涵盖游戏、才艺、新闻、购物、教学等多个方向，成为一个综合直播平台。

三 头部直播平台付费转化率在 7% 上下浮动

本研究统计了头部 5 家直播平台 2019 年、2020 年两年的月活跃用户规模和付费用户规模，通过计算付费用户规模占月活跃用户规模的比例，得到平均付费转化率，作为直播领域付费转化率的参考，如表 6-4 所示。

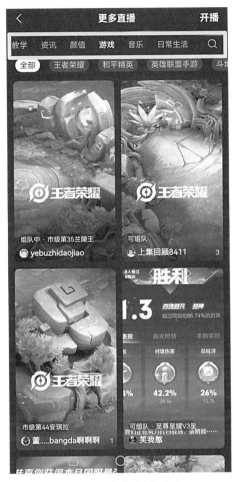

图 6-6 微信直播页面

图片来源：微信直播。

表 6-4 2019~2020 年头部 5 家直播平台付费转化率

单位：万人，%

平台名称	付费用户数量		月活跃用户数量		付费转化率	
	2019 年	2020 年	2019 年	2020 年	2019 年	2020 年
YY 直播	430	425	4120	4130	10.44	10.29
陌陌	1380	1280	11450	11380	12.05	11.25
天鸽互动	40	30	4731	3800	0.85	0.73
虎牙直播	510	600	15020	17850	3.40	3.36
斗鱼	730	760	5440	5820	13.42	13.06
合计	3090	3095	40761	42980	7.58	7.20

数据来源：各公司财报。

纵向来看，除2015年由于直播市场仍在发展探索阶段，付费转化率较低外，2016~2020年的5年里，直播领域头部平台的付费转化率波动不大，在7%上下浮动（见图6-7）。而从表6-4来看，各平台之间付费转化率差异较大，斗鱼、陌陌、YY直播付费转化率较高，超过10%，虎牙直播和天鸽互动则明显偏低。

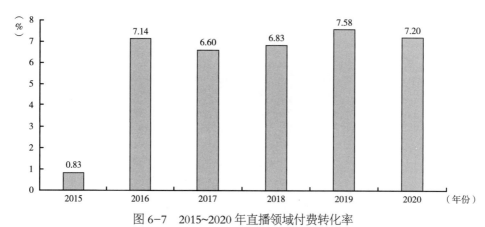

图6-7　2015~2020年直播领域付费转化率

注：2015年数据根据欢聚时代、陌陌、天鸽互动的月活跃用户数和付费用户数测算；2016年数据根据欢聚时代、陌陌、映客（2015年上线）、天鸽互动的月活跃用户数和付费用户数测算；2017~2018年数据根据YYLive、陌陌、映客、天鸽互动、虎牙直播、斗鱼直播的月活跃用户数和付费用户数测算；2019~2020年数据根据YYLive、陌陌、天鸽互动、虎牙直播、斗鱼直播的月活跃用户数和付费用户数测算。

四　市场容量扩大，集中度波动式下降

本研究选取了每年营收规模排名靠前的4家网络直播上市公司进行统计，2016~2020年4家公司每年直播相关的营收规模如表6-5所示（2015年数据缺失较多，暂不统计），其营收之和占直播整体市场规模的比例（即市场集中度）如图6-8所示。

表6-5　2016~2020年直播领域龙头上市公司营收规模

单位：亿元

公司名称	2016年	2017年	2018年	2019年	2020年
欢聚时代	70.27	106.71	148.78	240.29	124.95
陌陌	26.15	72.05	107.09	124.48	96.38

续表

公司名称	2016 年	2017 年	2018 年	2019 年	2020 年
映客	43.35	39.42	38.61	不选取	不选取
斗鱼	不选取	18.86	36.54	72.83	不选取
六间房	10.90	不选取	不选取	不选取	不选取
虎牙直播	不选取	不选取	不选取	89.75	109.14
YY 直播	—	—	—	—	99.50
合计	150.67	237.04	331.02	527.35	429.97

注：（1）营收数据为直播相关业务营收；（2）标记为"不选取"是因为该企业当年营收数据小于前 4 家；（3）2020 年 10 月，欢聚时代拆分出售了 YY 直播，所以 2020 年 YY 直播单独列出。

数据来源：各公司年度财报、Wind 数据库。

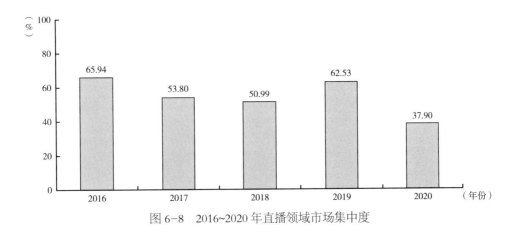

图 6-8　2016~2020 年直播领域市场集中度

2020 年，直播市场集中度不足 40%，竞争程度适中，市场上企业数量众多，头部格局初步呈现，但仍处于变动之中，腰部及尾部企业仍有发展的空间。从 2016~2020 年数据来看，2020 年直播市场集中度出现明显下降，这主要是因为欢聚时代拆分出售 YY 直播，导致头部 4 家企业变成了 5 家企业，而本研究在计算市场集中度时仅选取头部 4 家企业的数据，因此数据产生了较大波动。如果排除此因素，计算头部 5 家企业营收占比的话，即分子加上 2020 年斗鱼的营收规模 96.02 亿元，那么头部 5 家企业营收合计为 525.99 亿元，分子与 2019 年相差不大，分母为 2020

年市场规模，由此计算出的 2020 年市场集中度数据为 46.37%，与 2019 年相比仍明显下降。这说明市场容量变大了，但头部企业营收并未随之增长，从而导致市场集中度下降幅度较大。市场容量的扩大主要得益于直播电商的发展与全民泛娱乐直播的盛行。

第四节　投资动向与投资价值评估

一　2020 年投资事件数量回升，以早期投资为主

2020 年直播领域一级市场发生投资事件 43 起，比 2019 年的 30 起增长 43.33%，这是自 2016 年以来直播领域投资事件数量持续下降趋势下的首次回暖（见图 6-9）。直播经济的火热发展为资本市场带来了信心。从投资金额来看，2020 年投资金额骤降，这主要是由于 2019 年出现了大额投资事件。2019 年红杉资本中国、腾讯投资等机构对快手进行了 30 亿美元的 F 轮投资，拉高了当年直播领域的投资总额。事实上，去掉此项之后，2020 年投资金额同比仍有所增长。从投资轮次来看，2019 年和 2020 年以早期投资为主，在 73 起投资事件中，A 轮及以前的投资有 45 起，占比达到 61.6%。

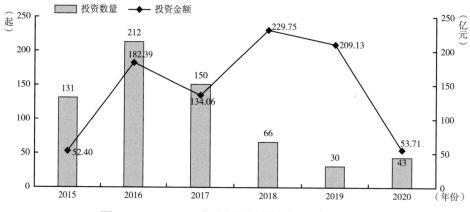

图 6-9　2015~2020 年直播领域投资数量及投资金额

数据来源：IT 桔子。

二　2016 年以来新增企业数量连续缓降

受大环境影响，自 2016 年以来，直播领域新增企业数量连年下降，到 2020 年已降至 104 家（见图 6-10）。尽管如此，2020 年直播领域新增企业数量明显高于其他细分领域，直播创业相对较为活跃。

图 6-10　2015~2020 年直播领域新增企业数量

数据来源：IT 桔子。

三　直播营销带货、网红孵化成为投资热点

直播领域经过 2016 年的行业洗牌之后，迅速进入规范调整期，在 2020 年新冠肺炎疫情期间再次绽放光彩，尤其是直播带货已经成为线上营销的重要渠道。资本市场早已灵敏地关注到这一点，2019~2020 年，涉及直播营销、网红孵化、电商业务方向的投资事件数量占据前三（见图 6-11）。被投资的企业如孵化了目前抖音粉丝数超过 660 万的带货达人骆王宇、曾连续四周位列"星图"种草榜榜首的白兔视频，致力于达人孵化、原创 IP、短视频产业链、新媒体营销、达人电商等领域的 MCN 机构奇迹山，以内容 IP 孵化和直播电商为主营业务的新媒体整合营销机构嘻柚互娱，旗下拥有网红数字营销超级 MCN 机构炫石互娱以及 KOL 数据平台"海豹数据"的网红数字营销服务商无锋网络等。

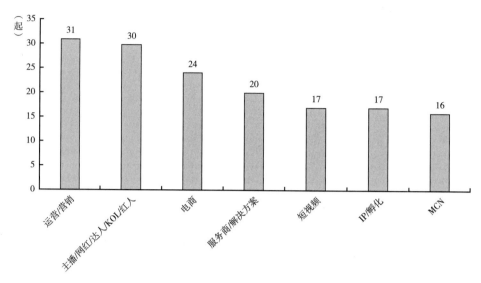

图 6-11　2019~2020 年直播投资事件高频词及对应投资数量
数据来源：IT 桔子。

四　直播投资价值评估结果：很高（★★★★★）

根据第一章第三节所述的投资价值评估方法，直播领域的投资价值评估结果为★★★★★，即具备很好的投资价值或投资机会，有利于投资者进入。评估详情如表6-6所示。

表 6-6　直播投资价值综合评估结果

序号	一级指标	一级指标得分	二级指标	二级指标原始数据	原始数据标准化	二级指标得分
1	基础规模	2.5	市场规模	1134.4 亿元	0.321	★★
			用户规模	6.17 亿人	0.518	★★★
2	发展速度	4	市场规模增长率	34.50%	0.531	★★★
			用户规模增长率	10.18%	0.802	★★★★★
3	转化程度	1	付费转化率	7.20%	0.036	★
4	竞争程度	5	市场集中度	37.90%	37.90%	★★★★★
5	活跃程度	3.7	新增企业数量增长率	−18.11%	0.819	★★★★★
			投资数量增长率	43.33%	1.000	★★★★★
			投资金额增长率	−74.32%	0.028	★
6	相关政策导向	2	相关政策支持程度	要求平台健全规范管理制度，明确和落实主体责任，偏负向		★★
7	传统主流媒体报道倾向	2	传统主流媒体报道的倾向程度	正向占比减去负向占比的值为 −22 个百分点，偏负向		★★
			加权总计结果			18.17
			综合结果			★★★★★

第五节　未来发展趋势

5G 技术将助力"直播+"渗透更多应用场景。直播市场在 2020 年获得了爆发式增长，主要得益于两方面：一是疫情刺激线上经济增长带动直播电商发展；二是 5G 的推广为直播提供了技术基础，提升了画面质感和用户体验。随着直播经济的大火，越来越多的 App 增加了直播功能，除了电商类 App，在线教育类、阅读类、短视频、网络视频等平台都将直播作为一种重要的内容输出方式。在数字内容领域，"直播+游戏""直播+电商""直播+旅游""直播+体育""直播+音乐"等打破边界的创新商业模式日趋成熟。直播与短视频也在不断地互相渗透，直播打赏成为快手 App 主要的营收来源，在抖音 App 上，直播入口被放置在首页显眼的位置，而直播平台如斗鱼、YY 直播、花椒也各自上线了短视频功能。

除了数字内容领域，"直播+"也在赋能传统产业探索多元化营收渠道。如"直播+医疗""直播+智能制造""直播+演唱会""直播+扶贫""直播+文旅"等应用场景已有不少成功案例。2020 年新冠肺炎疫情期间涌现出大量有关抗疫、健康的直播内容，医生、护士通过直播平台向社会大众普及医疗知识；另外，不少市长、县长亲自为当地农产品、手工艺品直播带货，助力扶贫。淘宝将 2020 年 3 月定为"春播月"，开展"战疫助农"直播活动，130 余位县长进入直播间带货。京东在 2020 年"6·18"期间发起"百大县长直播团"，超过 100 名地方政府领导参与京东超市"百大县长直播团"项目，为家乡好物直播带货，整体观看互动量达到 1.2 亿人次，直播期间参与的品牌店铺商品交易总额（GMV）破亿。[1] 随着直播与越来越多的领域相结合，直播将不再局限于泛娱乐领域，它将成为一种必备的传播工具，在各个业态中扮演重要角色。

---

[1]　杜一娜.《新媒体蓝皮书：中国新媒体发展报告 No.12（2021）》指出县长直播带货为县融媒中心建设铺路 [EB/OL].2021-09-05[2021-10-22].https://www.chinaxwcb.com/info/574376.

第七章

在线音乐市场格局与投资观察

第一节　在线音乐概述

一　在线音乐界定

在线音乐又叫网络音乐，是用数字格式存储并可以通过网络来传输的音乐，即以数字形式制作、存储、复制、传输的非物质形态音乐。根据不同的技术服务特点，它可以分为下载音乐和流媒体音乐两类。

二　在线音乐发展历程

我国在线音乐从免费在线试听到产业链生态建立，一步步走向发展的高峰。回首我国在线音乐20余年的发展历程，可以将其大致分为起步阶段、发展阶段、成熟阶段和稳定阶段（见图7-1）。

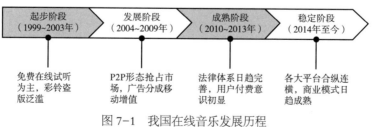

图7-1　我国在线音乐发展历程

第二节　发展环境

一　政策环境：版权保护强化，助推在线音乐正版化发展

2016~2019 年，在线音乐相关政策并不多。追溯到 2015 年，政策一方面鼓励音乐企业和音乐平台多元发展，另一方面要求加强对网络音乐版权和内容的管理，责令网络音乐服务商停止未经授权传播音乐作品的行为。这一规定对我国音乐正版化市场发展影响重大。自此以后，政策对音乐版权保护这根弦从未松懈。2017 年，《国家"十三五"时期文化发展改革规划纲要》明确提出要将音乐产业发展列入"重大文化产业工程"，释放音乐创作活力、促进产业融合发展，并再次强调加强版权保护，以版权保护促进文化创新。2019 年，中共中央办公厅、国务院办公厅发布的《关于强化知识产权保护的意见》，完善了对新业态新领域的保护制度。

2020 年 11 月，第十三届全国人民代表大会常务委员会第二十三次会议通过的《全国人民代表大会常务委员会关于修改〈中华人民共和国著作权法〉的决定》，规定视听作品中的剧本、音乐等可以单独使用的作品的作者有权单独行使其著作权，进一步加强了对音乐著作权的保护。

5G 时代，在线音乐将迎来新的技术变革。2020 年 9 月，中国音像与数字出版协会发布的《基于 5G 数字音乐超高清音质技术要求》规范了超高清音频内容生成规则、流程，同时通过对音频软硬件及网络条件的论证分析，提出了超高清音质在不同网络、操作系统适配环境下的可扩展的技术要求，进一步完善了我国 5G 网络环境下超高清音频的质量管理规范，为数字音乐的超高清音质发展提供了技术标准上的支撑和保障。[①] 政策内容详见表 7-1。

二　舆论环境：传统主流媒体报道以中性为主

2021 年，传统主流媒体关于在线音乐报道的高频词为"商用""侵权""关

[①] 中国音像与数字出版协会.《基于 5G 数字音乐超高清音质技术要求》团体标准正式发布 [EB/OL].2020-09-25[2021-10-28].https://www.sohu.com/a/420780977_655874.

表 7-1 在线音乐相关政策梳理

发布时间	发布机构	文件名称	主要内容
2020年11月	第十三届全国人民代表大会常务委员会第二十三次会议	《全国人民代表大会常务委员会关于修改〈中华人民共和国著作权法〉的决定》	• 视听作品中的剧本、音乐等可以单独使用的作品的作者有权单独行使其著作权。 • 电视台播放他人的视听作品、录像制品，应当取得视听作品著作权人或者录像制作者许可，并支付报酬。
2019年11月	中共中央办公厅、国务院办公厅	《关于强化知识产权保护的意见》	• 完善新业态新领域保护制度。针对新业态新领域发展现状，研究加强专利、商标、著作权、植物新品种和集成电路布图设计等的保护。
2017年5月	中共中央办公厅、国务院办公厅	《国家"十三五"时期文化发展改革规划纲要》	• 音乐产业发展：释放音乐创作活力，建设现代音乐产业综合体系，推动音乐业与其他产业融合发展。 • 加强版权保护：全面实施国家知识产权战略，以版权保护促进文化创新。
2015年12月	原国家新闻出版广电总局	《关于大力推进我国音乐产业发展的若干意见》	• 鼓励音乐企业与通信运营商、网络运营商进行全方位合作，拓展互联网、有线电视网、卫星直投网等数字传播渠道，开发以手机、移动多媒体终端以及移动电路卡、数据库等为载库和表现形式的多种音乐出版发行形式。 • 鼓励建设大型权威的音乐信息服务和交流平台、音乐生产制作平台、音乐展示和销售平台，数字音乐出版传播平台。 • 推动音乐作品相互授权和广泛传播，鼓励相关单位积极探索网络环境下传播音乐作品的商业模式，推动建立良好的网络音乐版权秩序和运营生态，逐步实现数字音乐的正版化运营。
2015年11月	原文化部	《关于进一步加强和改进网络音乐内容管理工作的通知》	• 对现行网络音乐内容管理政策作出调整，除了将对网络音乐内容实行企业自主审核、承担主体责任、文化行政部门进行事中事后监管的管理制度外，还强调要健全警示名单和黑名单等网络音乐市场信用管理制度。 • 从五方面对现行网络音乐内容管理政策进行调整。一是实行网络音乐经营单位内容自审制度。二是强化网络音乐经营单位的主体责任。三是对网络音乐经营单位自审工作的指导和服务。四是建立网络音乐市场信用管理制度和强化事中事后监管。五是建立网络音乐市场信用良好的网络音乐经授权传播生态。
2015年7月	国家版权局	《关于责令网络音乐服务商停止未经授权传播音乐作品的通知》	• 加强对网络音乐服务商的版权执法监管力度，推动建立良好的网络音乐版权秩序和运营生态。 • 责令各网络音乐服务商停止未经授权传播音乐作品，并于2015年7月31日前将未经授权传播的音乐作品全部下线。

停""结算""虾米""购买"等（见图7-2）。这说明对国内在线音乐，媒体更多的关注点在各大平台持续的版权争夺战上。

图7-2　2021年在线音乐领域传统主流媒体报道关键词分布

　　总的来说，2021年传统主流媒体对在线音乐的报道以中性为主，中性报道占比达到了56%，正、负向报道分别占24%和20%（见图7-3）。其中，中性新闻着重报道了在线音乐企业经营生态及行业发展状况，正向报道集中于在线音乐的经济价值与新发展模式；负向报道则关注诱导消费、版权收益依然微薄、从业者收入低等问题。报道的核心内容及倾向性判断详见表7-2。

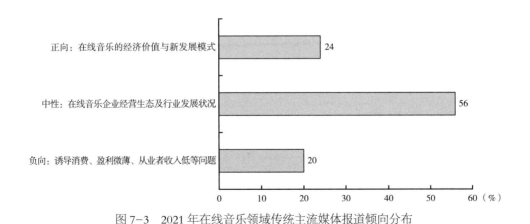

图7-3　2021年在线音乐领域传统主流媒体报道倾向分布

表7-2 在线音乐报道梳理及倾向性判断

报道时间	传统主流媒体	报道标题	报道的核心内容	百度AI判断	Rost判断	人工修正
2021年5月20日	新华网	《短视频时代，可视化如何帮音乐人出圈》	短视频平台改变了音乐传播的样态，音乐与短视频结合给创作者们以更开阔的创作视野，而用户自发的"二次创作"则让作品渗透大众生活。这种逐级向下的裂变突破了以往单一平面的传播方式对触达受众的限制。	正77% 负23%	0	中性
2021年4月21日	新华网	《多家音乐App回应：取消大额购买直接入口，强化理性消费提示》	目前，网易云音乐已取消数字专辑购买页面的大额购买入口，并表示将强化"云村提醒理性消费"等相关提示，如在更多页面展示。QQ音乐和酷狗音乐数字专辑购买页面下方均有"感谢支持音乐，请理性消费"的相关提示，且默认选择1张购买。	正56% 负44%	6	中性
2021年4月20日	新华网	《库客音乐去年净利润转亏大板块收入均下滑》	日前，库客音乐发布了2020年第四季度及全年业绩报告，这也是公司上市以来首份年度财务报告。报告显示，2020年，库客音乐实现收入1.63亿元，同比增长11.5%；净亏损1521.4万元，上年同期净利润为5676.2万元；毛利率为72.8%，去年同期为77.9%。具体来到2020年第四季度，库客音乐实现收入1.28亿元，同比增长21.7%；实现净利润4420万元，同比减少23%。	正0% 负100%	3	负向
2021年4月17日	新华网	《诱导消费者重复购买专辑——揭开音乐App的"坏心思"》	数字时代，人们逐渐习惯了花钱购买艺术作品版权。但在数字音乐领域出现一种奇特现象：同一用户有重复花钱购买同一个作品，重复率从以数十次到数十万次不等。也就是说，如果花2块钱可以购买听一首歌，有的消费者在一首歌上花了几十万元。其背后一方面是"粉丝"非理性消费，另一方面，音乐App也在竭风点火，诱导重复消费。	正30% 负70%	-3	负向
2021年4月1日	新华网	《直播间响起了BGM，要付费吗？》	不久前，快手召开了一场音乐版权生态大会，明确了直播间直播间场景的音乐版权结算的基础上。	正0% 负100%	3	中性
2021年3月24日	新华网	《腾讯音乐全场景内容生态驱动消费"新引擎"》	近日，腾讯音乐娱乐集团发布了2020年第四季度及全年经审计的财务报告。2020年第四季度，腾讯音乐总营收为83.4亿元（12.8亿美元），调整后净利润为13.5亿元（2.07亿美元），均为单季新高。	正83% 负17%	0	正向
2021年3月22日	新华网	《快手在京召开音乐版权生态大会，首推直播同场景音乐版权结算标准》	3月22日，短视频直播平台快手在北京召开了"春声——2021快手音乐版权生态大会"。会上，快手首次明确了音乐同场景的音乐版权结算标准，并在原有结算的基础上新增了同、曲版权的单独结算及独立等人结算通道。	正99% 负1%	11	正向

续表

报道时间	传统主流媒体	报道标题	报道的核心内容	百度 AI 判断	Rost 判断	人工修正
2021 年 3 月 4 日	新华网	《酷狗音乐加码版权运营 携手华研开启深度战略合作》	3 月 2 日，酷狗音乐宣布与华研国际音乐股份有限公司达成深度战略合作，获得华研旗下目前全量音乐曲库的授权。	正 96% 负 4%	0	正向
2021 年 2 月 3 日	新华网	《在线音乐大战火重燃：网易云音乐和酷狗音乐谁"山寨"了谁》	在酷狗音乐大年前夕，音乐巨头之间已硝烟弥漫。2 月 2 日，网易云音乐官方微信发文怒怼腾讯音乐娱乐集团旗下品牌酷狗音乐，称酷狗音乐官方"山寨办"，一直将网易云音乐新功能酷狗化。随后，酷狗音乐副总裁谢奕在朋友圈发文疑似回应此事："原来我 2006 年做的 QQ 一起听功能，竟然有如此深远的战略意义，找到当年的需求文档回味下，我能不能告别人山寨了我呢?"	正 1% 负 99%	0	中性
2021 年 1 月 18 日	新华网	《QQ 音乐 "说唱者联盟" 再推热单》	继江奈生《社交恐惧症》后，QQ 音乐《我习惯孤单但我不习惯被冷落》正式在 QQ 音乐上线。1 月 15 日，BigYear 大年新歌，在 BigYear 大年细腻的演绎下，唱出了当下年轻恋人难分难舍的"日常"，一经上线就备受乐迷追捧，被认为是"预定年初最佳说唱情歌"。	正 9% 负 91%	−1	中性
2021 年 1 月 13 日	新华网	《虾米音乐何以黯然离场? 》	对音乐的喜爱是文艺情怀，虾米的黯然离场是否说明 "小而美" 的音乐产品终究无法逃脱商业的逻辑? 当年三足鼎立的平台又一足，数字音乐平台格局又将如何发展? 业内人士各有看法。	正 0% 负 100%	0	中性
2021 年 1 月 8 日	新华网	《音乐版权诉讼案年增长 版商用音乐平台台快速发展》	咪咕音乐与虾米音乐都曾是国内主流音乐平台，但在激烈的市场竞争中，咪咕音乐实现了用户增长，虾米音乐则走向了关停。业内普遍认为，虾米音乐与其在音乐版权争夺战中的失利有关。近几年，国内音乐版权纠体逐步建立，正版化成为各大音乐平台竞争的核心。	正 97% 负 3%	3	中性
2021 年 1 月 7 日	新华网	《多家年度音乐榜单为何不见全民传唱的"流行金曲"》	各大音乐榜单的 "陌生化"，折射出中国音乐市场的高速增长和产业体系的日益成熟。	正 51% 负 49%	3	中性
2021 年 1 月 6 日	新华网	《虾米音乐 2 月 5 日正式关停 版权大战牺牲品? 》	1 月 5 日，虾米音乐宣布将于 2 月 5 日关停，原因是 "业务发展上的调整，虾米音乐未来将转向更多音乐商业服务"。	正 0% 负 100%	3	中性

续表

报道时间	传统主流媒体	报道标题	报道的核心内容	百度 AI 判断	Rost 判断	人工修正
2021年1月5日	新华网	《虾米关停 网友：青春散场的这一天，终于还是来了》	在经历了此前的关停传闻后，虾米音乐终于迎来了最后的时刻。公告一出，资深用户们纷纷与虾米音乐道别，对他们来说，虾米不仅仅是一个听歌的工具，更是承载了自己十多年回忆的这一天，终于还是来了。	正 95% 负 5%	0	中性
2021年6月29日	人民网	《破圈"神曲"火爆全网 洗脑可以侵权不行》	《蜜雪冰城主题曲》作为广告曲，谈不上是一首优秀的音乐作品，但通过一些传播手段达到了一定的传播效果，也不失为一种成功。但从法律上来讲，虽然该曲已不再受到版权保护，但作者的署名权、修改权、保护作品完整权的保护期不受限制。	正 1% 负 99%	0	负向
2021年6月5日	人民网	《报告》显示：网络影视音乐占比高 网剧音乐产规模扩大	6月3日～5日，第九届中国网络视听大会在成都召开。活动期间举办了以"网络影视音乐新观察"为主题的网络影视音乐产业论坛，发布了《2020年网络影视音乐报告》。参会嘉宾围绕视听音乐在泛娱乐跨界领域中的应用场景，共同探讨影视音乐内容生产和宣发的发展趋势。	正 46% 负 54%	15	中性
2021年5月31日	人民网	《网易云音乐赴港IPO，成本高企难题待解》	最近的网易云音乐有点"忙"。网易"壕" 分拆网易云音乐上市的话音刚落，5月27日，《国际金融报》记者从港交所官网获悉，Cloud Village 已递交了招股书，正式向上市起冲刺，中金公司、美国银行及瑞士信贷担任其上市的联合保荐人，发行价和募资额目尚未披露。	正 42% 负 58%	-3	中性
2021年5月26日	人民网	《汉斯霍尔格·阿尔布雷希特：打造个性化的音乐流媒体服务》	"流媒体正在彻底改变这个行业，改变人们发现和欣赏音乐的方式。"汉斯霍尔格·阿尔布雷希特说。除了在线音乐分享之外，迪洋还通过引入播客来扩展产品。播客爱好者可以依靠迪洋的个性化建议和新发现，提高个人的音乐体验。	正 97% 负 3%	-3	中性
2021年5月5日	人民网	《行业月活设备超2亿，用户体验率超50% 你喜欢在线K歌吗？》	随着互联网技术和移动智能终端不断普及，能够随时唱歌、多人连线互动K歌的在线K歌平台，即时便捷性和社交性，成为人们一展歌喉的"神器"。	正 39% 负 61%	12	中性
2021年4月28日	人民网	《酷狗加速盘活自有知识产权 实现技术成果转化"大丰收"》	听歌识曲功能，是酷狗音乐自主研发的专利成果，多次获得国内外专业奖项测评测的认可。作为国内领先的数字音乐服务商，酷狗音乐为大众提供的不仅仅是正版数字音乐，基于企业自身的科技属性和研发能力，还始终以技术创新提高用户体验。	正 98% 负 2%	10	正向

续表

报道时间	传统主流媒体	报道标题	报道的核心内容	百度 AI 判断	Rost 判断	人工修正
2021 年 4 月 27 日	人民网	《理性付费 畅音音乐之美》	近年来，随着移动互联网不断渗透，数字音乐用户不断增长，越来越多的用户愿意为正版数字音乐付费。我们在鼓励消费者为数字音乐知识产权付费，但也要倡导理性消费，对疯狂性消费、盲目打榜行为说不。	正 99% 负 1%	13	中性
2021 年 3 月 24 日	人民网	《利用碎片时间提升自我、放松休闲 "好声音"催生"耳朵经济"》	如今，收听音频节目已经越来越多地出现在日常生活场景中。以网络听书、音频直播、知识付费等业务模式为主的网络音频，2022 年中国长音频市场规模有望达到 543.1 亿元。艾瑞咨询数据显示，2023 年中国在线音频用户规模将超 9 亿。	正 45% 负 55%	5	正向
2021 年 2 月 24 日	人民网	《中国网络音乐用户规模达 6.58 亿 在线音乐平台将何处去？》	虾米音乐平台目前宣布关停，不少网友感到惋惜。如果仔细观察在线音乐平台发展状况，就会发现虾米音乐早已埋下种子。那么，未来在线音乐市场该往何处去？	正 31% 负 69%	0	中性
2021 年 2 月 24 日	人民网	《18 元看线上交响乐，98 元看线上外国戏剧，你愿意付费吗？》	生产真正好的内容，找到忠实观众，培养版权观念和付费习惯，云演艺路还很长。	正 0% 负 100%	0	中性
2021 年 2 月 4 日	人民网	《在线音乐大有可为》	《2020 中国音乐产业发展报告》显示，2019 年中国数字音乐产业规模达到 664 亿元，同比增长 8.4%，数字音乐用户规模超 6.07 亿人，在线音乐的用户普及率高达 71.19%。可以说，得益于网络技术发展和移动智能终端的普及，在线音乐平台已经成为广大消费者的主要选在，具有广阔的发展前景。	正 88% 负 12%	8	正向
2021 年 1 月 22 日	人民网	《在线音乐寻路：C 端巨头搬版权》	现在，短视频成了音乐推广的重要渠道。K 歌、播客、交友等各种"音乐+"应用变得风生水起，却相互呼应，它们打开了商业模式的新思路，让在线音乐几乎成了风口的标配辅助，中小企业不愿放弃。	正 46% 负 54%	0	中性
2021 年 1 月 21 日	人民网	《虾客音撑虾米倒下 小众音乐香不香》	自从头部音乐平台合并，在线音乐平台的基调就已经定下：得版权者得天下。这些年来，老牌音乐平台的日子不好过，多米音乐停运、音悦台官司缠身，虾米音乐进入关停倒计时，平台力为"无米之炊"。当然，也有小而美的代表，或是情怀驱动，或是聚焦小众市场。从体量和知名度来看，播放器、140 亿元+的在线音乐衍生的生存竞争更受关注，6.2 亿+的用户，版权优势和商业模式，分享定位之外的在线音乐市场正在进行新一轮利益分配。	正 4% 负 96%	11	中性

续表

报道时间	传统主流媒体	报道标题	报道的核心内容	百度 AI 判断	Rost 判断	人工修正
2021年1月7日	人民网	《虾米关停 在线音乐平台竞争终局?》	音乐有多伤感，现实就有多残酷。诞生于2008年的虾米音乐，是国内最早探索在线音乐模式的平台之一。2013年被阿里收购时一度风光无限，但在争夺版权与流量的大战中，虾米音乐连连失良机，最终走向被资本地弃的结局。	正4% 负96%	0	中性
2021年1月5日	人民网	《酷我音乐被市场监管局罚款5万》	日前，北京酷我科技有限公司因用户购买VIP会员后仍会收到广告，与页面宣传文字"广告屏蔽"不符，被北京市海淀区市场监督管理局罚款5万元。	正27% 负73%	0	负向
2021年6月30日	光明网	《中国音乐剧进入全产业链时代》	《2021中国音乐剧指南》显示，中国音乐剧演出市场2019年共演出2655场，同比增长5.4%，观众数量达到213万人次，同比增加29.5%，票房收入突破6亿元，同比增长37.1%。2020年一场突如其来的新冠肺炎疫情给演艺行业带来了巨大的打击，上半年所有演出几乎全部取消，但挑战永远伴随着机遇，演艺行业渐渐从疫情中恢复过来，在业内人士看来，中国原创音乐剧也迎来了发展机遇。	正98% 负2%	0	正向
2021年6月30日	光明网	《点燃音乐梦想 "花椒K歌夜" 2021首站绽放重庆》	作为国内首档街头音乐互动直播综艺，自2018年落地举办的"花椒K歌夜"今夏如约盛装启幕。6月25日至27日晚，2021年度首站"花椒K歌夜"在重庆九街火爆开场，花椒四位实力唱将主播秒秒、土豆、花花、可小依燃情献唱，在时尚酷炫的重庆街头点燃了更多爱乐人的音乐梦想。	正98% 负2%	3	中性
2021年6月8日	光明网	《快手王仲远：以AI技术推动音乐大众化发展》	6月6日，由中国人工智能学会主办，新浪新闻与中国传媒大学共同承办的2021年全球人工智能技术大会"发展与挑战"智媒专题论坛在杭州举行。快手技术副总裁，MMU&Y-tech负责人王仲远出席论坛并发表"音乐与技术的碰撞交融——艺术如何随时代变迁"主题演讲，分享快手在AI音乐方面的动态与进展，充分展现快手领先的人工智能技术，以及AI音乐为短视频带来的强大助力。	正99% 负1%	6	中性
2021年5月28日	光明网	《文化和旅游部加强内容违规音乐产品执法监管》	近期，文化和旅游部在执法巡查中发现，一些含有禁止内容的歌曲通过歌舞娱乐场所、网络音乐平台进行传播，为文化市场健康有序发展带来负面影响。针对上述问题，文化和旅游部进一步加强各类音乐产品的内容监管执法工作，取得阶段性工作成果。	正0% 负100%	0	中性

续表

报道时间	传统主流媒体	报道标题	报道的核心内容	百度 AI 判断	Rost 判断	人工修正
2021 年 4 月 20 日	光明网	《网易云音乐 "诱导粉丝消费"整改流于形式　默认自动续费费被指 "套路" 用户》	日前，网易云音乐因涉嫌诱导消费者重复消费，助推非理性的 "打榜" 被新华社点名批评。随后，网易云音乐取消了数字专辑页面大额购买的直接入口，并将 "提醒理性消费" 的提示在付费页面进行展示。	正 0%　负 100%	0	负向
2021 年 4 月 19 日	光明网	《音乐 App 诱导 "粉丝" 氪金，追星攀比不可取》	粉圈中，有些 "粉丝" 会一下子购买多张数字专辑，以此 "扞卫"个人偶像。据新华社报道，这种现象愈发激烈，重复频率从数十万次不等。也就是说，如果花 2 块钱可以购买并听一首歌的话，有的消费者在一首歌上花了几十万元。这首后，一方面是 "粉丝" 非理性重复消费；另一方面，音乐也在煽风点火，诱导重复消费。	正 56%　负 44%	6	负向
2021 年 4 月 16 日	光明网	《腾讯音乐娱乐集团宣布管理层调整　着眼长远战略发展与行业生态布局》	腾讯音乐娱乐集团宣布管理层调整，委任彭迦信为腾讯音乐集团执行董事长，委任梁柱为公司首席执行官和董事会成员。作为公司新任执行董事长，彭迦信负责公司的长期战略制定，董事会与公司旗下 CEO 梁柱将主要负责 TME 旗下 QQ 音乐、酷狗音乐、酷我音乐、全民 K 歌以及长音频业务线的管理工作。	正 83%　负 17%	3	中性
2021 年 3 月 29 日	光明网	《2021 华语数字音乐年度峰会来洞察音悦产业发展》	3 月 30 日，腾讯音乐娱乐集团将在北京召开 "2021 华语数字音乐年度峰会"。此次峰会由 TME 旗下 "由你音乐研究院" 发起和主办，以 "聚合・进发"为峰会主题，并在峰会上发布《2020 华语数字音乐年度白皮书》。	正 93%　负 7%	0	中性
2021 年 3 月 25 日	光明网	《释放音乐 "新生产力"　开启全球化音乐时代》	中国音乐看向世界，世界音乐也在看向中国。近年来，随着音乐产业的日渐成熟，中国已快速成长为世界瞩目的新兴市场。对于数字音乐等新型文化生态国际化未来发展，《关于推动数字文化产业高质量发展的意见》就构建数字文化产业生态及如何深化国际合作等问题提供了重要指引。	正 98%　负 2%	0	正向
2021 年 2 月 3 日	光明网	《网易云音乐 "反讽" 酷狗音乐抄袭，App 保护还得加把力》	网易云音乐在网上放了一个大招，在微信公众号上发文《关于给酷狗音乐相关团队申请年终奖励的建议》，文中，以调侃讽刺的口气，一直战斗在死即网易云音乐新功能一线的酷狗，将酷狗音乐团队贬为 "最尖致敬网易云音乐 '像素级抄袭' 团队"，具体事件包括 "一直战斗在死即时网易云音乐新功能一线的酷狗一起听" 功能，和 "山寨办" 初战致敬网易云音乐 "云贝推歌"" 等。	正 0%　负 100%	1	中性

续表

报道时间	传统主流媒体	报道标题	报道的核心内容	百度 AI 判断	Rost 判断	人工修正
2021年2月3日	光明网	《从一张数专开始的音乐梦想 共创音乐公益新模式》	2021年2月1日，QQ音乐迎来公益月，联合深圳基金会基金会公益基金会，即展开音乐公益的新模式——"数专公益"，即向壹音乐公益教室项目捐款。每售出1张数字专辑，即向壹音基金壹音乐捐赠0.01元。用户通过购买QQ音乐数字专辑，便可向壹音乐公益教室项目捐款，助力乡村孩子的音乐梦想。	正 99% 负 1%	3	正向
2021年1月29日	光明网	《第八届中国国际音产业大会圆满落幕，大会亮点盘点》	2021年1月22日，第八届中国国际音乐产业大会圆满落幕，本届大会围绕"音乐，无限可能"的主题，针对音乐内容版权管理、数字音乐与新技术、跨界合作与泛娱乐、艺人经纪及现场演出、音乐产业投融资、MCN与短视频、城市音乐与音乐小镇等十大板块，邀请了近二百位行业内的精英人士参与，其中还不乏来自英国、美国、韩国、日本、德国、法国等十几个国家的嘉宾。大家共同探讨疫情常态下的音乐产业、以及音乐产业的未来发展趋势。	正 93% 负 7%	15	正向
2021年1月25日	光明网	《听歌哄睡线上音乐新玩法 原地过年也可以陪家人》	在最近日趋严格的疫情防控之下，已经有越来越多人选择在工作的城市"原地过年"。但每次视频"吃了没""身体怎么样""多穿衣服"寒暄式三件套之后，就开启尬聊模式，或者大眼瞪小眼地草草挂去。直到酷狗音乐更新了一个新功能"眠听"，让原地过年的打工人终于感受到了家的年味儿。	正 99% 负 1%	-2	正向
2021年1月5日	光明网	《音乐行业版权收益依然微薄》	目前我国音乐人生存环境有所改善，但仍面临着许多困难与挑战。《2020中国音乐人报告》显示，目前音乐人收入的平均数仍处于偏低水平，全职音乐人仅占一成，且音乐人普遍版权意识薄弱，维权成本高。	正 83% 负 17%	0	负向

第三节　市场运行现状

一　市场规模增长放缓，用户渗透率高，进入增长瓶颈期

2015 年以来，我国音乐正版化市场逐渐规范，在线音乐市场经历了快速增长，市场规模从数十亿元增长到数百亿元。随着用户规模日益庞大，行业发展趋于成熟，头部格局逐渐稳定，市场规模增速放缓，预计未来几年将持续保持 10% 以下的增速。

2020 年，我国在线音乐市场规模达到 710 亿元，同比增速降至 10% 以下（见图 7-4）。2020 年，在线音乐用户规模达到 6.58 亿人（见图 7-5），互联网渗透率高达 66.5%，用户增长已进入瓶颈期。在线音乐市场未来增长动力将集中于提升用户价值。

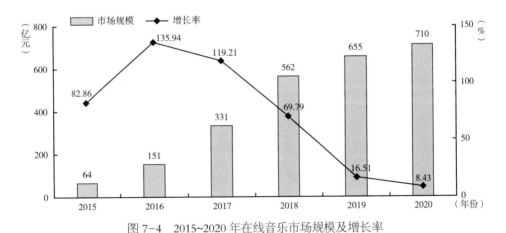

图 7-4　2015~2020 年在线音乐市场规模及增长率

注：市场规模为在线音乐服务、在线卡拉 OK 和音乐直播、发行音乐内容的其他媒体、在线音乐版权运营四个细分市场规模的总和。

数据来源：腾讯招股说明书、易观。

二　"90 后"、下沉市场用户为在线音乐市场注入新活力

从用户年龄分层来看，"90 后"用户成为在线音乐最主要的用户群。1990 年及以后出生的人群占据了 50% 的用户规模（见图 7-6）。[1]另外，"80 后"用户规模占比也

---

[1]　前瞻产业研究院 . 2021 年中国在线音乐行业发展现状分析　用户规模和市场规模高速增长 [EB/OL].2021-06-01[2021-10-20].https://stock.stockstar.com/IG2021060100002532.shtml.

较高，达到 29%，仅次于"90 后"。年轻用户有更强的消费需求和变现能力，将刺激在线音乐平台不断寻求创新，拓展多元营收渠道。

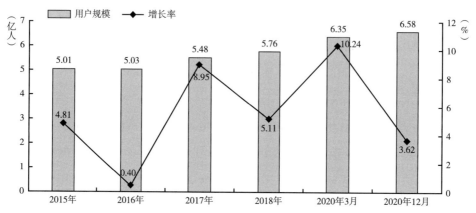

图 7-5　2015~2020 年在线音乐用户规模及增长率

数据来源：CNNIC 发布的第 37~47 次《中国互联网络发展状况统计报告》。

从城市分层来看，三线及以下城市用户规模占比达近六成，下沉市场拓展效果明显。一线城市用户规模占比最小，仅为 7.3%。[①] 但从付费能力来看，在线音乐近一半付费用户来自一线及新一线城市，来自三线及以下城市的用户占比约三分之一。[②] 因此，提升下沉市场用户价值，已成为在线音乐平台拓展营收的重要方向。

极数（Fastdata）数据显示，在线音乐 App 用户规模 Top4 产品中，腾讯系的 QQ 音乐、酷我音乐、酷狗音乐在二线及以下城市的用户较多，占其总用户规模的比例接近四分之三；网易云音乐在二线及以下城市的用户相对较少，占其总用户规模的比例不足 60%。

三　在线音乐付费率稳步提升，用户付费习惯逐渐养成

随着我国音乐正版化市场逐渐完善，用户付费意识不断提升，在线音乐付费

---

① 前瞻产业研究院. 十张图了解 2020 年中国在线音乐行业市场现状及竞争格局分析　进入寡头竞争时代 [EB/OL].2020-12-03[2021-10-20].https://www.qianzhan.com/analyst/detail/220/201203-fc1fe857.html.

② 极数. 2020 年中国在线音乐行业报告 [EB/OL]2020-11-23[2021-10-20]. https://pdf.dfcfw.com/pdf/H3_AP202011231431942901_1.pdf?1606124020000.pdf.

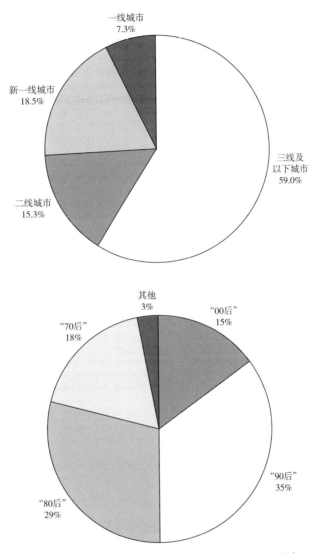

图 7-6 2020 年在线音乐用户城市分布及年龄层分布

数据来源：网易云、Fastdata、前瞻产业研究院。

率持续攀升。当前月活跃用户规模 Top4 音乐 App 中的三个都是腾讯音乐旗下的，包括 QQ 音乐、酷我音乐、酷狗音乐。从腾讯音乐数据来看，2020 年第四季度在线音乐付费用户同比增长 40.4%，达到 5600 万人，付费率破 9%。[①] 月活跃用户规模 Top4 的另一个音乐 App 是网易云音乐。网易云音乐 App 的付费率一直处于行

---

① 艾媒大文娱产业研究中心. 腾讯音乐付费用户增长超 4 成、付费率破 9%，中国在线音乐发展现状及趋势分析 [EB/OL].2021－03－23[2021－10－24].https://www.sohu.com/a/456936811_120536144.

业领先水平。根据网易云音乐招股书数据，2018~2020年，网易云音乐月活跃用户数分别达到1.05亿人、1.47亿人、1.81亿人，付费用户数分别为420万人、863万人、1600万人，付费转化率分别为4%、6%、9%。其2020年付费转化率与腾讯音乐齐平。本研究参考Top4音乐平台的数据，测算2020年头部在线音乐平台用户付费转化率约9%，相比2018年及之前有明显提升（见图7-7）。

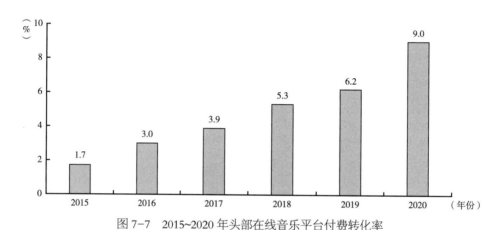

图7-7　2015~2020年头部在线音乐平台付费转化率

数据来源：艾瑞网、腾讯音乐。

四　腾讯音乐主导地位稳固，解除独家版权将促进有效竞争

在线音乐市场竞争越来越激烈，且越来越向头部集中。当前，在线音乐市场以腾讯音乐一家独大，牢牢占据市场主导地位。近年来腾讯音乐通过兼并、收购、投资，逐步完善自己的音乐版图。2018年腾讯音乐上市，成为我国在线音乐第一股。腾讯音乐2017年与环球音乐达成版权合作，2020年12月再次收购环球音乐10%的股权，持股增至20%，此时腾讯音乐已经集齐环球音乐、索尼音乐、华纳音乐全球三大唱片公司的独家版权，旗下的音乐App以享有独家版权资源的优势碾压其他竞争对手。

虽然早在2016年及之后的两年里，腾讯音乐旗下音乐平台、虾米音乐、网易云音乐在国家版权局的推动下，达成了大范围的转授权，但正如业内人士所言"虽说各大平台实现了99%的版权共享，但竞争的核心就是剩下的1%"。[①] 当用户发现周杰伦、

---

① 韩轩.虾米音乐何以黯然离场？[EB/OL].2021-01-13[2021-10-23].http://www.xinhuanet.com/ent/2021-01/13/c_1126976396.htm.

林俊杰等知名歌手的歌曲无法播放时，自然就会转向其他平台。在线音乐市场竞争最终表现为独家音乐版权的竞争。2021 年，虾米音乐在这场无声的战斗中败下阵来，黯然离场。

为估算在线音乐市场的集中度，本研究参考了 Top10 音乐 App 的月活跃用户规模数据，以 Top4 音乐 App 月活跃用户规模之和在 Top10 音乐 App 月活跃用户规模之和中的占比，粗略反映在线音乐市场的集中程度。通过估算得出，2020 年我国在线音乐市场头部 4 家音乐平台约占据了 93.5% 的市场份额（见图 7-8）。可见，在线音乐市场头部主导地位较强，行业壁垒已建立，不利于中小音乐平台进入。

2021 年 7 月，国家市场监管总局责令腾讯音乐解除独家版权。打破独家版权的限制，将给中小音乐平台以发展的空间，让在线音乐市场的竞争不再局限于版权的争夺，促使其回归到对音乐业务、音乐服务的创新探索上，将有利于恢复市场活力，促进市场的有效竞争。

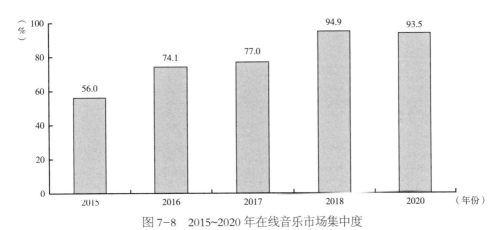

图 7-8　2015~2020 年在线音乐市场集中度

数据来源：本研究测算。

第四节　投资动向与投资价值评估

一　投资数量和投资金额大幅下降

自 2015 年我国规范在线音乐版权市场以来，在线音乐市场获得了良性发展，一级市场投资金额波动上升，并在 2018 年达到了峰值。2018 年有多起大额投资事件，如百度领投对网易云音乐 6 亿美元的 B 轮投资、君联资本等机构对太合音乐 10 亿元的战略投资等。受严峻的资本大环境影响，2019 年和 2020 年在线音乐领域投资数量和投资金额都大幅下降。2019 年阿里巴巴、云锋基金对网易云音乐 7 亿美元的 B+ 轮大额投资拉升了当年投资总额，如果排除这起事件，那么 2019 年与 2020 年投资金额水平相当（见图 7-9）。

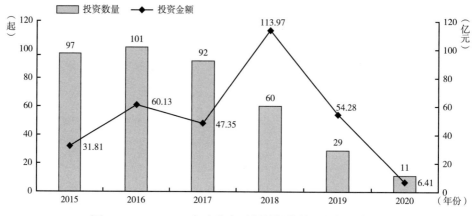

图 7-9　2015~2020 年在线音乐领域投资数量和投资金额

数据来源：IT 桔子。

二　新增企业数量逐年减少

自 2015 年以来，在线音乐领域新增企业数量逐年减少，从 126 家降至 2020 年的 11 家（见图 7-10）。在线音乐领域市场格局趋于稳定，头部平台已瓜分绝大部分市场份额，中小企业发展空间较小，加之外界资本环境降温，投资者更加看重具备成熟商业变现能力的领域，在线音乐创业活跃性明显下降。

三　基于智能技术的音乐创作成投资热点

从 2019~2020 年在线音乐领域的投资热点来看，音乐技术应用、音乐制作／创作成为热门投资方向（见图 7-11）。基于 VR、区块链、人工智能技术的音乐创作与制作，以及音乐教育等业务备受关注，被投资企业如旗下有基于区块链技术的音乐版权保护一站式服务平台"音乐蜜蜂"的乐链科技，专注于音频科技与音乐教育、制作了一套专业的 VR 全景声调音软件的米谟科技，人工智能音乐公司 AIVA，将 AI 融入音乐教学的教育平台元悦科技，致力于提供智能互动、数字化在线音乐教学的创新应用 AI 音乐学院等。值得一提的是，"北京"成为高频词，从被投资企业所在地点来看，登记地址为北京的有 21 家，占比达一半。

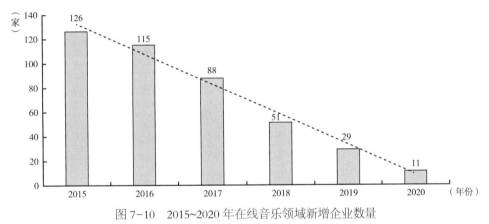

图 7-10　2015~2020 年在线音乐领域新增企业数量

数据来源：IT 桔子。

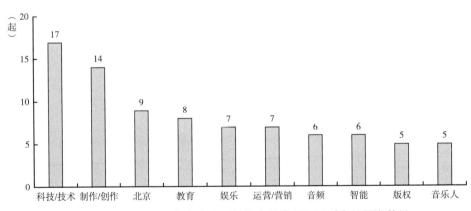

图 7-11　2019~2020 年在线音乐投资事件高频词及对应的投资数量

数据来源：IT 桔子。

四　在线音乐投资价值评估结果：较低（★★）

根据第一章第三节所述的投资价值评估方法，在线音乐领域的投资价值评估结果为★★，可能有一定的投资机会，但未来发展不够明确，或者风险略高于机遇，具体如表7-3所示。

表7-3　在线音乐投资价值综合评估结果

序号	一级指标	一级指标得分	二级指标	二级指标原始数据	原始数据标准化	二级指标得分
1	基础规模	2	市场规模	710.0 亿元	0.147	★
			用户规模	6.35 亿人	0.552	★★★
2	发展速度	3	市场规模增长率	8.43%	0.000	★
			用户规模增长率	3.62%	0.623	★★★★
3	转化程度	1	付费转化率	9.00%	0.060	★
4	竞争程度	1	市场集中度	93.50%	93.50%	★
5	活跃程度	1.3	新增企业数量增长率	−62.07%	0.379	★★
			投资数量增长率	−62.07%	0.145	★
			投资金额增长率	−88.19%	0.010	★
6	相关政策导向	4	相关政策支持程度	加强版权保护，规范市场秩序，推进发展，偏正向		★★★★
7	传统主流媒体报道倾向	3	传统主流媒体报道倾向程度	正向占比减去负向占比的值为4个百分点，中性		★★★
加权总计结果						11.53
综合结果						★★

第五节　未来发展趋势

技术赋能音乐多元化业务，长音频、云演艺等模式深挖音乐价值。在线音乐市场解除独家版权的限制后，音乐平台需要寻找新的业务增长点，头部平台积极探索差异化发展路径。网易云音乐持续打造"内容＋社区"模式，加强社区建设，增强用户留存；继续扶持原创音乐人，打造个性化歌单和云音乐文化；联合抖音布局"音乐＋短视频"，围绕音乐人的扶持、音乐宣发、音乐版权和音乐IP合作探索新的音乐模式，拓展用户圈层。腾讯音乐则布局"内容＋长音频"模式，携手拥有丰富内容资源的阅文集团、中文在线、纵横中文网、快看漫画等平台，收购懒人听书100%股权，力图打造一个"全生态音频平台"，并推出了首个长音频产品"酷我畅听"。

　　后疫情时代，音乐演唱会、电影等娱乐行业线下业务受到严重影响，与此同时线上业务快速发展，"云演艺"获得发展机会。直播音乐会、线上演唱会层出不穷，并获得大量关注。2020 年 12 月，在广州举行的"云上盛典　吾即 C 位"第十四届音乐盛典咪咕汇，除了现场观众，还有无数观众通过"云包厢""云打 call"等方式参与互动。基于 5G、4K、8K 技术，观众可通过超高清大屏观看舞台演出，并实时参与互动。未来随着 XR 技术的应用，观众可实现 360 度观看演出，"云演艺"将为观众带来充满科技感的艺术体验。随着疫情防控常态化，"云演艺"的模式将有助于音乐平台拓宽营收渠道，深入挖掘音乐价值，做大市场空间。

第八章
数字阅读市场格局与投资观察

第一节　数字阅读概述

一　数字阅读界定

广义的数字阅读，主要包括阅读内容的数字化和阅读媒介的数字化。前者指阅读的对象是以数字化方式呈现的内容，比如网络小说、数据库、电子书报刊、电子地图等；后者指阅读的终端为数字化的设备，如电脑、手机、iPad、电子书阅读器等。

本研究所指的数字阅读是通过电脑、手机、iPad、电子书阅读器等数字化终端阅读网络文学、电子书报刊、数据库等内容的行为，也包括有声小说、有声书等有声阅读，但不包括新闻资讯 App，该部分将单独分析。

二　数字阅读发展历程

我国数字阅读的发展在经历了萌芽期、探索期、爆发期之后，随着中国移动互联网渗透率的提高、头部企业的成功上市，现已进入成熟期（见图 8-1）。

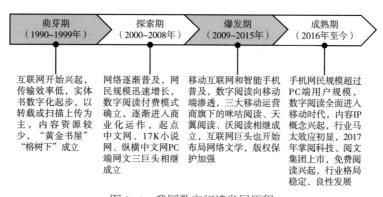

图 8-1　我国数字阅读发展历程

第二节　发展环境

一　政策环境：顺应文化产业数字化战略，推进融合创新发展

2016~2019 年，党中央和相关管理部门高度重视数字阅读的发展，相关政策密集出台，多项政策提及要大力发展包括网络文学、移动出版在内的网络文艺事业。相关管理部门积极部署，推动数字化平台建设，促进优质内容数字化传播。2017 年原文化部发布的《关于推动数字文化产业创新发展的指导意见》提出，鼓励生产传播健康向上的优秀网络原创作品，促进数字文化产业与其他产业融合发展。

2020 年以来，政策积极推动数字阅读精品创作、传播、开发与消费，强调数字阅读的价值引导、精神引领、审美启迪作用，为今后数字文化产业蓬勃发展打好基础。2020 年 6 月，国家新闻出版署发布《进一步加强网络文学出版管理的通知》，旨在规范网络文学行业秩序，引导网络文学出版单位坚持正确的出版导向，推动网络文学繁荣健康发展。2020 年 11 月，文化和旅游部发布的《关于推动数字文化产业高质量发展的意见》提出要实施文化产业数字化战略，加快发展新型文化产业、文化业态、文化消费模式。数字阅读作为文化产业的重要组成部分，文化产业数字化战略的推进为其发展提供了良好的政策保障。2021 年 3 月，中宣部办公厅发布的《关于做好 2021 年全民阅读工作的通知》提出要主动适应信息技术条件下数字阅读方式更便捷、更广泛的特点，积极推动全民阅读工作与新媒体技术紧密结合。对于传统出版发行单位，政策提出要利用互联网、大数据、物联网、云计算、人工智能等技术，推动资源充分整合、线上线下深度融合。尤其是在新冠肺炎疫情期间，政策鼓励加强电子图书、影视、游戏等数字文化产品和服务的开发。

在具体实施层面，2019 年 4 月，文化和旅游部发布的《公共数字文化工程融合创新发展实施方案》提出要实现工程的统筹管理，建立统一的标准和规范框架，推出统一的基层服务界面，初步形成公共数字文化资源服务总目录。相关政策内容详见表 8-1。

表 8-1 数字阅读相关政策梳理

发布时间	发布机构	文件名称	主要内容
2021年3月	中宣部办公厅	《关于做好2021年全民阅读工作的通知》	创新方法手段，主动适应信息技术条件下数字阅读方式更便捷、更广泛的特点，积极推动全民阅读工作与新媒体技术紧密结合。扩大宣传效果，加大对全民阅读的宣传报道力度，推动全社会形成爱读书、读好书、善读书的新风尚。
2020年11月	文化和旅游部	《关于推动数字文化产业高质量发展的意见》	实施文化产业数字化战略，加快发展新型文化业态、文化消费模式，改造提升传统业态，提升质量效益和核心竞争力，健全现代文化产业体系。
2020年6月	国家新闻出版署	《进一步加强网络文学出版管理的通知》	进一步加强网络文学出版管理，规范网络文学行业秩序，引导网络文学出版单位始终坚持正确出版导向，坚持把社会效益放在首位，坚持高质量发展，努力以精品奉献人民，推动网络文学繁荣健康发展。
2020年2月	工业和信息化部	《关于运用新一代信息技术支撑服务疫情防控和复工复产工作》	支持完善疫情期间网络零售服务和物流配送体系，加强电子图书、影视、游戏等领域数字文化产品和服务的开发，形成丰富多样的"零接触"购物娱乐模式，确保百姓生活必需品和精神营养品供应。
2019年4月	文化和旅游部	《公共数字文化工程融合创新发展实施方案》	实现工程的统筹管理，建立统一的标准和规范框架，推出统一的基层服务界面，切实形成公共数字文化资源服务总目录，统筹展开基层数字文化资源配送，做好工程平台、资源、服务的融合创新发展试点工作。
2019年4月	国家新闻出版署	《关于加强新华书店网络发行能力建设的通知》	到2023年，形成1家具有重要品牌影响力和综合实力的全国统一的新华书店网络发行平台，扶持3~4家技术先进、管理先进、带动力强的骨干网络运营商，培育若干家具有区域优势、打通线上线下的特色网络服务系统，影响广泛的新华书店网络发行服务体系。骨干强健，功能完备，体系完善，协同发展，技术先进，特色鲜明，逐步形成主体突出。
2018年2月	原国家新闻出版广电总局	《关于开展2018年全民阅读工作的通知》	加大优质内容推介力度，进一步完善面向不同阅读者群体的优秀出版物推介宣传机制，积极做好宣传习近平新时代中国特色社会主义思想出版工作。大力支持实体书店发展，形成布局合理、功能完善、多元经营的实体新华书店发展格局，加快推进公共数字化阅读平台建设。
2017年6月	原国家新闻出版广电总局	《网络文学出版服务单位社会效益评估试行办法》	评估考核共设置了5个一级指标，22个二级指标和77项评分标准，主要包括出版质量、传播能力、内容创新、制度建设、社会和文化影响等指标。评估从网络文学价值引领和思想导向、文学价值和文化传承、编校质量、排行榜设置、编辑责任制度、党建和思想政治工作及社会评价。网络文学出版服务单位发表作品出现严重政治导向差错、恶劣社会影响，在平台首页或重点栏目推介导向有严重问题的作品，违反政治纪律和政治规矩等重大问题，社会效益评估实行"一票否决"，评估结果为不合格。

续表

发布时间	发布机构	文件名称	主要内容
2017年4月	原文化部	《关于推动数字文化产业创新发展的指导意见》	● 扩大和引导数字文化消费需求。把握知识产权环境改善、用户付费习惯养成、网络支付手段及其普及的有利机遇，将广泛用户基础转化为有效消费需求。加强力挖掘消费潜力和品牌建设。 ● 丰富网络文化产业内容和形式。大力发展网络文艺，丰富网络文化内涵，推动优秀文化产品网络传播。鼓励生产传播健康向上的优秀网络文化原创作品，提高网络文化原创能力和文化品位。保护激励原创，促进网络文化产业链相关环节的融合与沟通。
2016年12月	原国家新闻出版广电总局	《全民阅读"十三五"时期发展规划》	● 规划指出，"十三五"时期我国将推出约3000种重点主题出版物，包括重大出版工程、文艺原创精品、未成年人出版物、少数民族文字出版物、古籍、辞书、社会科学与人文科学出版物、自然科学与工程技术出版物等类别。 ● 规划明确，"十三五"期间将建设3至4家国家级公益性数字阅读推广、优质阅读内容数字化传播、移动阅读数字化传播平台，与各类图书馆、农家书屋等终端联网，向读者提供数字化阅读服务。 ● 适应数字化新趋势，充分利用数字阅读资源平台，大力推进数字化阅读发展。建立全民阅读数字化信息资源共享工程网络建设，加强公共电子阅览室建设计划和全国文化信息资源共享工程网络建设，加强数字图书馆建设。形成覆盖全国的全民阅读数字服务网络。 ● 加快推进传统出版单位数字化转型升级。通过制订配套政策、专项资金资助、推介示范单位等多种方式，推动出版与科技融合发展，实施网络文艺精品创作和传播计划，加强网络文学数字化传播的管理引导，推出更多网络原创精品力作。
2016年11月	国家版权局	《关于加强网络文学作品版权管理的通知》	● 明确了规范的两类对象。一类是通过信息网络直接提供文学作品的网络服务商；另一类是为用户通过信息网络传播文学作品的网络服务商。 ● 明确了通过信息网络提供文学作品以及提供相关网络服务的网络服务商在版权管理方面的责任义务。
2016年9月	原国家新闻出版广电总局	《新闻出版业数字出版"十三五"时期发展规划》	● 提出大力发展网络游戏、网络文学、移动出版等优势产业，拓展服务领域和市场。

二 舆论环境：传统主流媒体报道以中性为主，无负向报道

2021 年，传统主流媒体关于数字阅读报道的高频词为"电子书""首创""增长率""文化课""儿童""乐趣""读书""书香"等，可见数字阅读的精神文化启迪和思想引导作用受到认可；同时"中国数字阅读大会""年度""献礼""首届"等高频词，说明围绕数字阅读开展的具有较高社会效益的活动受到传统主流媒体关注（见图 8-2）。

总的来说，2021 年传统主流媒体对数字阅读的报道以中性为主，占比达到 67%；正向报道占比为 33%，负向报道数量为 0（见图 8-3）。其中，正向报道关注点在于数字阅读对人民群众精神文化需求的满足和版权付费意识的提高；中性报道则主要探讨数字阅读的发展前景和数字阅读技术创新。报道的核心内容及倾向性判断详见表 8-2。

图 8-2　2021 年数字阅读领域传统主流媒体报道关键词分布

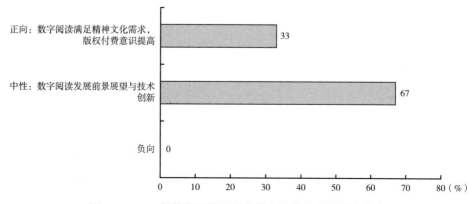

图 8-3　2021 年数字阅读领域传统主流媒体报道倾向分布

表8-2　数字阅读报道梳理及倾向性判断

报道时间	传统主流媒体	报道标题	报道的核心内容	百度AI判断	Rost判断	人工修正
2021年4月29日	新华网	《大数据告诉你，数字时代我们将如何阅读？》	《2020年度中国数字阅读报告》显示，2020年中国数字阅读产业规模达到351.6亿元，数字阅读用户规模达到4.94亿人次，人均电子书阅读量达到9.1本。从"一卷在手"到"一屏万卷"，数字时代，我们该如何阅读？	正10% 负90%	3	中性
2021年4月23日	新华网	《短视频与直播时代，怎样读书？》	海量资讯的当下，如何让自己不被冗余的信息裹挟淹没，是每个人都要思考的问题。对没有优质内容的阅读，是一个有力抵制裹挟与淹没的武器。阅读方式的多样化，并改变改变人们对优质内容的渴望。	正3% 负97%	0	中性
2021年4月23日	新华网	《数字背后的"阅读密码"》	从一年一度的"书香盛宴"中国黄山书会，到安徽"少儿报刊阅读季"，再到全省各地和各行各业广泛开展全民阅读特色活动，阅读的覆盖面不断扩大，阅读人群的数量持续增长，更形成了一批在全省乃至全国颇有影响的品牌阅读活动，让江淮大地一年四季沉浸在氤氲书香之中。	正98% 负2%	7	中性
2021年4月23日	新华网	《"知了"阅读馆App服务青少年融媒体阅读》	4月23日世界读书日当日，中版集团数字传媒有限公司正式推出"知了"阅读馆App。该产品以解决青少年"读什么""怎么读""读的效果如何"为目标，通过不同功能模块为青少年提供一站式融媒体阅读解决方案，以智能化、场景化、服务、满足青少年个性化的线上数字阅读需求，为青少年阅读素养提升提供支撑。	正97% 负3%	3	中性
2021年4月23日	新华网	《电子阅读也有书香》	随着科技的发展，书籍逐渐摆脱厚重的外壳，印刷到任何所有可获得的资源，将自己装进轻薄的手机，使阅读无远弗届，而生活在在干毛姆所说的"一座随身携带的避难所"，带你逃脱到所有的悲哀。Kindle，这座虚拟书房带来便利的生活，更不应抵触多元化的阅读形式，培养良好的阅读观念和习惯才是开启改变之路的首要选择。	正99% 负1%	0	正向
2021年4月22日	新华网	《中国数字阅读用户付费意愿达86.3%》	第七届中国数字阅读大会上发布的《2020年度中国数字阅读报告》显示，我国越来越多的用户愿意为高质量电子阅读内容买单，付费意愿达86.3%，且有26.8%的数字阅读用户每月平均花费100元及以上。高付费意愿背后，有81.2%的用户认为阅读行业迫切需要提升内容质量，完善产品功能。	正38% 负62%	17	正向
2021年4月18日	新华网	《从"一卷在手"到"一屏万卷" 数字阅读大会全透视 新亮点、新期盼》	随着技术和内容的深度融合，受众阅读习惯的转变，数字阅读产品早已不是明日之物。从"一卷在手"到"一屏万卷"，在"快时代"，如何"慢阅读"？5G等技术将如何改变"泛阅读"行业？主流题材阅读在大会被"鲜活打开"？正在浙江杭州举办的第七届中国数字阅读大会释放出不少数字阅读行业的新趋势、新亮点和新期盼。	正99% 负1%	18	正向

续表

报道时间	传统主流媒体	报道标题	报道的核心内容	百度 AI 判断	Rost 判断	人工修正
2021 年 4 月 17 日	新华网	《2021 中国数字阅读大会聚焦数字赋能阅读新发展》	16 日，2021 中国数字阅读大会在杭州开幕。大会以"数字赋能新发展，阅读造梦新征程"为年度主题，旨在联合各方共同探讨全媒体时代下的数字阅读理念创新、方式创新与实践创新，打造行业权威、大众喜爱的阅读盛会。	正 99% 负 1%	13	正向
2021 年 4 月 17 日	新华网	《重庆入选 2020 年十佳数字阅读城市》	4 月 16 日，由中国音像与数字出版协会等主办的 2021 年第七届中国数字阅读大会在浙江杭州召开。记者获悉，大会开幕式公布了 2020 年十佳数字阅读城市榜单，重庆上榜，位列全国第九。	正 99% 负 1%	0	正向
2021 年 4 月 17 日	新华网	《中国数字阅读大会文化创意展在杭举行》	4 月 16 日，中国数字阅读大会文化创意展在杭州西湖畔举行，通过"文化+科技""文化+生活"的展现，倡导共建书香社会。	正 99% 负 1%	0	中性
2021 年 4 月 16 日	新华网	《2020 年度中国数字阅读报告：儿童数字阅读付费增长 56.5%》	4 月 16 日，由中国移动咪咕数媒咕咚在数字出版协会承办的第七届中国数字阅读大会开幕式上，中国音像与数字出版协会重磅发布的《2020 年度中国数字阅读报告》，从多个角度呈现了后疫情时代中国数字阅读的现状、特点以及趋势。报告显示，儿童也成为阅读的重要用户，儿童数字阅读付费增长 56.5%，日均数字阅读时长 29 分钟，每晚 20 点到 22 点是儿童数字阅读的高峰时段。	正 94% 负 6%	8	正向
2021 年 4 月 12 日	新华网	《网易旗下少儿阅读平台"有道乐读"入选"百佳数字出版精品项目"》	4 月 11 日，国家新闻出版署组织的"百佳数字出版精品项目向社会公众免费开放。网易旗下少儿阅读平台"有道乐读"成功入选，其百余套优质儿童读物即日起至 7 月向全社会免费开放 100 天。	正 97% 负 3%	0	正向
2021 年 2 月 4 日	新华网	《沪上"建筑可阅读"全面向数字化转型》	上海持续加大老建筑的开放力度，为许多老建筑挂铭牌、二维码，并在二维码内容中增设服务功能，市民及游客只要拿出手机扫一扫，建筑的年代、风格等都能一目了然。	正 97% 负 3%	0	中性
2021 年 2 月 3 日	新华网	《重庆图书馆推出"数字图书馆"随尽享受阅读乐趣》	重庆图书馆依托"重图数字阅读平台"开展线上服务，通过打造数字阅读平台为全市读者们献上一个可随身携带的"数字图书馆"，为市民们送上了丰富的数字文化大餐。	正 99% 负 1%	0	正向
2021 年 1 月 26 日	新华网	《丹东市文化馆"互联网+老年人实现智能阅读》	丹东市图书馆专门开设"互联网+老年人"数字文化课堂等服务项目，从服务细节着手，帮助老年人解决运用智能技术的难题。	正 99% 负 1%	3	正向
2021 年 6 月 4 日	人民网	《数字技术让文艺作品口碑可视化》	人工智能、5G 等技术越来越深入地参与文艺创作与传播，也在影响文艺评论的规范和秩序。	正 99% 负 1%	4	中性

续表

报道时间	传统主流媒体	报道标题	报道的核心内容	百度AI判断	Rost判断	人工修正
2021年5月28日	人民网	《得到App举办第二届"423破万卷节" 推出年度书单Top52》	4月23日，得到App在西安举办第二届"423破万卷节"，推出得到年度书单Top52。目前已在得到App发布，67个出版方选送超过300本自家好书，4136名各得到用户参与荐书，经过三轮甄选得出这52本。	正90% 负10%	3	中性
2021年5月19日	人民网	《第七届中国数字阅读大会在杭州开幕》	4月16日，第七届中国数字阅读大会在杭州开幕。本次大会以"数字赋能新发展，阅读追梦新征程"为主题，旨在联合各方共同探讨全媒体时代下的数字阅读理念创新、方式创新与实践创新，做响做亮线上主题阅读活动，向建党百年献礼。	正91% 负9%	9	中性
2021年4月25日	人民网	《第十八次全国国民阅读调查显示 成年国民纸质书和电子书阅读双提升》	第十八次全国国民阅读调查结果23日在京发布。调查显示，2020年我国成年国民包括书报刊和数字出版物在内的各种媒介的综合阅读率为81.3%，人均纸质图书阅读量为4.70本，人均电子书阅读量为3.29本，较2019年均有提升。	正85% 负15%	0	正向
2021年4月24日	人民网	《数字阅读用户规模已达4.94亿人次 5G刷新你的数字阅读体验》	随着"互联网+""飞速发展，数字阅读已成为人们获取知识、信息的重要方式。2020年中国音像与数字出版协会当日发布的《2020年度中国数字阅读报告》显示中国音像与数字阅读产业规模达351.6亿元，数字阅读用户规模达到4.94亿人次，人均电子书阅读量达9.1本，人均有声书阅读量6.3本。	正97% 负3%	-10	中性
2021年4月17日	人民网	《2020年度中国数字阅读报告发布 人均电子书阅读量9.1本》	4月16日，由中国移动咪咕数字传媒承办的第七届中国数字阅读大会在杭州开幕。开幕式上，中国音像与数字出版协会发布的《2020年度中国数字阅读产业报告》，从多个角度呈现了后疫情时代中国数字阅读的现状、特点以及趋势。其中提到，2020年人均电子书阅读量达9.1本，较2019年有所提升。	正99% 负1%	0	中性
2021年4月16日	人民网	《有声阅读市场前景广阔》	当前，各类有声读物和音频平台收成长快速。通过声音读书、追剧正成为许多人的日常。层出不穷的音频产品不断拓展内容，应用场景及体验的边界，也正改变人们获取知识、休闲娱乐的方式。	正99% 负1%	0	正向
2021年4月15日	人民网	《"遇见大师、阅读有意思"系列阅读活动重启》	在世界读书日即将到来之际，北京出版集团"遇见大师、阅读有意思"系志社联合儿童成长知识服务平台有米App于4月12日重启，推出10场在线阅读直播。	正98% 负2%	11	中性
2021年4月13日	人民网	《日本讲谈社纸质书籍的销售额首次被电子书等反超》	日本大型综合性出版社讲谈社19日发布了年度决算报告。其电子书以及版权业务的总销售额首次超过了纸质书。	正95% 负5%	0	中性

续表

报道时间	传统主流媒体	报道标题	报道的核心内容	百度 AI 判断	Rost 判断	人工修正
2021 年 4 月 13 日	人民网	《面对多元"选项"更要主动阅读》	要养成主动阅读的习惯和能力，做阅读的主人，让多元的阅读方式和丰富的阅读内容"为我所用"，过上更充实、更有效的阅读生活。	正 99% 负 1%	22	中性
2021 年 2 月 20 日	人民网	《〈上海市民健康知识读本〉有声书，电子书同步上线》	新春佳节将至，记者从上海市健康促进委员会办公室获悉，市政府发放的"健康礼包"《上海市民健康行为知识读本》的有声书、电子书都已同步上线，广大市民可通过长三角公共卫生（网络）电台、亚马逊等渠道免费聆听与下载阅读。	正 33% 负 67%	0	中性
2021 年 2 月 9 日	人民网	《书香花龙开启城市书房"云"阅读模式》	最近，洛阳街头路灯、夕阳、FM927 主播林凡、夏天等十名知名电台主播、网红大V纷纷走进洛城社区城市书房，通过短视频代言"一本好书"，邀请市民共读。	正 98% 负 2%	0	中性
2021 年 1 月 31 日	人民网	《掌阅科技发布 2020 年度数字阅读报告"90 后"用户占比达八成》	日前，掌阅科技发布的《2020 年度数字阅读报告》显示，掌阅 App 月活跃用户规模达 1.4 亿，其中"90 后"用户占八成。	正 99% 负 1%	0	中性
2021 年 1 月 17 日	人民网	《读书也要跟上潮流！5G 沉浸式的阅读体验了解一下》	近日，第七届中国数字阅读大会上发布的《2020 年度中国数字阅读报告》指出，2020年中国数字阅读产业规模达 351.6 亿元，数字阅读用户规模达到 4.94 亿人次，人均纸质书阅读量减少 2.6 本，电子书及有声书人均数字阅读量较去年增长 5.5%。随着 5G 商用的普及，出版行业数字化转型加速，人们的阅读方式逐渐从从纸质书转移到电子书及有声书，数字阅读在人们的日常生活中占据着越来越重要的地位。	正 60% 负 40%	−3	中性
2021 年 1 月 14 日	人民网	《2021 年中国数字阅读市场将达 416 亿元》	据艾媒咨询测算，2021 年中国数字阅读市场规模将达 416 亿元，网络文学市场规模稳步增长。中国网络文学行业发展时间较长，具备较为成熟的运作模式，作品及作者 IP 正成为网络文学平台发展重要的商业价值。	正 72% 负 28%	13	中性
2021 年 6 月 9 日	光明网	《以数字阅读助力党史学习》	了解历史才能看得远，理解历史才能走得远。值此中国共产党成立一百周年之际，连日来各部门深入开展党史学习教育，创新方式方法宣传党史知识，教育引导广大党员干部学党史、悟思想、办实事、开新局。	正 99% 负 1%	0	正向
2021 年 6 月 1 日	光明网	《"非童凡响 童心入梦"中国儿童文学数字传播大奖揭晓》	"非童凡响 童心入梦"中国儿童文学数字传播大奖 6 月 1 日揭晓终评结果，《凤雪梦》等 9 部参赛作品中脱颖而出。大奖终评页面已在人民日报数字传播有限公司旗下"人民阅读"平台、中国中福出版社、阅文集团等平台全面上线。	正 39% 负 61%	3	中性

续表

报道时间	传统主流媒体	报道标题	报道的核心内容	百度 AI 判断	Rost 判断	人工修正
2021年5月12日	光明网	《2020年我国数字阅读增长率超两成》	近日，第七届中国数字阅读大会在杭州落幕。大会揭晓了2020年十佳数字阅读项目、十佳数字阅读作品、十佳数字阅读城市名单，举行了2021悦读中国年启动仪式。大会发布的《2020年度中国数字阅读产业的现状、特点及趋势。	正97% 负3%	0	中性
2021年5月11日	光明网	《数字阅读正成为全民阅读的一种新风尚》	在各级政府部门大力倡导、深入推进全民阅读活动的今天，数字阅读正成为全民阅读的一种新风尚。	正92% 负8%	4	正向
2021年5月8日	光明网	《数字阅读，渐成主导模式》	近日，第七届中国数字阅读大会在杭州开幕。开幕式上，2020年中国数字出版产业规模协会发布的《2020年度中国数字阅读报告》显示，2020年中国数字阅读产业规模达351.6亿元，增长率达21.8%，人均电子书阅读量达9.1本，已经超过人均纸质书阅读量6.2本。这一系列数据背后，是一个不争的事实：数字阅读在全民阅读时代逐渐成为主导模式，越来越多的人习惯使用各类"屏幕"来获取知识与经验，数字阅读产品早已不是"未来之物"。	正98% 负2%	0	正向
2021年4月27日	光明网	《5G+数智化浪潮之下 数字阅读如何创新再升级?》	上周刚落幕的第七届中国数字阅读大会全面展现了5G赋能之下的数字阅读新成果、新趋势，释放诸多行业新机遇的信号，为数字时代的知识文化服务开启了新的可能。	正16% 负84%	6	中性
2021年4月23日	光明网	《青年人数字阅读亦盎然》	目前，有调查报告显示，2020年中国数字阅读产业规模为351.6亿元，数字阅读用户规模达4.94亿人次，中国人均电子书、有声书规模分别为9.1本、6.2本、6.3本；"80后""90后"偏好时尚图书，"95后"喜欢旅行类图书，"00后"则对漫画绘本情有独钟。	正99% 负1%	10	正向
2021年4月23日	光明网	《"我爱阅读100天"构建沉浸体验阅读新生态》	4月23日，第26个世界读书日当天，由中央宣传部、农业农村部、国家乡村振兴局联合主办的2021年"新时代乡村阅读季"在贵州启动。作为本次活动的系列方案之一，咪咕数媒承袭成为"创新文化全场景沉浸式体验生态的技术公司"的愿景，建立了以咪咕阅读、咪咕云书店、5G融媒手机报为核心的产品体系。	正99% 负1%	6	中性

续表

报道时间	传统主流媒体	报道标题	报道的核心内容	百度 AI 判断	Rost 判断	人工修正
2021 年 4 月 21 日	光明网	《近半用户阅读时长增加 纸电声一体化阅读时代即来》	在 4 月 23 日世界读书日即将到来之际，京东图书与艾瑞联合发布《2020 中国图书市场报告》，通过对用户画像、消费行为习惯、地域分布等多维度的分析，较为完整地呈现了 2020 年中国图书市场特点和发展趋势。	正 88% 负 12%	0	中性
2021 年 4 月 21 日	光明网	《用耳朵"打开一本书" 光明网联合酷狗邀网友一起线上听书》	世界读书日来临之际，光明网联合酷狗听书于 4 月 21 日上线"音为有你 听见书力量"听书活动，以名人、作家荐书，邀请用户组队听书的方式，向广大读者传播图书经典。	正 96% 负 4%	3	中性
2021 年 4 月 19 日	光明网	《首创云书店模式，助力数字阅读产业数智升级》	近年来，网红书店兴起，成为城市文化新地标。日前，中国数字阅读大会上，"2020 年十佳数字阅读城市"名单重磅揭晓，北京、成都、南京、上海、深圳、武汉、重庆、厦门等城市入选。	正 99% 负 1%	0	正向
2021 年 4 月 19 日	光明网	《共话数字阅读城市建设新发展 首届数字阅读城市高峰论坛成功举办》	近年来，网红书店兴起，让越来越多人意识到数字阅读对于提升城市软实力的重要意义，引发大众对城市阅读的关注。	正 98% 负 2%	10	正向
2021 年 4 月 8 日	光明网	《2021 年中国数字阅读大会即将开幕在即 5G+ 云上科技引关注》	4 月 16 日，2021 年中国数字阅读大会将开幕，展现融媒体时代下的数字阅读理念创新与实践创新成果。	正 99% 负 1%	13	中性
2021 年 4 月 7 日	光明网	《"讲好中国故事"献礼系列数字阅读专区项目》	"讲好中国故事"献礼系列数字阅读专区项目是北语社以习近平新时代中国特色社会主义思想为指导，以社会效益为核心价值追求，精心组织策划的国际化主题出版数字阅读项目。	正 96% 负 4%	4	正向
2021 年 2 月 23 日	光明网	《斗罗大陆》风云再起 成为春节期间最受欢迎电子书》	春节假期有很多种打开方式，可以走街串巷感受浓厚的年味，除了感受人情温暖味，也可以对内寻求精神世界的丰足，在书桌前认认真真读一本书成为很多人充实春节假期的一种方式。	正 99% 负 1%	3	中性

第三节　市场运行现状

一　市场规模快速增长，用户规模增长趋缓

根据中国音像与数字出版协会发布的《2020 年度中国数字阅读报告》，2020 年我国数字阅读市场规模为 351.6 亿元，同比增长 21.75%（见图 8-4），增速提升。2020 年，阅文集团面向创作者推出了"单本可选新合同"，并成立了阅文起点创作学堂，着力打击盗版，维护创作者的知识产权。创作者环境进一步改善和版权保护力度加强带来增长动力，"付费 + 免费"的商业模式为数字阅读企业提供了多元变现方式，有助于提高用户渗透率。以掌阅科技为例，2020 年公司实现版权收入 5.04 亿元，同比增长 92.66%。

2020 年数字阅读用户规模达 4.94 亿人，同比增长 5.1%（见图 8-5），增速已降至 10% 以下，增长乏力。根据第十八次全国国民阅读调查数据，2020 年我国成年人包括书报刊和数字出版物在内的各种媒介的综合阅读率为 81.3%，较前两年再次攀升。其中，数字化阅读方式（网络在线阅读、手机阅读、电子阅读器阅读、平板电脑阅读等）的接触率为 79.4%，同样实现了攀升。[①] 随着全民阅读的趋势逐渐形成、知识产权保护环境的持续改善和用户付费意愿的持续增强，数字阅读的市场规模将进一步扩大。

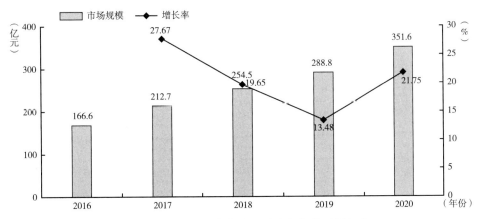

图 8-4　2016~2020 年数字阅读市场规模及增长率

注：市场规模统计含网络文学、电子出版物、有声读物、互联网期刊、电子文献、数据库等。

数据来源：中国音像与数字出版协会发布的《2020 年度中国数字阅读报告》。

---

① 中国出版网.第十八次全国国民阅读调查成果发布 [EB/OL].2021-04-26[2021-09-16].http://www.nppa.gov.cn/nppa/contents/280/75981.shtml.

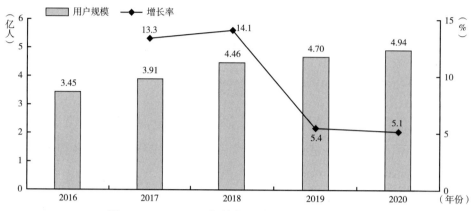

图 8-5　2016~2020 年数字阅读用户规模及增长率

数据来源：中国音像与数字出版协会《2020 年度中国数字阅读报告》。

二　免费阅读快速崛起，巨头入局抢占流量窗口

自 2018 年下半年以来，免费阅读 App 从出现到积累数千万用户仅仅用了不到一年的时间。免费阅读，即用户无须付费就可阅读平台上的所有正版内容，或者通过观看广告获得兑换券来支持免费阅读。QuestMobile 数据显示，2019 年 4 月，在线阅读 App 月活跃用户规模 Top10 里面有 5 款都是免费阅读 App。其中，上线于 2018 年 8 月的七猫免费小说当时的月活跃用户规模已达到 1846 万人，排名第五位；排在第六位的米读小说，上线于 2018 年 5 月，彼时月活跃用户规模也达到了 1775 万人。到 2020 年 12 月，番茄小说和七猫免费小说已经分别冲上在线阅读 App 月活跃用户规模第一名和第二名了（见表 8-3）。

表 8-3　在线阅读 App 月活跃用户规模 Top10

排名	2019 年 4 月	2020 年 12 月
1	掌阅	番茄小说
2	QQ 阅读	七猫免费小说
3	华为阅读	华为阅读
4	书旗小说	掌阅
5	七猫免费小说	QQ 阅读
6	米读小说	疯读小说

续表

排名	2019 年 4 月	2020 年 12 月
7	番茄小说	起点读书
8	追书神器	微信读书
9	追书免费版	书旗小说
10	起点读书	百度文库

数据来源：QuestMobile。

免费阅读 App 的崛起给其他在线阅读 App 带来了巨大的压力，阅文集团、掌阅科技等数字阅读企业，腾讯、字节跳动、百度等互联网巨头纷纷瞄准这个流量新窗口，布局和加强免费阅读内容建设。如掌阅旗下免费阅读产品"得间免费小说"于2019 年 3 月上线，在 2020 年获得了近 2 亿元的营收；腾讯旗下阅文集团依靠深耕数字阅读 20 年的内容储备，在作家自愿的条件下，将《斗罗大陆》《庆余年》《斗破苍穹》等优秀的网络小说以付费转免费的形式快速构建免费内容库，并于 2021 年初上线了免费阅读创作平台"昆仑中文网"，热门网文小说《赘婿当道》就来源于此平台。此外，阅文集团上线了"飞读"主打免费阅读，百度旗下爱奇艺也推出了"爱奇艺阅读"主打免费阅读，字节跳动推出的番茄小说已成为免费阅读 App 的领头羊。

三　头部数字阅读平台付费转化率持续走低，已不足 5%

数字阅读领域的付费转化率尚无直接的统计数据，本研究参考阅文集团的付费数据（其他头部企业未披露付费用户数据）。2019 年和 2020 年阅文集团的付费转化率均不足 5%，2020 年仅为 4.43%，相比 2018 年付费人数和付费转化率双双下降（见表8-4）。这主要是受到免费阅读的冲击。早在 2018 年，免费阅读就已经比付费阅读拥有更多的用户时长，且免费阅读聚焦开拓下沉市场，用户体量大，但下沉市场用户整体付费意愿相对较低。

短期来看，免费阅读带来的大量活跃用户拉低了整体的付费转化率。但长期来看，用户为优质内容付费的意愿持续增强。《2020 年度中国数字阅读报告》显示，有86.3% 的用户愿意为高质量内容付费，81.2% 的用户认为阅读行业迫切需要在内容质量和产品功能方面进一步完善。

表 8-4　2017~2020 年阅文集团数字阅读付费转化率

年份	月活跃用户规模（万人）	付费人数（万人）	付费转化率（%）
2017	19150	1110	5.80
2018	21350	1080	5.06
2019	21970	980	4.46
2020	23000	1020	4.43

数据来源：阅文集团财报。

四　数字阅读市场竞争程度适中，集中度稳中有降

本研究选取每年营收规模排名靠前的 4 家数字阅读上市公司进行分析，2016~2020 年 4 家头部公司数字阅读相关的营收之和如表 8-5 所示，占整体市场规模的比例（即市场集中度）如图 8-6 所示。

表 8-5　2016~2020 年数字阅读头部上市公司营收规模

单位：亿元

公司简称	2016 年	2017 年	2018 年	2019 年	2020 年
阅文集团	25.57	40.95	50.38	83.56	85.26
掌阅科技	11.98	16.67	19.03	18.82	20.61
咪咕阅读	41.63	30.94	23.00	不选取	不选取
中文在线	6.02	不选取	8.85	7.05	9.76
平治信息	不选取	9.10	不选取	17.18	24.08
合计	85.20	97.66	101.26	126.61	139.71

注：（1）营收数据指数字阅读相关业务营收；（2）标记为"不选取"是因为该企业当年营收规模小于其他 4 家。

数据来源：各公司年度财报，Wind 数据库。

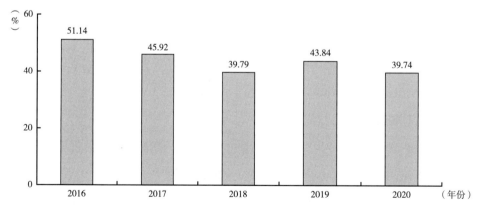

图 8-6　2016~2020 年数字阅读领域市场集中度

数据来源：阅文集团、掌阅科技、咪咕阅读、中文在线、平治信息年度财报，本研究制图。

从头部企业营收占比来看，数字阅读领域市场集中度适中，2020 年为 39.74%，与 2018 年基本齐平，比 2019 年略有下降。市场上企业数量众多，头部企业主导能力一般，腰部及长尾平台仍有发展空间。从 2016~2020 年数据来看，数字阅读领域市场集中度呈现波动缓降的态势，说明头部企业对市场的主导能力减弱，腰部企业抢占更多市场份额。随着免费阅读、有声阅读的崛起，越来越多内容企业入局，数字阅读的市场天花板被进一步拉高。

第四节 投资动向与投资价值评估

一 2018~2020 年投资数量大幅下降，投资金额波动不大

2020 年数字阅读领域一级市场投资事件仅有 9 起，相比 2019 年的 14 起有所下降，相比 2018 年的 32 起下降明显（见图 8-7）。2017 年数字阅读投资数量在近六年里达到一个峰值，这一年两大龙头企业掌阅科技、阅文集团先后在上海、香港上市。2018 年及以后，随着外界资本环境更加严峻，数字阅读领域投资数量持续下降，但投资金额波动不大，这主要由于 2018 年基本没有上亿元的大额投资，2019 年和 2020 年均有上亿元的大额投资。这也说明资本越来越向少数优质企业集中。

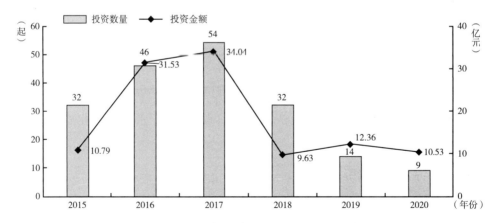

图 8-7 2015~2020 年数字阅读领域投资数量与投资金额

数据来源：IT 桔子。

二 2016~2020 年新增企业数量逐年下降

2020 年数字阅读领域新增企业数量延续了自 2016 年开始的下降态势，从 2016 年的 68 家下降至 2020 年的 5 家（见图 8-8）。

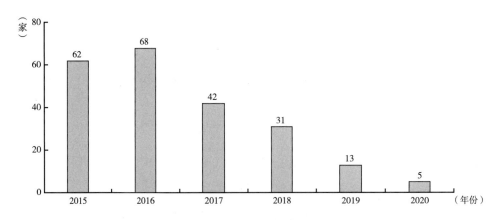

图 8-8 2015~2020 年数字阅读领域新增企业数量

数据来源：IT 桔子。

三 IP/版权开发及运营成为资本关注热点

2020 年数字阅读领域的投资以 IP/版权开发及运营、网文小说阅读平台为主，相关投资事件数量排名比较靠前，动漫、影视的关注度相对较低（见图 8-9）。从被投资的企业来看，多数企业业务较为多元，包括内容创作、分发、IP 打造，甚至布局电影、电视、网络剧、游戏、动画、漫画等上下游产业。如获得 4000 万元天使轮投资的新浪阅读是一家集软件技术开发、互联网运营推广、数字阅读版权运营与发行于一体的综合性企业，旗下有微博读书、新浪读书、微博写书、微书店等业务品牌。获得字节跳动数千万元战略投资的塔读文学是一个数字版权创作聚合和分发平台，拥有众多网络文学作品及正版出版物。

四 数字阅读投资价值评估结果：较高（★★★★）

根据第一章第三节所述的投资价值评估方法，数字阅读领域的投资价值评估结果为

★★★★，即有不错的投资价值或投资机会，但没有达到很高的程度。评估详情如表8-6所示。

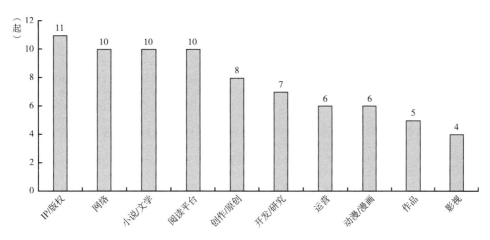

图8-9 数字阅读领域投资事件高频词及对应的投资数量

数据来源：IT桔子。

表8-6 数字阅读投资价值综合评估结果

序号	一级指标	一级指标得分	二级指标	二级指标原始数据	原始数据标准化	二级指标得分
1	基础规模	1.5	市场规模	351.6亿元	0.000	★
			用户规模	4.94亿人	0.286	★★
2	发展速度	3	市场规模增长率	21.75%	0.271	★★
			用户规模增长率	5.11%	0.663	★★★★
3	转化程度	1	付费转化率	4.43%	0.000	★
4	竞争程度	5	市场集中度	39.74%	39.74%	★★★★★
5	活跃程度	1.7	新增企业数量增长率	−61.54%	0.385	★★
			投资数量增长率	−35.71%	0.359	★★
			投资金额增长率	−14.81%	0.104	★
6	相关政策导向	5	相关政策支持程度	鼓励公共数字文化资源建设和融合创新，强正向		★★★★★
7	传统主流媒体报道倾向	5	传统主流媒体报道倾向程度	正向占比减去负向占比的值为33个百分点，强正向		★★★★★
			加权总计结果			17.17
			综合结果			★★★★

第五节 未来发展趋势

付费模式与免费模式走向融合，数字阅读发掘多元变现模式。免费阅读 App 自 2018 年下半年兴起以来，半年内斩获数千万月活跃用户，番茄小说、七猫免费小说、疯读小说、米读小说一时风光无限，成为数字阅读市场新巨头。QuestMobile 数据显示，免费阅读人群以三四线下沉市场用户为主，2020 年免费阅读贡献了约 40 亿元的市场收入。免费阅读的迅速崛起和对下沉市场的抢占，令主流阅读平台纷纷布局免费阅读业务和产品。以掌阅科技为例，其业务模式从"付费"走向"免费＋付费"融合模式，并通过"广告＋版权分发"等多元模式拓展营收。

本研究认为，付费阅读和免费阅读的模式将走向融合。一方面，以付费阅读为主的原数字阅读巨头积极拓展免费业务和上线免费阅读产品；另一方面，免费阅读产品也在接入付费模式。如番茄小说推出了付费会员模式，可享受离线下载、免广告等特权。付费与免费并行，版权运营、广告变现、IP 改编等多元化变现模式，将共同拼接出数字阅读商业版图。

第九章
新闻资讯App市场格局与投资观察

第一节　新闻资讯 App 概述

一　新闻资讯 App 界定

本研究所指的新闻资讯 App 是通过移动互联网平台发布和传播新闻资讯信息的应用。发布主体既包含新闻单位或商业媒体，也包含个人或非媒体性团队。发布内容既包括政治、经济、军事、外交等社会公共事务的报道、评论，有关社会突发事件的报道、评论，也包含体育、娱乐等领域的非时政类新闻资讯。内容形式主要为图文、视频、音频、直播四类。

新闻资讯 App 按运营主体大致分为三类：一是由传统媒体开发及运营的，二是由综合门户网站开发及运营的，三是以技术平台为中介的内容聚合服务类应用，其中也包括自媒体内容。

当前新闻资讯平台纷纷布局自媒体，传统主流新闻媒体也纷纷在自媒体平台上注册账号，并在自媒体生态中崛起。根据新榜的数据，2018 年 12 月微信公众号月度总排名前十的多为媒体号，而排名前六的均是有影响力的权威媒体。[①]自媒体为提升竞争力也更加注重内容深耕，并加速向团队化转变，新闻资讯与自媒体已无明显的区分边界。因此，本研究将传统意义上的新闻资讯和自媒体合并在一章进行分析，统一划

---

① 师天浩.2019 年到了，人人都是自媒体的美梦是不是该破了？ [EB/OL]. 2019-09-22[2019-01-07]. https://www.pintu360.com/a62185.html?s=8&o=0.

归到新闻资讯 App 领域。本研究中新闻资讯 App 涵盖的范围包括新闻聚合平台、门户新闻、传统媒体平台、垂直媒体、社交媒体等。

二 新闻资讯 App 发展历程

新闻资讯 App 自 2008 年进入探索期以来，经历了市场启动期、高速发展期，现处于成熟期，对资讯内容的重视程度进一步提升，算法分发走向成熟（见图 9-1）。

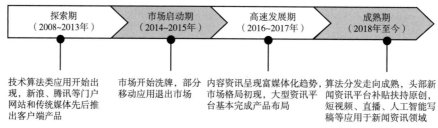

探索期 （2008~2013年）	市场启动期 （2014~2015年）	高速发展期 （2016~2017年）	成熟期 （2018年至今）
技术算法类应用开始出现，新浪、腾讯等门户网站和传统媒体先后推出客户端产品	市场开始洗牌，部分移动应用退出市场	内容资讯呈现富媒体化趋势，市场格局初现，大型资讯平台基本完成产品布局	算法分发走向成熟，头部新闻资讯平台补贴扶持原创，短视频、直播、人工智能写稿等应用于新闻资讯领域

图 9-1　我国新闻资讯 App 发展历程

第二节　发展环境

一 政策环境：加强内容和资质监管，引导规范发展

2016~2019 年，相关政策将新闻资讯 App、自媒体纳入管理范畴，规范从业人员行为，引导新闻资讯 App、自媒体传播正能量。在国家层面，2017 年，中共中央办公厅、国务院办公厅发布的《关于促进移动互联网健康有序发展的意见》中提出积极扶持各类正能量账号和应用，加强新闻媒体移动端建设。同时，有关部门进一步加大了对互联网的监管力度，强化了互联网新闻信息服务单位和账号应当履行的责任义务。《互联网新闻信息服务单位内容管理从业人员管理办法》从制度层面对互联网新闻信息服务的内容管理，以及互联网新闻信息服务单位内容管理从业人员的行为规范、教育培训、监督管理等提出了明确要求。

随着大数据、算法推荐技术的发展，基于个人浏览信息偏好的推荐已经成为新闻资讯 App 的常用手法，其背后隐藏的个人隐私泄露、大数据"杀熟"等问题也引发关注。

2021年，相关政策在个人信息保护上有了新的规定。3月，国家互联网信息办公室、工业和信息化部、公安部、国家市场监督管理总局联合制定的《常见类型移动互联网应用程序必要个人信息范围规定》明确提出，移动互联网应用程序（App）运营者不得因用户不同意提供非必要个人信息，而拒绝用户使用App基本功能服务。新闻资讯类App基本功能服务为新闻资讯的浏览、搜索，无须个人信息。对违规收集个人信息者则要求整改。6月，国家互联网信息办公室公布的《关于Keep等129款App违法违规收集使用个人信息情况的通报》显示，新闻资讯App如今日头条、腾讯新闻等违反必要原则，收集与其提供的服务无关的个人信息，未经用户同意收集使用个人信息，相关App运营者被责令自通报发布之日起15个工作日内完成整改。8月，第十三届全国人大常委会第三十次会议表决通过了《中华人民共和国个人信息保护法》，其中的第十六条规定"个人信息处理者不得以个人不同意处理其个人信息或者撤回同意为由，拒绝提供产品或者服务，处理个人信息属于提供产品或者服务所必需的除外"。政策还推动算法推荐服务公正公平、规范透明，营造更加清朗的网络空间。12月，国家互联网信息办公室、工业和信息化部、公安部、国家市场监督管理总局联合发布《互联网信息服务算法推荐管理规定》，对算法推荐服务提供者的信息服务规范和用户权益保护作出了明确规定，如不得利用算法操纵榜单或检索结果排序、不得生成合成虚假新闻信息、不得将不良信息记入用户兴趣点等。政策内容详见表9-1。

二　舆论环境：传统主流媒体报道负向占比最大

2021年，传统主流媒体关于新闻资讯App报道的高频词为"自媒体""网信办""约谈""违规""版权法""新媒体"等（见图9-2），说明近年来国内新闻资讯App内容的违规现象引起了新闻媒体的重点关注。

整体上看，2021年传统主流媒体对新闻资讯App的报道负向占比最大，达到了42%，其次是中性报道，占比40%，正向报道占比为18%（见图9-3）。其中，正向报道认可了新闻资讯App在科学文化知识传播上的价值；中性报道和负向报道的主题则集中于自媒体、新媒体产业链发展存在的问题，负向报道还直指"洗稿"抄袭等侵权乱象。报道的核心内容及倾向性判断详见表9-2。

表 9-1 新闻资讯 App 相关政策梳理

发布时间	发布机构	文件名称	主要内容
2021 年 12 月	国家互联网信息办公室、工业和信息化部、公安部、国家市场监督管理总局	《互联网信息服务算法推荐管理规定》	• 算法推荐服务提供者应当加强用户模型和用户标签管理，完善记入用户模型的兴趣点规则和用户标签管理规则，不得将违法和不良信息关键词记入用户兴趣点或者作为用户标签并据以推送信息。 • 算法推荐服务提供者提供互联网新闻信息服务的，应当依法取得互联网新闻信息服务许可、规范开展互联网新闻信息采编发布服务、转载服务和相关单位发布的新闻信息。不得生成合成虚假新闻信息，不得传播非国家规定范围内单位发布的新闻信息。 • 算法推荐服务提供者不得利用算法虚假注册账号、非法交易账号、操纵用户账号或者虚假点赞、评论、转发，不得利用算法屏蔽信息、过度推荐、操纵榜单或者检索结果排序、控制热搜或者精选等干预信息呈现，实施影响网络舆论或者规避监督管理行为。 • 算法推荐服务提供者应当向用户提供不针对其个人特征的选项，或者向用户提供便捷的关闭算法推荐服务的选项。用户选择关闭算法推荐服务的，算法推荐服务提供者应当立即停止提供相关服务。
2021 年 8 月	第十三届全国人大常委会	《中华人民共和国个人信息保护法》	• 个人信息处理者不得以个人不同意处理其个人信息或者撤回同意为由，拒绝提供产品或者服务，处理个人信息属于提供产品或者服务所必需的除外。
2021 年 3 月	国家互联网信息办公室、工业和信息化部、公安部、国家市场监督管理总局	《常见类型移动互联网应用程序必要个人信息范围规定》	• App 不得因为用户不同意提供非必要个人信息，而拒绝用户使用其基本功能服务。 • 新闻资讯类 App 基本功能服务为新闻资讯的浏览、搜索、答知，应无须个人信息，便可使用基本功能服务。
2017 年 11 月	国家互联网信息办公室	《互联网新闻信息服务单位内容管理从业人员管理办法》	• 按规定转载国家规定范围内的单位发布的新闻信息，杜绝编造虚假互联网新闻信息，确保互联网新闻信息真实、准确、全面、客观。 • 从业人员不得从事有偿新闻活动。 • 关于马克思主义新闻观培训每年不少于 10 个学时。 • 从业人员的教育培训内容应当包括马克思主义新闻观、党和国家关于网络安全和信息化、新闻舆论等工作的重要决策部署，政策措施和相关法律法规，从业人员职业道德规范等。 • 国家互联网信息办公室建立全国统一的管理信息系统，对从业人员基本信息、从业者培训经历和奖惩情况等进行记录。

续表

发布时间	发布机构	文件名称	主要内容
2017 年 5 月	国家互联网信息办公室	《互联网新闻信息服务管理规定》	• 通过互联网站、应用程序、论坛、博客、微博客、公众账号、即时通信工具、网络直播等形式向社会公众提供互联网新闻信息服务，应当取得互联网新闻信息服务许可，禁止未经许可或超越许可范围开展互联网新闻信息服务活动。 • 对用户开设公众账号的，互联网新闻信息服务提供者应当审核其账号信息、服务资质、服务范围等信息，并向所在地省、自治区、直辖市互联网信息办公室分类备案。
2017 年 1 月	中共中央办公厅、国务院办公厅	《关于促进移动互联网健康有序发展的意见》	• 加大中央和地方主要新闻单位、重点新闻网站等主流媒体移动端建设推广力度，积极扶持各类正能量账号和应用。加强新闻网信息服务、网络出版服务、信息网络传播视听节目服务等领域开展移动互联网传播体系。在互联网新闻信息服务、大力推动新媒体与传统媒体深度融合发展，加快布局移动互联网阵地建设、建成一批具有强大实力和传播力、公信力、影响力的新型媒体集团。

图 9-2　2021 年新闻资讯 App 领域传统主流媒体报道关键词分布

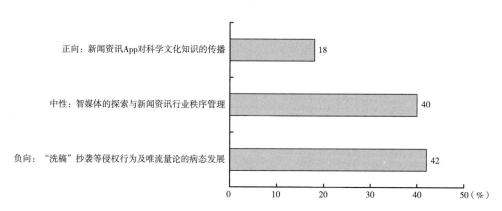

图 9-3　2021 年新闻资讯 App 领域传统主流媒体报道倾向分布

第三节　市场运行现状

一　市场规模和用户规模增速都明显放缓

2020 年，我国新闻资讯 App 市场规模达到 645.7 亿元，同比增长 11.3%，相比

表9-2　新闻资讯App报道梳理及倾向性判断

报道时间	传统主流媒体	报道标题	报道的核心内容	百度AI判断	Rost判断	人工修正
2021年7月6日	新华网	《国家网信办对多款App实施网络安全审查》	据国家互联网信息办公室7月5日消息，为防范国家数据安全风险，维护国家安全，保障公共利益，网络安全审查办公室依据《中华人民共和国国家安全法》《中华人民共和国网络安全法》，对"运满满""货车帮""BOSS直聘"实施网络安全审查。为配合网络安全审查工作，防范风险扩大，审查期间"运满满""货车帮""BOSS直聘"停止新用户注册。	正93% 负7%	11	中性
2021年6月26日	新华网	《泛长三角地区自媒体运营技能大赛在浙江三门举行》	2021年6月23日至25日，泛长三角地区自媒体运营技能大赛暨浙江省技工院校第五届移动电商技能大赛决赛在三门技师学院举行，来自浙江、江苏、江西、福建、黑龙江等地38所职业院校、技工院校的470多名选手切磋技艺。	正77% 负23%	3	中性
2021年6月26日	新华网	《腾讯看点开展禁毒日公益宣传 守护青少年健康成长》	6月26日是第34个国际禁毒日，腾讯看点联合国家禁毒办自国家禁毒办公益宣告"中国禁毒信"以及腾讯"守护者计划"，共同发起禁毒日公益主题宣传。在QQ浏览器、QQ看点两个平台以上线禁毒专题页，以禁毒新闻资讯、禁毒科普视频、禁毒直播课等形式，将禁毒知识更生动地展示给用户，让更多人尤其是青少年学习了解禁毒知识，提升防毒拒毒能力。	正84% 负16%	3	正向
2021年6月22日	新华网	《App违规收集信息可举报》	按照国家互联网信息办公室等四部委联合发布的《关于开展App违法违规收集使用个人信息专项治理的公告》等文件精神，北京市网信办、北京市公安局、北京市市场监管委、北京市通信管理局决定，即日起至11月，在全市范围内组织开展App违法违规收集使用个人信息专项治理行动。	正0% 负100%	0	中性
2021年6月21日	新华网	《头条寻人与民政部（门续约 已共助1.2万人成功寻亲》	6月18日，全国救助管理机构"开放日"系列活动在北京举办。活动现场，民政部社会事务司帮助民政救助网站受助对象寻亲。继续联合帮助民政救助网站受助对象寻亲。自2016年7月首次合作以来，公益项目"头条寻人"和民政部已共助12000名受助者回家。	正57% 负43%	7	正向
2021年6月1日	新华网	《苹果上线隐私新规 App未经授权不得跟踪用户行为》	等待近一年后，苹果终于上线了隐私新规。5月，当iPhone用户更新iOS 14.5时，会发现其中新增了"App跟踪透明度"功能，只有用户主动授权，App才能跟踪用户在iPhone上的行为。	正2% 负98%	0	中性
2021年5月29日	新华网	《南京市网信办等六部门联合开展房地产类网站平台和自媒体专项整治行动》	为营造健康有序的房地产市场秩序和网络舆论生态环境，坚决贯彻"房住不炒"要求，积极回应社会关切，切实维护人民群众切身利益，深化网络综合治理工作，5月28日，南京市互联网信息办公室、市公安局、市自然资源局、市城乡建设委员会、市住房保障和房产局、市规划和自然资源局、市市场监督管理局六部门联合启动房地产类网站平台和自媒体专项整治行动。	正75% 负25%	0	中性

续表

报道时间	传统主流媒体	报道标题	报道的核心内容	百度 AI 判断	Rost 判断	人工修正
2021年5月22日	新华网	《流量变"流毒" 部分自媒体蹭流量蹭出一地鸡毛》	近年来，网络短视频和直播行业迅速崛起后，很快被一些自媒体和短视频博主盯上。一些普通老百姓在短视频走红后，部分自媒体对走红口追捧追截、过度消费，"谁红蹭谁"多发高发、愈演愈烈，靠着"蹭热度"月引流量月涨粉丝月变现"的商业逻辑，一条自媒体行业"病态"车利的产业链浮出水面。	正16% 负84%	4	负向
2021年5月19日	新华网	《半月谈发表评论后，长沙市回应红头文件"闹乌龙"事件》	18日下午，半月谈发表评论认为《红头文件》为"乌龙笑谈"背后，是形式主义官僚主义痼疾难除》，获得网民广泛转发评论。对此，长沙市委市政府高度重视。18日晚，长沙市纪委回应称，已经启动追究党纪、政纪处分。	正0% 负100%	0	中性
2021年5月14日	新华网	《新华社推出中央主要媒体首个青春版客户端》	2021年5月4日，第72个五四青年节，一个透着葱气息的页面扑面而来，几个大字欢跳着青春版来了！橙黄色的按钮扭扭捏捏，让你看它俏皮的提示：点就完事。	正94% 负6%	3	中性
2021年5月9日	新华网	《一批违规自媒体账号被依法约谈》	近期，部分房地产网站平台及自媒体出现炒作房地产政策、散布违规贷款等违法违规行为，严重违背"房住不炒"原则，唱衰经济形势、误导社会公众，造成恶劣影响。市住建委于近日联合启动房地产网站平台及自媒体专项整治行动。	正1% 负99%	0	负向
2021年4月25日	新华网	《各种App都告诉我：你没钱，你得借钱，跟我借！》	现在几乎打开手机上任意一个App，基本都能看到借款入口，当App都借钱给你，"原来宇宙的尽头是铁岭，互联网的尽头是贷款"。	正0% 负100%	0	负向
2021年3月23日	新华网	《新浪新闻第三届"中国科普月"开启 轻松有趣有料新知充电》	3月15日，由新浪新闻、科普中国联合打造的第三届"中国科普月·新知充电站"如约开启。活动不仅邀请到高伟光、金晨、刘宇宁、气运联盟、R1SE赵磊、R1SE赵让、时代少年团、THE9 陆柯燃、硬糖少女303、张艺兴等明星担任科普大使，正准备了各种惊喜互动玩法、等网友来挑战。	正98% 负2%	6	中性
2021年3月21日	新华网	《为流量"一哄而上"，如何斩断"病态"自媒体利益链》	凭借朴实、本分的小本生意，山东"拉面哥"不久前走红网络。然而在过去半个多月里，各路网络主播、自媒体纷纷纷朝"拉面哥"的家乡"集结"，山东临沂一个小村庄成了全国各路自媒体的"闹猪场"。记者调查发现，"谁红就蹭谁"蹭流量"手段被东奔西走，在这背后，隐藏着直播行业"蹭流量"手段被端、利益驱使、不讲规矩等乱象。	正11% 负89%	6	负向

续表

报道时间	传统主流媒体	报道标题	报道的核心内容	百度 AI 判断	Rost 判断	人工修正
2021年1月14日	新华网	《发现一起、处置一起、露头就打　成都新生泾招生宣传自媒体被约谈》	1月14日，成都市教育局发布了《关于对"成都名校"视频号发布不实信息的通报》。通报称："成都名校"视频号发布短视频"成都初中升学率排行榜"，存在炒作升学率和发布虚假不实信息等违规行为，违反了中共中央、国务院《深化新时代教育评价改革总体方案》《关于深化教育教学改革全面提高义务教育质量的意见》，教育部中小学招生"十项禁令"以及《成都市2021年义务教育阶段招生入学工作正面清单和负面清单》等文件中有关严禁公布、宣传、炒作中高考状元和升学率的禁止性规定。	正 0% 负 100%	3	负向
2021年6月19日	人民网	《海南：一批房地产服务网站及自媒体发布虚假广告被约谈》	据介绍，2021年5月20日起，海南省网信办（省互联网信息办公室）会同省住房和城乡建设厅、省市场监督管理局、省公安厅开展为期1个月的房地产领域网络违规宣传广告专项治理行动。共计清理涉宣传海南房地产"不限购""不限贷"虚假宣传广告信息26237条，注销违规账号1355个；清理违规房源（租赁）房源信息15433条，追查处置省外互联网平台合计229条网上虚假房源信息，并对"海南天房网""我房网""鉴房网""海南PLUS""海南租房天房"等一批自媒体账号违规发布不实信息问题依法进行约谈。	正 7% 负 93%	13	负向
2021年6月11日	人民网	《打开App，阅读全文完整浏览网页为何这么难？》	记者调查发现，"打开App，阅读全文"已经成为多数资讯类平台的惯用套路。平台为了吸引新用户"上钩"，硬是阉割了原本能在浏览器里完整展现的信息，然后通过页面弹窗，突出显示等方式布设"陷阱"引导下载App，让人防不胜防。	正 0% 负 100%	9	负向
2021年6月9日	人民网	《辽宁好网民抗疫在行动　新浪微博话题深受大网民欢迎》	5月13、14日，安徽、辽宁相继通报最新疫情。辽宁省网信办积极响应、迅速部署，充分利用各类网络平台，及时发布权威信息和防控举措，宣传辽宁大党员干部特别是护人员尽职尽责、勇于担当的责任感。5月14日21点，辽宁省网信办组织辽宁好网民抗疫在行动#话题，展现辽宁人民防疫众一心合力抗疫的积极性。截至6月7日14点，话题阅读量超过1.7亿人次，讨论量5.5万条，成为广大网民关注热点。	正 96% 负 4%	7	正向

续表

报道时间	传统主流媒体	报道标题	报道的核心内容	百度 AI 判断	Rost 判断	人工修正
2021年5月19日	人民网	《积极回应时代挑战 加快构建全媒体传播格局》	党的十八大以来，以习近平同志为核心的党中央高度重视媒体融合发展，习近平总书记多次发表重要讲话，作出重要指示。特别是2019年1月25日，习近平总书记在中央政治局第十二次集体学习时主持学习，就全媒体时代和媒体融合发展等问题作出部署。总书记这次对推动媒体融合向纵深发展、为我们做好新形势下党的新闻舆论工作指明了努力方向，提供了根本遵循。	正91% 负9%	3	中性
2021年5月15日	人民网	《新时代网络传播与青少年价值观塑造论坛在京举行》	由中国宋庆龄基金会主办，人民日报全国党媒信息公共平台等协办的"Z世代新传播——新时代网络传播与青少年价值观塑造论坛"14日在中国宋庆龄青少年科技文化交流中心举行。	正72% 负28%	4	中性
2021年5月12日	人民网	《公号阅读量如何10万+？这堂新媒体课干货满满》	11日下午，成都大学2021年春季学期《马克思主义新闻观教育与成都新闻实践》系列讲座第一期在成都大学一陵校区举办，本次主讲内容为新媒体写作，主讲人为成都传媒集团首席编辑、成都日报社首席编辑吴晶。	正22% 负78%	0	正向
2021年4月28日	人民网	《向App过度索权说"不"！这部〈规定〉公开征求意见》	近年来，移动互联网的兴起使App得到广泛开发应用，同时App存在的强制索权、过度收集个人信息等问题。也给用户个人信息安全带来严重安全隐患。近日，在国家互联网信息办公室的统筹指导下，工业和信息化部、国家市场监管总局起草了《移动互联网应用程序个人信息保护管理暂行规定（征求意见稿）》，向社会公开征求意见。	正0% 负100%	0	中性
2021年4月22日	人民网	《北京证监局点名微博"大V"提示风险》	4月21日，北京证监局官网发布北京辖区不具备经营证券期货业务资质机构第七批名单，对18家企业网发平台通报"点名"，其中包括新浪微博"王金生""天津帽侠""小红帽爱股票"等多个粉丝量达数万的"大V"。	正3% 负97%	2	负向
2021年3月31日	人民网	《自媒体平台合设置最低提现门槛，合法吗？》	自媒体时代，内容创作成为风口，不少平台为激发用户创作热情，纷纷推出"流量分成""独家奖励"等激励政策。这本该是平台与用户双赢的合作模式，但因未合提现门槛的设置，引发了不少纠纷。日前，广州互联网法院就审结了这样一起案件。	正0% 负100%	0	负向

续表

报道时间	传统主流媒体	报道标题	报道的核心内容	百度AI判断	Rost判断	人工修正
2021年2月5日	人民网	《三部门约谈自媒体"大V" 不得制造购房恐慌情绪》	针对近期一些自媒体和网络"大V"的"唱涨"言论，市住建委、市网信办、北京银保监局三部门于3日联合召开约谈会谈，对北京大土豆、米宅北京、北京大房子、水原十口、饭总选房等5家自媒体进行集中约谈，要求公众账号产运营者在推出涉及房地产市场文章时，坚持"房住不炒"，不得制造购房恐慌情绪。	正3% 负97%	5	负向
2021年2月1日	人民网	《自媒体热搜等列入网信办重点整治范围》	中央网信办研究部署规范全网络传播秩序工作，将重点整治"自媒体"、热搜热榜、PUSH弹窗、短视频平台等存在的扰乱网络传播秩序突出问题。	正23% 负77%	1	中性
2021年1月29日	人民网	《警惕政务新媒体过度娱乐化倾向》	当下新媒体技术环境快速变化，政务新媒体不断与时俱进，积极创新表达方式，力求让政务信息通俗易懂，百姓喜闻乐见。但在追求"接地气"的过程中，一些政务新媒体发布的内容出现了过度娱乐化倾向。	正2% 负98%	3	负向
2021年1月28日	人民网	《全媒体时代国有企业新媒体运营创新的路径选择》	在加快推进媒体深度融合发展中，政府部门和企业扮演什么样的角色、承担什么样的使命，如何创新运营方式发挥好自身作用，一直是业界关注的话题和亟待破解的课题。	正91% 负9%	6	中性
2021年1月14日	人民网	《违规招生宣传 成都一自媒体被市教育局约谈》	14日，成都市教育局发布了《关于对"成都名校"视频号发布不实信息的通报》。该通报显示，"成都名校"视频号发布短视频"成都初中升学率排行榜"，存在炒作升学率和发布违反不实信息等违规行为，违反了中共中央、国务院《深化新时代教育评价改革总体方案》《关于深化教育教学改革全面提高义务教育质量的意见》、教育部中小学招生"十项禁令"以及《成都市2021年义务教育阶段招生入学工作正面清单和负面清单》等文件中有关严禁公布、宣传、炒作中高考状元和尖子学率等的禁止性规定。	正0% 负100%	0	负向
2021年1月14日	人民网	《黑龙江省网信办依法查处一批违法违规"自媒体"账号 净化网络空间》	这些账号和相关人员通过"旧闻新炒""造谣传谣""地域黑"等形式、恶意炒作、抹黑、攻击黑龙江省旅游秩序，破坏营商环境、诋毁政府形象；违反《互联网用户账号名称管理规定》《互联网新闻服务管理规定》，涉嫌冒用、关联机构注册名称，违规发布互联网新闻信息，误导民众，扰乱网络传播秩序、影响较坏。	正63% 负37%	2	负向
2021年7月7日	光明网	《适老化，不只是"大字版"》	越来越多的网站和平台加入适老化改造行列。日前，有媒体报道，为让老年人手机挂号更加顺畅，浙江省对预约诊疗服务平台进行适老化改造，发布了"关怀版"。	正75% 负25%	3	中性

续表

报道时间	传统主流媒体	报道标题	报道的核心内容	百度AI判断	Rost判断	人工修正
2021年7月5日	光明网	《媒体融合发展的有益尝试》	由中宣部等单位联合摄制、中央广播电视总台央视综合频道连续播出的大型文献专题片《敢教日月换新天》受到广泛好评，传播成效斐然。	正95% 负5%	0	正向
2021年6月30日	光明网	《智媒体的发展路径与探索突破》	当下，人工智能应用于新闻传媒业已然成为一种潮流，智媒体受智能化所带来的红利时，也出现了诸如信息生产发布主导权被挤占、社会舆论共识破解挑战及"信息茧房"等问题。正确看待智媒体的发展与优势，应对人工智能技术带来的隐忧，已经成为人们关注的焦点。	正94% 负6%	0	中性
2021年5月22日	光明网	《新媒体时代的"网红"学者们》	伴随新媒体平台的强势崛起，知识分子的"发声"渠道与方式也与过去大不一样。近年来在舆论场上最为活跃的学者，类似罗翔、刘擎、项飙等人，基本上不再依靠报纸、广播、电视等传统传播媒介，他们或依靠年轻人云集的哔哩哔哩而走红，或依靠《奇葩说》之类的网络综艺节目而走红，短视频与知识付费平台等"全媒体"渠道的扩容，给这些知识分子提供了展现才华的舞台。	正75% 负25%	0	中性
2021年5月12日	光明网	《内容平台要自设"红线"》	内容乱象频出，归根结底，一句话：都是流量生意在作祟。眼下，34家平台企业应抓紧自查。不能再让包括视频、网文在内的内容平台种下"歪脖树"，危害年轻人。	正19% 负81%	3	负向
2021年5月8日	光明网	《国家网信办：规范PUSH弹窗推送新闻信息秩序》	针对PUSH弹窗新闻信息中存在的相关问题，将采取哪些整治措施？在5月8日国新办举行的2021年"清朗"系列专项行动发布会上，国家互联网信息办公室新闻发言人、网络传播局局长谢登科表示，针对PUSH弹窗推送新闻信息中存在的稿源失真、内容失当、价值失范、过度推送等一系列突出问题，网信办将进行专项整治，靶向施策和标本兼治。	正88% 负12%	0	中性
2021年4月27日	光明网	《新媒体创业历经十余年磨砺 深入最基层传播社会正能量》	穆向东同志长期致力于网络传媒的研究和实践，带领团队进行新媒体创业，所发表的视频、图片、文字作品均来自基层一线，带着泥土芳香、接着地气，具有较大的影响力，社会反响良好。	正99% 负1%	0	正向
2021年4月25日	光明网	《百度与中信出版集团打造智能化内容平台 共建多场景知识分享内容转化》	4月23日世界读书日，百度与中信出版的国内外一流作者资源和优质内容创作能力，基于百度移动生态的优势与中信出版的国内外一流作者资源上深入挖掘，为上亿内容创作者与信息需求者打造独特的集知识共享、内容创作、阅读分享于一体的智能分享平台。	正99% 负1%	1	正向

续表

报道时间	传统主流媒体	报道标题	报道的核心内容	百度 AI 判断	Rost 判断	人工修正
2021 年 4 月 22 日	光明网	《监管点名：风险极大！这些财经自媒体"大V"，你可能也关注了》	4 月 21 日，北京证监局发布风险预警，通报北京辖区不经营证券期货业务资质机构（第七地）。该名单包括 18 家企业或平台，其中，"天津股侠""小包嘴爱股票""王金生"等微博"大V"坐拥数百万粉丝。	正 0%　负 100%	6	负向
2021 年 4 月 2 日	光明网	《老艺术家被批量造谣，自媒体追求流量要有底线》	知名老艺术家晚景凄凉，被儿子、儿媳刻薄对待，就连生病也无人看管？不久前，84 岁著名演员被网友发现自己被自媒体账号造谣，收割流量。	正 1%　负 99%	3	负向
2021 年 4 月 1 日	光明网	《腾讯内容开放平台全新升级 全平台对比分析助力内容创作》	近日，腾讯内容开放平台（企鹅号）迎来数据能力的又一次重大升级。此次升级不仅涵盖了腾讯内容生态的全渠道、全场景数据，正为创作者带来了多维度数据分析赋能。创作者可以通过日周月环比、趋势景观对比，实时洞察读者的兴趣、偏好，进一步优化创作内容，实现更高效、更精准、更高质量的创作。	正 99%　负 1%	4	正向
2021 年 3 月 5 日	光明网	《建议明确自媒体"洗稿"为侵犯版权法定情形》	近年来，通过他人作品进行内容复制、语序调整、结构重塑和表达转换，给他人作品"包装"为自己原创作品的"洗稿"现象频发。彭静委员建议将"洗稿"明确列为侵犯版权法定情形，规定"洗稿"应承担相应的法律责任。	正 1%　负 99%	3	中性
2021 年 2 月 1 日	光明网	《中央网信办部署加强全平台网络传播秩序管理》	中央网信办研究部署规范全平台网络传播秩序工作，将重点整治"自媒体"、短视频平台等存在的扰乱网络传播秩序突出问题。PUSH 弹窗、热搜热榜……	正 25%　负 75%	0	中性
2021 年 1 月 19 日	光明网	《炒作升学率被叫停，自媒体不是法外之地》	日前，成都市教育局发布通报称，"成都名校"视频号发布短视频，违反《成都市初中义务教育阶段招生入学工作》等文件中有关严禁炒作升学率和发布虚假信息等违规行为，等文件中有关严禁公布、宣传、炒作中高考状元和升学率等正面清单和负面清单规定。成都市委网信办会同成都市教育局、自媒体协会等依法依规对该自媒体进行了约谈。	正 0%　负 100%	0	负向
2021 年 1 月 5 日	光明网	《念好科学育儿经不能迷信自媒体》	关注育儿自媒体，参加付费育儿课程，购买各类博主推荐物……如今，互联网成了诸多年轻父母育儿的首选知识来源。一些网络育儿自媒体炮制的标题，虽然很够引眼球，获取的流量惊人，让人倍增信息感，但内容的科学性和专业性却无法保证，导致育儿伪科学泛滥。年轻父母花了很多钱，却得到毫无用处甚至有害的"知识"，轻者损失钱财，重者危害宝宝生命健康。	正 12%　负 88%	4	负向

于以往约40%的增幅，增长速度明显放缓（见图9-4）。当前移动端阅读已经成为新闻资讯阅读的主要方式，新闻资讯App用户规模基数大，2020年用户规模达到7.43亿人（见图9-5），体量仅次于短视频，网民渗透率较高，已进入增长瓶颈期。

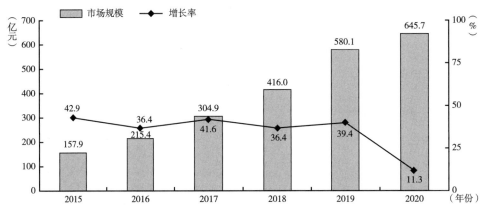

图9-4　2015~2020年新闻资讯App市场规模及增长率

注：本书中很多市场数据来自第三方统计，正如在上一版书前言里曾提到的，此类非一手数据源的采集，很难做到数据的连续、统一。第三方数据源的历史数据如有修正，本书选取修正后的最新结果。

数据来源：艾瑞咨询、国家版权局。

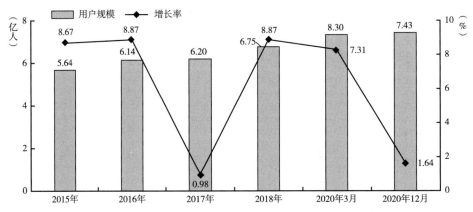

图9-5　2015~2020年新闻资讯App用户规模及增长率

数据来源：CNNIC发布的第37~47次《中国互联网络发展状况统计报告》。

二　视频化新闻资讯成为趋势，时政资讯拓展短视频渠道

随着短视频用户规模的爆发式增长，内容形式也逐渐丰富，新闻资讯成为

短视频平台的主要内容之一。QuestMobile 统计数据显示，2020 年 12 月，在抖音和快手平台上，活跃用户规模亿级以上 KOL 类型分布中，时政资讯类稳居第一，且远远超出第二名（见图 9-6）。具体来看，时政资讯类活跃用户规模亿级以上 KOL 在抖音平台占比 58.6%，在快手平台占比 48%，已成为主要的短视频内容类型。

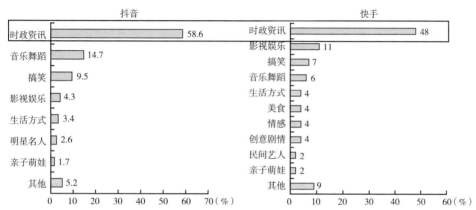

图 9-6　2020 年 12 月抖音和快手平台活跃用户规模亿级以上 KOL 类型分布

注：KOL 类型占比 = 某类型活跃用户规模亿级以上 KOL 数量 / 所在平台所有活跃用户规模亿级以上 KOL 数量。

数据来源：QuestMobile。

三　广告收入仍是主要营收来源，新闻付费进展缓慢

当前我国新闻资讯 App 仍以"免费阅读 + 广告"的盈利模式为主，用户付费阅读新闻的习惯还未养成。聚合新闻平台如今日头条、腾讯新闻、新浪新闻等利用大数据算法，为用户推荐个性化广告，以提高广告的转化率。

随着内容市场的蓬勃发展，用户每天接受大量信息，已经达到信息冗余的程度。此时优质内容成为稀缺资源，我国一些新闻资讯 App 开始尝试付费会员模式，如虎嗅推出的妙投会员（原虎嗅黑卡会员），为用户分门别类地提供独家深度内容。但这种模式目前还未形成趋势，未来发展前景尚不明确。事实上，全球新闻付费进展都比较缓慢，牛津大学路透新闻研究所（Reuters Institute）2021 年 7 月发布的《2021 数字新闻报告》显示，仅有 17% 的受访者曾在过去一年为新闻付费过，这个比例在 2019 年是 15%，2016 年是 12%，增长非常缓慢。绝大多数消费者

拒绝为新闻付费，仅在少数富裕的国家，消费者愿意付费的比例比较高。比如挪威有 45% 的人为新闻付过费，瑞典是 30%，瑞士是 17%，澳大利亚是 13%，大约有 20% 的美国人至少为一家在线新闻机构付过费，德国和英国的这一比例比较低，分别为 9% 和 8%。而没有付费的人群中，只有一小部分表示将来愿意为在线新闻付费。[①] 从全球来看，新闻付费之路仍比较艰难。

四 市场集中度持续提升，头部 App 份额超八成

新闻资讯 App 市场目前已经形成以腾讯新闻、今日头条、网易新闻、新浪新闻等典型 App 为头部的竞争格局。从月活跃用户规模来看，2019 年 8 月今日头条和腾讯新闻分别达到 2.35 亿人和近 2 亿人，远远超过第三名的一点资讯和第四名的凤凰新闻（见图 9-7）。如果以 Top4 新闻资讯 App 累计月活占 Top8 累计月活的比例来粗略计算市场集中度，该数值达到 84.5%，这说明头部产品市场主导能力非常强。

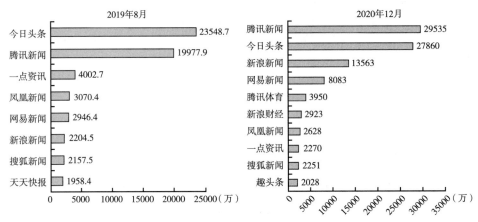

图 9-7 2019 年 8 月和 2020 年 12 月典型新闻资讯 App 月活跃用户规模

数据来源：极光大数据，QuestMobile。

从 2020 年 12 月月活跃用户规模排名前十的新闻资讯 App 来看，头部格局保持稳定，腾讯新闻、今日头条、新浪新闻、网易新闻领跑。以同样的方法计算得出的市场集中度约为 83.1%，同比略降，但集中度仍处于很高的水平。

---

① 腾讯媒体研究院 .2021 数字新闻报告：全球新闻媒体在线付费情况 [EB/OL].2021-7-16[2021-10-19].http://www.199it.com/archives/1279381.html.

不难看出，新闻资讯 App 头部产品都是聚合类新闻客户端。在这类平台上，新闻种类丰富，内容资源多，垂直类资讯和新闻媒体以账号入驻的方式发布信息。聚合类新闻资讯 App 领域竞争激烈，对中小平台挑战较大，相对来说，垂直类新闻资讯 App、专业新闻资讯 App 仍有可拓展的市场空间。

第四节　投资动向与投资价值评估

一　投资数量和投资金额都大幅下降

自 2016 年以来，新闻资讯 App 领域投资数量连续下降，2018 年后大幅下降，到 2020 年仅有 2 起投资事件。投资金额在 2018 年达到了近 6 年的巅峰，随后也是大幅下降（见图 9-8）。2018 年投资金额出现明显的上涨，主要由于当年出现了大额投资事件，其中最大的一笔是腾讯、顺为资本、小米集团等机构对趣头条 2 亿美元的 B 轮投资，其次是四川文化产业股权投资基金对封面新闻数亿人民币的 Pre-A 轮投资，另外还有众多数千万美元或数千万元的投资事件。

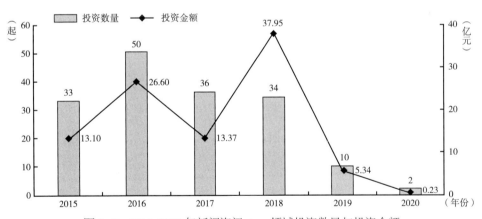

图 9-8　2015~2020 年新闻资讯 App 领域投资数量与投资金额

数据来源：IT 桔子。

二　新增企业数量下降至 0

2015 年后，新闻资讯 App 领域新增企业数量持续下降，已经从 2015 年的 136 家降至 2019 年的 10 家，2020 年甚至无新增企业（见图 9-9）。随着信贷环境收缩，投资日益谨慎，资金更多流向相对成熟、发展较快的成长型企业，该领域创业活跃性下降明显。

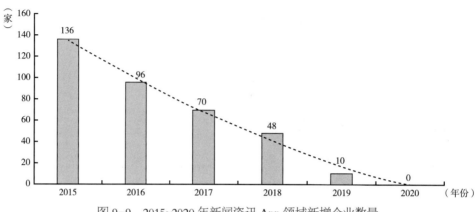

图 9-9　2015~2020 年新闻资讯 App 领域新增企业数量

数据来源：IT 桔子。

三　垂直类新闻资讯 App 仍为最受关注的方向

2019 年和 2020 年新闻资讯 App 领域的投资热点与 2018 年类似，仍集中于垂直类新闻资讯 App。由于总共仅有 12 起投资事件，故在具体垂类上并无规律。涉及的企业包括生活方式类资讯平台"速报酱"（分享日系潮流生活方式的泛媒体平台）、教育类资讯平台"青塔"（聚焦于高等教育大数据挖掘和研究分析，传播高等教育客观数据和相关资讯）、医疗资讯平台"百科名医"（健康科普知识发布和交流平台）、互联网资讯及服务提供商"36 氪传媒"、时尚类平台"If时尚"（女性情感及时尚自媒体）、行业资讯平台"爱集微"（关注行业领军人物、前沿技术、行业现状及未来趋势）、科技媒体"硅谷密探"等。2020 年新闻资讯 App 领域投资事件高频词及对应的投资数量如图 9-10 所示。

四　新闻资讯 App 投资价值评估结果：很低（★）

根据第一章第三节所述的投资价值评估方法，新闻资讯 App 领域的投资价值评估结果为★，即风险大于机会，未来发展不确定，当前不利于投资进入。具体如表 9-3 所示。

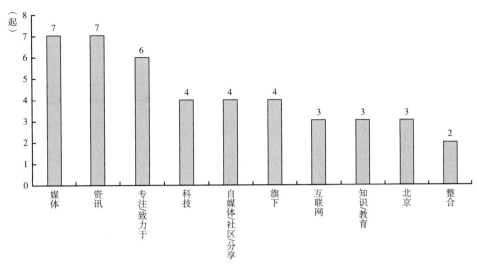

图 9-10　新闻资讯 App 领域投资事件高频词及对应的投资数量

数据来源：IT 桔子。

表 9-3　新闻资讯 App 投资价值综合评估结果

序号	一级指标	一级指标得分	二级指标	二级指标原始数据	原始数据标准化	二级指标得分
1	基础规模	2.5	市场规模	645.7 亿元	0.121	★
			用户规模	7.43 亿人	0.755	★★★★
2	发展速度	2	市场规模增长率	11.31%	0.059	★
			用户规模增长率	1.64%	0.569	★★★
3	转化程度	1	付费转化率	—	0.000	★
4	竞争程度	1	市场集中度	83.10%	83.10%	★
5	活跃程度	1	新增企业数量增长率	−100.00%	0.000	★
			投资数量增长率	−80.00%	0.000	★
			投资金额增长率	−95.69%	0.000	★
6	相关政策导向	2	相关政策支持程度	规定个人信息收集范围，通报违规 App，偏负向		★★
7	传统主流媒体报道倾向	2	传统主流媒体报道倾向程度	正向占比减去负向占比的值为 −24 个百分点，偏负向		★★
			加权总计结果			9.50
			综合结果			★

第五节　未来发展趋势

新闻资讯 App 将积极转型视频化内容，拓展变现渠道。当前我国新闻资讯 App 领域已经进入存量竞争阶段，2020 年用户规模达到 7.43 亿人，网民渗透率达到 75%。聚合类新闻资讯 App 抢占头部市场，且竞争格局稳固。随着短视频迅速抢占用户时长，新闻资讯 App 接下来的竞争将转向短视频战场。

用户对新闻资讯类 App 的需求主要表现为两个方面：一是获取权威可信的新闻，二是了解相关领域的知识。相比于图文形式，视频形式非常适合新闻资讯的发布，可以充分还原新闻现场，确保新闻的真实性。对于垂直领域内容、知识类资讯，视频形式比图文形式更加灵活生动，可以给用户留下深刻印象。

技术方面，5G、4K/8K 超高清视频技术有助于提升用户的观赏体验，而智能算法推荐技术可以根据用户偏好推送精准信息。另外，当前短视频已形成以电商、广告、内容付费为主的成熟商业模式，新闻资讯 App 内容的视频化转型，可依托于短视频成熟的变现体系，拓展多元化的营收渠道。

第十章

在线教育市场格局与投资观察

第一节　在线教育概述

一　在线教育界定

在线教育是通过信息通信技术和互联网技术进行内容传播和学习的方法，在线教育的营销、内容交付、核心学习行为都是以互联网为载体进行的。互联网和移动互联网为教育内容的传播者和学习者创造了突破时间和空间限制的条件，教育者、学习者可以随时随地传播、获取知识。

广义的在线教育既包括to C模式又包括to B模式。to C模式的客户为学生、家长、老师等终端用户群体，最终由学员买单，偏向于互联网教育。to B模式的客户为政府教育管理机构、学校等教育机构，最终由机构买单。本研究关注的在线教育主要为to C模式。

二　在线教育发展历程

在线教育经过了约30年的发展，随着信息通信技术的更新迭代，其产品的展现方式、商业模式也在不断创新升级。在线教育的发展可大致分为数字化教育、"互联网＋教育"、"移动＋教育"、"智能＋教育"四个阶段（见图10-1）。

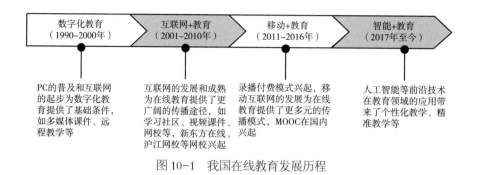

图 10-1 我国在线教育发展历程

第二节 发展环境

一 政策环境："双减"政策严整 K12 教培市场，行业将迎来重大变革

2016~2019 年，国家大力推进教育信息化，对包括在线教育在内的数字教育给予大力支持，多件政策均提出要从资源、平台、产品、技术、服务、标准等层面，支持鼓励数字教育课程、产品、平台的开发。同时，也对在线教育企业进行规范监管，如 2018 年 11 月教育部、国家市场监管总局、应急管理部三部门联合印发的《关于健全校外培训机构专项治理整改若干工作机制的通知》，明确指出要"按照线下培训机构管理政策，同步规范线上教育培训机构"。2018 年 12 月教育部办公厅发布的《关于严禁有害 App 进入中小学校园的通知》提出"各地要建立学习类 App 进校园备案审查制度"，要求学校把好内容关。

2020 年以来，政策持续鼓励在线教育发展，同时进一步规范校外培训市场。在线教育有助于推进教育资源均衡发展，促进教育公平。无论是国家层面，还是相关主管部门，都对包括在线教育在内的数字教育给予大力支持。2020 年，教育部发文提出"建立健全利用信息化手段扩大优质教育资源覆盖面"，国家发展改革委等十三部门发文提出"大力发展融合化在线教育"。2021 年，教育部等五部门发布《关于大力加强中小学线上教育教学资源建设与应用的意见》，指出到 2025 年，基本形成定位清晰、互联互通、共建共享的线上教育平台体系，覆盖各类专题教育和各教材版本的学科课程资源体系。这体现了国家对在线教育发展持续支持的态度。

随着社会竞争压力的增加，教育成为"内卷"最严重的战场之一，课外培训机构大肆扩张，在线教育市场发展良莠不齐。规范校外培训市场成为近年来政策的重点方向之一。教育部等相关部门相继出台了一系列监管政策，引导在线教育市场规范运行。早在 2018 年，教育部等三部门印发的《关于健全校外培训机构专项治理整改若干工作机制的通知》就提出了要规范线上教育培训机构。2019 年 7 月，教育部等六部门发布的《关于规范校外线上培训的实施意见》是国家层面颁布的首个规范线上培训的文件，它对培训内容、培训市场、培训教师作出了具体的规定。2019 年 8 月，教育部等八部门发布的《关于引导规范教育移动互联网应用有序健康发展的意见》是国家层面颁布的第一个规范教育 App 的监管文件，对未成年人保护、用户隐私、数据安全等进行了规定。2021 年 7 月，中共中央办公厅、国务院办公厅发布的《关于进一步减轻义务教育阶段学生作业负担和校外培训负担的意见》（即"双减"文件），提出坚持从严审批机构，要求各地不再审批新的面向义务教育阶段学生的学科类校外培训机构，现有学科类培训机构统一登记为非营利性机构；明令禁止学科类培训以各种方式上市；线上培训机构不得提供和传播"拍照搜题"等惰化学生思维能力、影响学生独立思考、违背教育教学规律的不良学习方法。此举将从根本上规整校外培训行业，K12 校外培训市场迎来重大震荡，相关在线教育机构也将面临转型或变革。政策主要内容见表 10-1。

二　舆论环境：传统主流媒体报道以负向为主

2021 年，传统主流媒体关于在线教育报道的高频词为"烧钱""套路""机构""乱象""规范"等（见图 10-2）。自新冠肺炎疫情以来，在线教育平台疯狂扩张过程中暴露的一系列乱象引起媒体关注。

总的来说，2021 年传统主流媒体对在线教育的报道以负向为主，占比达 53%；正向报道数量仅占 25%，中性报道占比为 22%（见图 10-3）。其中，正向报道主要探讨了在线教育在新冠肺炎疫情下给我国教育稳步向前所带来的方便和利好；中性报道主要探讨目前行业内亟待出台相关政策法规；负向报道则重点批评了疫情以来在线教育平台"虚火"、"贩卖焦虑"、虚假"0 元学"等乱象。报道的核心内容及倾向性判断详见表 10-2。

表10-1　在线教育相关政策梳理

发布时间	发布机构	文件名称	主要内容
2021年7月	中共中央办公厅、国务院办公厅	《关于进一步减轻义务教育阶段学生作业负担和校外培训负担的意见》	<ul><li>做强做优免费线上学习服务。教育部门要征集、开发丰富优质的线上教育教学资源，利用国家和各地教育教学资源平台及优质学校网络资源，免费向学生提供高质量专题教育和覆盖各年级各学科的学习资源，推动教育资源均衡发展，促进教育公平。各地要积极创造条件，组织优秀教师开展免费在线互动交流答疑。各地各校要加大宣传推广使用力度，引导学生用好免费线上优质教育资源。</li><li>坚持从严审批机构。各地不再审批新的面向义务教育阶段学生的学科类校外培训机构，现有学科类培训机构统一登记为非营利性机构。对原备案的线上学科类培训机构，改为审批制。各省（自治区、直辖市）要对已备案的线上学科类培训机构全面排查，并按标准重新办理审批手续。未通过审批的，取消原备案登记和互联网信息服务业务经营许可证（ICP）。对非学科类培训机构，各地要明确主管部门，分类制定标准、严格审批。依法依规严查线上线下非学科类培训机构的资质条件。未经审批、未备案审查批准，未取得相应资质、无证无照经营，利用网课变相开展学科类培训、盗版侵权突出问题，严格执行未成年人保护有关规定，校外培训机构不得占用国家法定节假日、休息日及寒暑假期组织学科类培训。</li><li>积极探索利用人工智能技术合理控制学生线上培训时间。线上培训机构不得提供和传播"拍照搜题"等惰化学生思维能力、影响学生独立思考、违背教育教学规律的不良学习方法。</li><li>不得开展面向学龄前儿童的线上培训，严禁以学前班、幼小衔接班、思维训练班等名义面向学龄前儿童开展线下学科类（含外语）培训。</li></ul>
2021年1月	教育部、国家发展改革委、工业和信息化部、财政部、国家广播电视总局	《关于大力加强中小学线上教育教学资源建设与应用的意见》	<ul><li>到2025年，基本形成定位清晰、互联互通、共建共享的线上教育平台体系，涵盖建设运营、资源开发、教学应用、推进实施等方面的政策保障机制，覆盖各类专题教育和各教材版本的学科课程资源体系。学校终端配备和网络条件满足教育教学需要，师生信息化素养和应用能力显著提升，利用线上教育资源教与学习惯成为新常态。优质线上教育资源共享和质量提升的作用得到有效发挥。</li><li>完善、信息化推动教育公平发展和质量提升的作用得到有效发挥。</li></ul>
2020年7月	国家发展改革委等十三部门	《关于支持新业态新模式健康发展 激活消费市场带动扩大就业的意见》	<ul><li>大力发展融合化在线教育。构建线上线下教育常态化融合发展机制，形成良性互动格局。市场化优秀在线课程资源，探索纳入部分教育阶段的日常教学，并在部分教学体系，深化普及"三个课堂"应用等。试点开展基于线上智能环境的课堂教学、社会化，市场化优秀在线课程资源，探索纳入部分教育阶段的日常教学，并在部分教学先行先试，鼓励加大投入和教师培训力度，完善在线教育知识产权保护、内容监管、市场准入等制度规范，形成高质量线上教育资源供给。允许购买并适当使用符合条件的师资培训力度，完善在线教育知识产权保护、内容</li></ul>

续表

发布时间	发布机构	文件名称	主要内容
2020 年 3 月	教育部	《关于加强"三个课堂"应用的指导意见》	• 到 2022 年，全面实现"三个课堂"在广大中小学校的常态化按需应用，建立健全利用信息化手段扩大优质教育资源覆盖面的有效机制，开不齐开不好课的问题得到根本改变，课堂教学质量显著提高，教师教学能力和信息素养持续优化，学校办学水平普遍提升，区域、城乡、校际差距有效弥合，推动实现教育优质均衡发展。
2019 年 9 月	教育部	《关于应用"全国校外线上培训管理服务平台"开展学科类校外线上培训机构备案工作的公告》	• 设白、灰、黑名单，要求学科类校外线上培训机构通过全国校外线上培训管理服务平台备案。
2019 年 9 月	教育部等十一部门	《关于促进在线教育健康发展的指导意见》	• 提出要扩大优质资源供给，构建扶持政策体系，形成多元管理服务格局，加强部门协同监管，强化行业自律等。进一步明晰教师资格要求，同时加强对教师资质的监管。在线教育经营规范方面，要求在培训平台的显著位置公示收费项目、标准及退费办法。严禁超出服务能力收取预付费用，不得用于其他投资。
2019 年 8 月	教育部等八部门	《关于引导规范教育移动互联网应用有序健康发展的意见》	• 以未成年人用户为主的教育移动应用应限制使用时长，对内容进行严格把关；具备留言功能的应建立信息审核制度；培训人员应当取得相关资质，严禁强迫用户授权提供个人隐私信息；严格落实《网络安全法》，推动建立信息安全审核和认证。
2019 年 8 月	教育部等三部门	《关于做好外商投资经营性非学历语言类培训机构审批登记有关工作的通知》	• 明确外资语言类培训机构开展培训依规申请办学许可，要求开展线上培训的需按照有关规定执行；要求聘用的外籍教学人员应具有良好的职业道德，业务能力和相关特点的相关国际语言教学资质，并取得相应外国人工作许可证。
2019 年 7 月	教育部等六部门	《关于规范校外线上培训的实施意见》	• 培训内容不得超标超纲；培训时长每节课不得超过 40 分钟，直播类培训结束时间不得晚于 21:00；不得聘用中小学在职教师；每科不得一次性收取超过 60 课时的费用。2019 年 12 月底前完成对全国校外线上机构的备案排查；2020 年 12 月底前基本建立全国统一、部门协同，上下联动的监管体系，基本形成政府科学监管，培训有序开展，学生自主选择的格局。
2018 年 12 月	教育部办公厅	《关于严禁有害 App 进入中小学校园的通知》	• 严格审查进入校园的学习类 App。各地要建立学习类 App 进校园备案审查制度，按照"谁选用谁负责""谁主管谁负责"的原则建立"双审查"责任制，学校和学校主管部门要把好选用关，应用审查 App 的内容及链接，应用功能等，并报上级教育主管部门备案审查。
2018 年 11 月	教育部、国家市场监督管理总局、应急管理部	《关于健全校外培训机构专项治理整改若干工作机制的通知》	• 强化在线培训监管。省级教育行政部门要做好面向中小学生的利用互联网技术在线实施学科类培训教育活动的机构的备案工作，切实把好入口关。按照在线下培训监管政策，同步规范线上教育培训机构的名称、培训内容、招生对象、进度安排，上课时间等须在机构所在地省级教育行政部门备案，必须将教师的姓名、照片、教师班次及教师资格证号在其网站首页显著位置予以公示。
2018 年 10 月	教育部等八部门	《综合防控儿童青少年近视实施方案》	• 严禁学生个人手机、平板电脑等电子产品带入课堂，带入学校的要进行统一保管。学校教育本着按需的原则合理使用电子产品，使用电子产品开展教学时长原则上不超过教学总时长的 30%，原则上采用纸质作业。教师布置作业不依赖电子产品，原则上采用纸质作业。

续表

发布时间	发布机构	文件名称	主要内容
2018年4月	教育部	《教育信息化2.0行动计划》	• 遴选万堂示范课例。以推出国家精品在线开放课程等为依托，设定专门制作标准和评价指标，遴选万堂优秀课堂教学案例，包括1万堂基础教育示范课（含普通中小学校示范课、少数民族语言示范课、学前教育示范课）、1000堂职业教育示范课、200堂继续教育示范课，推出3000门国家精品在线开放课程，建设7000门国家级和1万门省级线上线下高等教育精品课，充分发挥示范课例的辐射效能。 • 加快面向下一代网络的高校智能学习体系建设。适应5G网络技术发展，服务全时域、全空域、全受众的智能学习新要求，以国家精品在线开放课程、示范性虚拟仿真实验教学项目等为重点，能力培养和素质提升的效率和效果为目标，加快建设在线智能学习空间、智能实验室、智能教室、虚拟工厂（医院）等智能学习空间，积极探索基于区块链、大数据等新技术的智能学习效果记录、转移、交换、认证等有效方式，形成泛在化、智能化等学习体系，推进信息技术和智能技术深度融入教育教学全过程，打造教育发展国际竞争新增长极。
2017年1月	国务院	《国家教育事业发展"十三五"规划》	• 加快完善制度环境。制定在线教育和数字教育资源质量标准，推动建立数字教育资源准入和监管机制，完善数字教育资源知识产权保护机制，鼓励企业和其他社会力量开发数字教育资源，形成公平有序的市场环境，培育社会化的数字教育资源服务市场，探索建立"互联网+教育"管理规范，发展互联网教育服务新业态。 • 发展现代远程教育和在线教育，实施"互联网+教育培训"行动，支持"互联网+教育"教学新模式，发展"互联网+教育"服务新业态。
2016年6月	教育部	《教育信息化"十三五"规划》	• 推动形成基于信息技术的新型教育教学模式与教育服务供给方式，形成与教育现代化发展目标相适应的教育信息化体系。 • 发展目标：形成一批基于信息技术的针对性的信息化教学、管理创新模式。发展在线教育与远程教育，推动各类优质教育资源开放共享，向全社会提供服务。 • 主要任务：不断扩大优质教育资源覆盖面。创新推进"名校网络课堂"建设，使名校优质教育资源在更广范围内得到共享，积极支持、推进高等学校继续教育数字化资源开放和在线教育联盟，大学与企业继续教育资源联盟，扩大优质教育资源服务面。 • 加快探索数字教育资源服务供给模式，有效提升数字教育资源服务水平与能力。
2016年6月	原国家新闻出版广电总局	《新闻出版业数字出版"十三五"时期发展规划》	• 以内容建设为纽带，通过数字化方式，大力发展在线学习与培训业务工程，实现由教育出版领域向教育服务商转型。 • 实施数字出版产业化应用服务示范工程。在教育出版领域，支持出版单位开发数字教育内容资源产品，支持数字教材教辅资源系列标准化；研发数字教育、高等教育、职业教育和在线培训等领域的整体解决方案，结合教育信息化发展规划要求，分类推进一批出版基础领域，探索数字出版在基础教育、高等教育、职业教育和在线培训等领域的服务模式，提升教育出版内容资源运营能力和水平。

图 10-2 2021 年在线教育领域传统主流媒体报道关键词分布

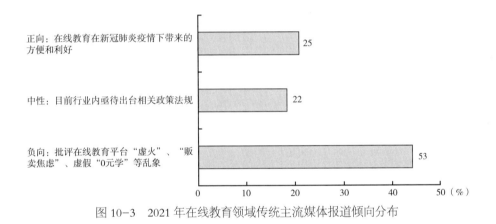

图 10-3 2021 年在线教育领域传统主流媒体报道倾向分布

第三节 市场运行现状

一 市场规模持续快速增长，用户规模突增后回落

2020 年我国在线教育领域市场规模达到 2573 亿元，同比增长 35.49%（见图 10-4），持续保持高速增长态势。2021 年 7 月，中共中央办公厅、国务院办公厅发布的《关于进一步减轻义务教育阶段学生作业负担和校外培训负担的意见》（即"双减"文件），对校外培训机构进行了严厉规整，K12 校外培训市场经历重大震荡，K12 市

表10-2 在线教育报道梳理及倾向性判断

报道时间	传统主流媒体	报道标题	报道的核心内容	百度AI判断	Rost判断	人工修正
2021年5月25日	新华网	《教培行业面临严监管 在线教育股市值缩水》	5月21日，中央全面深化改革委员会第十九次会议审议通过《关于进一步减轻义务教育阶段学生作业负担和校外培训负担的意见》，强调要全面规范管理校外培训机构，坚持从严治理，对不符合资质，借机敛财、虚假宣传的机构要严肃查处。当日，美股中概股在线教育板块集体下挫，好未来跌幅超10%，高途跌幅超10%。	正0% 负100%	-3	负向
2021年5月20日	新华网	《在线教育重在"诚信在线"》	近日，某在线教育机构在其官方网站谎称"与联合国合作"，虚构教师任教经历，引用不真实用户评价。因其虚假商业宣传，诱骗消费者交易等行为，国家市场监管部门对其进行行政处罚。	正41% 负59%	0	负向
2021年5月7日	新华网	《在线教育培训机构不得聘用中小学在职教师》	日前，天津市消费者协会对外发布《K12在线教育服务与评价》团体标准。对于消费者普遍关心的师资问题，标准明确在线教学的外籍教师，应来自以英语为母语语言为英语的国家，且具备国际外教资质认证机构所颁发的相应证书。	正12% 负88%	0	中性
2021年5月6日	新华网	《国内首个K12在线教育团体标准发布，网易同步道精品课参与标准制定》	4月30日，天津市消费者协会对外发布《K12在线教育服务与评价》团体标准。作为国内首个K12在线教育团体标准，该标准将为规范在线教育服务提供参考依据。	正99% 负1%	7	正向
2021年4月29日	新华网	《在线教育营销这"坑"消费者常吃哑巴亏》	4月25日，北京市市场监管局发布消息称，因价格违法，虚假宣传等行为，新东方在线、高思四家校外教育培训机构被顶格罚单50万元。	正0% 负100%	-1	负向
2021年3月27日	新华网	《在线教育通病为何如此难治？》	一年前的"3·15晚会"点名嗨学网虚假宣传，在线教育平台乱象不减，退费难，预付费难退课程仍旧是投诉热点，还出现了无以低价授课。记者近日调查发现，再以电话密集精销授课的营销新套路。针对在线教育一再出现的顽疾痼疾、专家呼吁、治理行业乱象应重拳出击，监管部门需加大日常巡查力度。	正0% 负100%	-10	负向
2021年3月16日	新华网	《在线教育"0元学"为何成"空头支票"》	中国在线教育规模近年来迅速扩张，随之而来的负面新闻成连不断。教育机构为快速扩大用户数量，各自努力办法促销。"0元学"打卡返现"即集其中之一。	正0% 负100%	0	负向
2021年2月22日	新华网	《资本为何看好在线教育》	谁都知道春晚广告贵，在线教育企业敢一掷千金，是因为它们"不差钱"——据统计，2020年在线教育领域的融资总额达到了历史高位，超过539.3亿元，同比增长267.37%，比2016年到2019年这4年的融资总额都多。	正17% 负83%	9	中性
2021年2月17日	新华网	《在线教育"烧钱"营销大战该降温了》	在线教育平台如果真要做教育，必须回归基本的教育理性。教育培训主要是要满足小部分学生的差异化需求，如果基于"全民培训""一家独大"思维打造在线教育平台，其前景要打一个大问号。在线教育营销大战对在线教育发展都具有很大风险，亟须制定科学的在线教育行业发展规范，让"烧钱"营销大战高温尽快降下来。	正0% 负100%	-3	中性

续表

报道时间	传统主流媒体	报道标题	报道的核心内容	百度 AI 判断	Rost 判断	人工修正
2021 年 2 月 9 日	新华网	《名师擅脸乱象被曝出 在线教育机构需回归教育本位》	近期，名师擅脸、猿辅导、作业帮、高途课堂，清北网校四家在线教育头部公司的广告因为"擅脸"被刷屏，它们均请到了同一位"老师"。很快，这位"全能老师"的另一个身份被人扒出，她是一位在某视频网站拥有 200 多万粉丝的"网红"。	正 53% 负 47%	-2	负向
2021 年 2 月 5 日	新华网	《决战"下半场"，在线教育烧钱营销后的发展困局》	广告代理商要事先把流量转化以内容调动的责任。为了让家长能认广告中点击课、报名试听课，广告代理倾向以内容调动，令张的广告来吸引眼球……吸引眼球的低价和教辅课大礼包，加快了在线教育机构的市场渗透速度，与此同时，低价营销的获客策略使机构的获客成本不断攀升。	正 16% 负 84%	-5	负向
2021 年 1 月 30 日	新华网	《在线教育"虚火"有多旺》	随着课外培训方式由线下转到线上，市场需求显著增长，各路融资不断入场，在线教育"流量"倍增，资历造假、卷钱跑路、隐私泄露，贩卖焦虑等怪象频出。记者调查发现，在线教育"发起了高烧"。	正 89% 负 11%	3	负向
2021 年 1 月 22 日	新华网	《51Talk 高级副总裁谈在线教育行业发展需要诚信守诺，规范发展，需要规范发展，是每一家在线教育企业的最好出路。	1 月 19 日，在北京市消费者协会指导下，由新华网倡议发起的"互信守诺同共治"在线教育服务高峰论坛在北京新华媒体创意工场举行。51Talk 高级副总裁在致辞时表示，在线教育需要诚信守诺，需要规范发展，也是每一家在线教育企业的核心标准，也是每一家在线教育企业的最好出路。	正 97% 负 3%	3	正向
2021 年 1 月 21 日	新华网	《在线教育拷贝贝互联网"快攻"大租暴》	在线教育行业种种乱象遭遇网民诟病话两已久。制造焦虑，诱导网贷，私自修改课程内容，退费困难……在一个投诉平台上，单独针对未公司的投诉就多达上千条。	正 2% 负 98%	3	负向
2021 年 1 月 18 日	新华网	《资本旋涡下的在线教育》	寒假将至，猿辅导、作业帮在线教育平台又活跃起来。微信朋友圈，抖音、电视广告、地铁站、公交站、楼宇电梯广……学龄孩子家长目光所及之处，基础教育在线平台的广告一个也不放过。	正 89% 负 11%	0	负向
2021 年 6 月 27 日	人民网	《云端平台点燃担使命 教育云课堂"炉火"》	"中共贵州省工委第一任书记林青，面对敌人的严刑拷打，坚贞不屈，英勇就义，用生命诠释了共产党人忠诚不渝，不怕牺牲的崇高品格……"日前，武警贵州总队贵阳支队官兵看后红了眼眶，纷纷在评论区点赞留言。	正 80% 负 20%	0	正向
2021 年 6 月 17 日	人民网	《监管下的在线教育，合规发展将是必由之路》	近日，15 家校外培训机构因违规宣传，价格欺诈等行为被顶格罚款 3650 万元，这让在线教育再次成为舆论关注的焦点。	正 15% 负 85%	0	负向

续表

报道时间	传统主流媒体	报道标题	报道的核心内容	百度 AI 判断	Rost 判断	人工修正
2021年6月15日	人民网	《在线学习"零距离" 红色资源活起来》	线上直播微党课，在线观看党史纪录片，VR 云游红色革命遗址，线上开展党史知识"擂台赛"……这个端午假期，因疫情防控需要，广东多地发出"就地过节、少扎堆"的倡议，多样的线上学习形式，让党史学习教育不断档。	正90% 负10%	0	正向
2021年3月31日	人民网	《指尖课堂让党史学习教育常态在线"不打烊"》	推动党史学习教育在广大党员干部中开花结果，落地生根，是当前一项重要的政治任务。贵州省毕节市大方县制订了专题学习计划，在党员领导干部集中学习的基础上，充分利用新媒体平台，把学习教育阵地建在线上，打造"指尖课堂"平台，形成资源共享，数据互联的党史学习教育新模式，引导党员利用"指尖课堂"补足"精神之钙"，随时随地点播学习，推动党史学习教育常态在线"不打烊"	正33% 负67%	3	正向
2021年3月29日	人民网	《起底在线教育乱象："话术"+"套路" 收割家长》	超预期的加速发展也使在线教育乱象频出。"课程低价促销"，网络媒体高强度宣传，推送内容质量参差不齐等现象，给学生和家长带来了心理焦虑。东北育才学校党委书记、校长高琛说。	正1% 负99%	-2	负向
2021年3月12日	人民网	《我遭遇了在线教育机构的"信息轰炸"》	这段时间，短视频平台各投放了很多在线教育机构的广告，这些广告大多针对小学低年级语文、数学、英语的辅导，价格8~40元不等，有的还冠以名人站台，宣称为了抢占市场，低价辅导是培训机构送给家长们的福利。	正0% 负100%	0	负向
2021年3月9日	人民网	《警惕在线教育"顺丰"焦虑 加重学生负担》	新冠肺炎疫情期间"停课不停学"，推动我国展开了大规模的在线教育实践，然而伴随在线教育爆炸式发展，不少问题也暴露出来，在线教育乱象成为今年全国两会上许多代表委员关注的问题。	正0% 负100%	-7	负向
2021年3月4日	人民网	《响应北京教委要求 高途课堂等在线教育机构全面公示教师资质》	近期，北京市教委对线上培训的实施意见，向备案在线教育机构下发通知，要求其根据教育部等六部门《关于规范校外线上培训的实施意见》的要求，对从事学科知识培训的人员的资格进行排查，具体要求为全面核查教师资质，按要求公示信息，逐一审核课程。	正96% 负4%	6	中性
2021年2月19日	人民网	《在线教育行业虚假宣传时有发生 监管难题亟待解决》	近年来，在线教育行业发展迅猛。由于大量资本疯涌入和监管缺失，许多线上培训机构已背离了教育初衷，虚假宣传、卷线跑路等时有发生。	正0% 负100%	-19	负向
2021年1月25日	人民网	《在线教育，莫背离教育初衷》	对于在线教育机构来说，无论融资规模有多大，都不能背离教育的初衷。要把精力放到教学上，守住服务的质量底线。	正37% 负63%	0	中性

续表

报道时间	传统主流媒体	报道标题	报道的核心内容	百度 AI 判断	Rost 判断	人工修正
2021 年 1 月 24 日	人民网	《杨朝霞委员：用智慧监管制度规范在线资金监管成人继续教育机构》	北京市政协委员、石景山区信访办督查科科长杨朝霞带来了《规范在线成人教育机构资金监管制度管理的几点建议》提案，呼吁建立符合行业规律的智慧资金监管制度，让在线成人教育健康发展。	正 89% 负 11%	7	中性
2021 年 1 月 21 日	人民网	《在线教育机构"复制"广告套路翻车 教师们同学科卷来回换》	1 月 20 日，北京商报记者发现，相亲争议广告已被机构撤下。在广告翻车背后，折射出的是在线教育营销越来越趋向"内卷"的现实。不健康的营销和推广方式何时才能结束，是业内需要共同思考的问题。	正 2% 负 98%	0	负向
2021 年 1 月 20 日	人民网	《在线教育"鸟龙广告"折射市场乱象》	近日，猿辅导、作业帮、高途课堂、清北网校四家在线教育头部企业的广告在微信朋友圈和社群刷屏，原因在于这四家公司请了同一位"老师"为其做广告，一会儿是数学老师，一会儿是英语老师。就在网站刊文直指风口浪尖上的在线教育乱象与监管问题。该话题冲上热搜之际，1 月 18 日，中央纪委国家监委网站刊文直指风口浪尖上的在线教育乱象与监管问题。	正 7% 负 93%	-2	负向
2021 年 1 月 15 日	人民网	《瑞银报告称中国在线教育家长满意度首超线下，火花思维、学而思培优、好未来并列领先》	近日，瑞银发布投资研究报告称，中国在线教育平台的家长满意度首次超过了线下，火花思维、学而思培优、好未来并列为家长满意度水平最高的教育品牌。	正 99% 负 1%	0	正向
2021 年 1 月 5 日	人民网	《慕课在多大程度上塑造了在线教育》	目前，世界慕课大会在北京召开。慕课，即英文"大规模开放在线课程"词首字母组合（MOOC）的音译，其来到中国已八载。慕课的概念在 2008 年被提出，2012 年在美国爆发式增长。自 2013 年起，慕课在中国得到了飞速发展，并开放作高等教育的一场变革。不过，时隔 8 年回头看，我们最初对慕课趋势的预判，并没有完全实现。	正 82% 负 18%	6	中性
2021 年 6 月 8 日	光明网	《国内首个教育开源社区向全球高校学生开放》	《中华人民共和国国民经济和社会发展第十四个五年规划和二〇三五年远景目标纲要》提出，支持数字技术开源社区等创新联合体发展。落实《纲要》精神，近日北京师范大学刘坚教授领衔其博士生团队及在线教育网络社区 OpenCT，加入了由中科院软件所所举办的"开源软件供应链点亮计划—暑期 2021"，这是国内首个教育类开源社区。	正 99% 负 1%	3	正向
2021 年 6 月 7 日	光明网	《我国在线教育交出亮眼成绩单》	5 月 21 日、22 日，云南漾濞、青海玛多等地接连发生 6.4 级、7.4 级地震。中国教育电视台与当地教育电视台联系，将机顶盒等地接收设备送往当地，孩子们无论在当地，只要能看电视的家里，只要能看电视的家里，一堂课都不会落下。	正 78% 负 22%	3	正向

续表

报道时间	传统主流媒体	报道标题	报道的核心内容	百度 AI 判断	Rost 判断	人工修正
2021 年 4 月 26 日	光明网	《北互法院解读在线教育著作权保护》	在线教育相较于传统学校教学具有自主性强、互动性强、综合性强等特点。近年来，在线教育市场持续升温，但也随之出现了很多著作权纠纷。4 月 21 日，北京互联网法院针对在线教育行业著作权保护等问题进行了专题解读。	正 12% 负 88%	1	中性
2021 年 4 月 26 日	光明网	《虚假宣传、著作权侵权……法官解读在线教育问题频发如何解》	25 日，一条关于北京市市场监管局针对群众反映强烈的校外教育培训机构组织专项检查的消息快速冲上热搜，包括跟谁学、学而思、新东方在线、高思在内的四家校外教育培训机构，因价格违法、虚假宣传等行为被顶格罚款 50 万元。	正 0% 负 100%	−13	负向
2021 年 4 月 25 日	光明网	《在线教育失序，如何归正？》	近日，北京市教委同相关部门针对学科类校外线上培训机构的招生收费、广告宣传、课程师资等内容进行检查，发现高途课堂、网易有道精品课季课程、学而思、跟谁学等在 App 等渠道售卖秋季课程。以不当用语误导学生报名缴费等问题。针对上述问题，北京市教委已责令相关机构立即停止违规行为，并限期在本机构网站或或公众号显著位置公示整改措施和结果。	正 2% 负 98%	0	负向
2021 年 4 月 25 日	光明网	《贩卖焦虑不应成为在线教育的"生意经"》	近日，北京市场监管局针对群众反映烈的校外教育培训机构组织专项检查，依法查处校外教育培训机构价格违法、虚假宣传等行为。4 月 25 日，北京市市场监管局发布通告称，对学而思、高思、新东方在线四家校外教育机构价格违法行为分别给予警告和 50 万元顶格罚款的行政处罚。	正 1% 负 99%	3	负向
2021 年 4 月 10 日	光明网	《昆曲在线课程：在"云端"传承古老艺术》	如今，"架梯子"的工作有了新思路。在线课程与昆曲艺术一拍即合，碰撞出奇妙的火花。2021 年，柯军携手江苏开放大学，将昆曲艺术的博大精深，艺术家对昆曲的感悟思考，传统戏曲在当代的创新融汇，制作成体系化、学术化的课程——"昆曲传承与创新"。	正 89% 负 11%	2	正向
2021 年 3 月 5 日	光明网	《监管引导并重让在线教育获致作为》	"要说这两年教育界有哪些词热，'在线教育'一定名列其中。教育类 App 铺天盖地隐患多。"近日，全国人大代表刘希娅提出的基础教育阶段合理使用人工智能建议被刷屏了。在线教育加剧培训热，破坏基础教育生态现象，引起强烈共鸣。	正 15% 负 85%	0	中性
2021 年 3 月 5 日	光明网	《"十四五"新词发挥在线教育优势》	要说这两年教育界有哪些词中着眼中有提出："发挥在线教育优势、完善终身学习体系，建设学习型社会"。"十四五"规划和 2035 年远景目标纲要草案列其中，一定名列其中，说明了在线教育在建设高质量教育体系中的重要位置。能写进规划草案，…	正 84% 负 16%	0	正向

续表

报道时间	传统主流媒体	报道标题	报道的核心内容	百度 AI 判断	Rost 判断	人工修正
2021年2月25日	光明网	《在线教育：打着教育旗号，就绝不能丢掉教育的初心》	在线教育身上的光环，都建立在教育的基础上。如果丢了"教育"两个字，就失去了初心。现在的问题正在于，有些在线教育机构在资本裹胁下迷失了方向，不仅自己掉进了沟里，也把家长和学生带进了沟里。	正 0% 负 100%	-3	负向
2021年2月22日	光明网	《防止在线教育疯狂"烧钱"陷入恶性竞争》	据媒体统计，依据各大在线教育平台的财报，仅3家知名在线教育机构2020年2月到11月的营销费用就超过100亿元。而2019年暑期投放额只有19亿元左右，而2019年暑期投放额只有19亿元，一年同翻了两倍多。这令舆论惊呼：在线教育究竟在做教育，还是在"烧钱"？头部的4家K12网校营销费用从2020年2月到11	正 5% 负 95%	-12	负向
2021年2月10日	光明网	《上海推出全媒"金色学堂"身教育平台"金色学堂"》	继"空中课堂"之后，上海市教委与上海广播电视台、上海文广集团、东方明珠新媒体股份有限公司联合推出在线教育新产品，面向"50+"人群打造全媒体终身教育平台"金色学堂"，为老年人提供精准、智慧、适需的教育服务。	正 96% 负 4%	0	正向
2021年2月10日	光明网	《在线教育需秉持一致的教育逻辑》	教育部日前发布文件称，线上教育要积极探索利用人工智能技术，增强各级互动平台或互动工具软件及班级群，智能答疑和个性化学习资源推送功能。学校要组织教师生互动交流、鼓励学生通过班级群、学习小组、电话、视频、面对面交流等多种方式开展师生互动讨论、合作学习、互帮互助。进行同学间交流讨论，合作学习、互帮互助。	正 74% 负 26%	0	中性
2021年1月21日	光明网	《在线教育需要以人为本而非以资为本》	由于超过常态的资金投入，不少人发现原来总被时尚商品占据的广告区位和时段现在已经被在线教育机构替代，这是容易被看到的一面；而另一面不容易被发现的，是在线教育和培训机构本身的质量也在发生变化。	正 60% 负 40%	3	中性
2021年1月21日	光明网	《投资、炒作在线教育，该冷静了！》	受疫情影响，2020年上半年，线下教育培训机构关门，居家在线学习，很多地区的学生停课不停学。一时间，很多在线教育平台获得了很多流量，资本也随之而来。	正 0% 负 100%	-4	负向

场虽然并非在线教育占比最大的细分市场，但却是增长最快的分支，将影响在线教育规模的拓展。

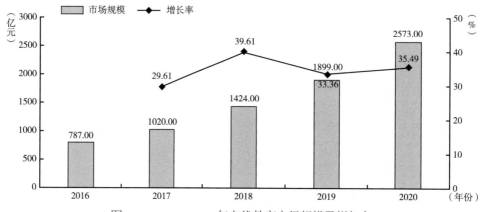

图 10-4　2016~2020 年在线教育市场规模及增长率

数据来源：艾瑞咨询。

我国在线教育用户规模相比其他数字内容领域较小，2020 年初受新冠肺炎疫情影响，人们居家隔离，线上教学兴起，2020 年 3 月在线教育用户规模达到峰值 4.23 亿人；随着复工复产的有序推进，学生们回归校园，2020 年底在线教育用户规模回落至 3.42 亿人，较峰值下降 19.1%（见图 10-5）。

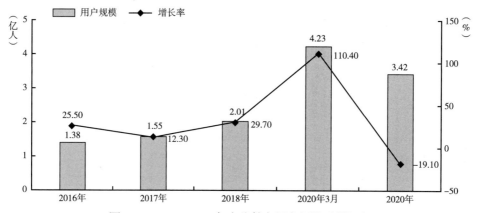

图 10-5　2016~2020 年在线教育用户规模及增长率

数据来源：CNNIC 发布的第 37~47 次《中国互联网络发展状况统计报告》。

二 低幼及素质教育增长迅速，市场占比提升，发展潜力大

从细分市场结构来看，我国在线教育市场主要由职业教育及成人语言、高等学历教育、K12 学科培训、低幼及素质教育等类型组成。其中，前两类在 2016 年占据了九成市场份额。低幼及素质教育市场份额增长最快，其次是 K12 学科培训。这两类的占比分别从 2016 年的 3.7%、2.7% 增至 2020 年的 24.5%、17.9%（见图 10-6）。

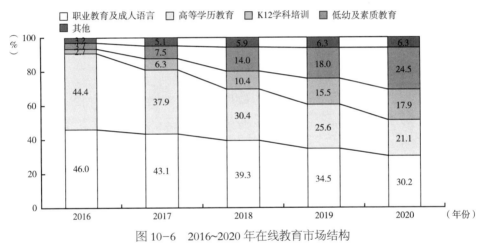

图 10-6 2016~2020 年在线教育市场结构

数据来源：艾瑞咨询。

低幼及素质教育市场发展潜力巨大，一方面，得益于国内年轻一代育儿观念逐渐向综合教育、素质教育的方向转变；另一方面，2021 年 K12 培训机构被严厉整顿后，大批机构将进行业务转型，素质类教育成为首选方向，比如幼儿围棋班、美术班、音乐班等美育类内容。随着我国放开三胎政策，在未来两三年里，低幼及素质教育市场或将迎来一波小高峰。

三 低价体验课、社交裂变等营销方式提升用户付费转化率

在线教育平台投入了大量营销成本获取用户，尤其在寒暑假期间，利用社交网络的广泛传播效应，吸引广大家长购买低价体验课，以借助假期实现"弯道超车"。线

下几百元一小时的培训课，在线上只需要几十元、九块九，甚至免费，条件往往是需要用户分享到社交圈、推荐给好友或者在社交圈打卡，平台通过口碑营销和社交裂变拓展更多的用户。低价体验课、大量投放广告等营销模式因制造焦虑、体验课与正课老师不一致、占用企业大量营销费用等问题而备受争议，但的确也吸引了不少用户。行业数据显示，在线教育付费转化率在 20% 左右（低价转正价），随着课程质量和服务体验的提升，在线教育平台续班率也保持在 70% 左右的较高水平。关于这两项数据的来源，下面做一说明。

在上一版报告中，统计在线教育的付费转化率，参考的是头部在线教育企业的付费用户规模和注册用户规模数据。[①]但 2019 年和 2020 年无法通过此方法估算，因为这些头部企业不再公布此类数据，即无法通过公开渠道获取。因此，本研究参考第三方研究机构的估算数据。

安信证券根据各公司交流会整理的数据显示，头部在线教育企业的平均转化率约为 20%，续班率在 70% 左右。[②]其中学而思网校转化率在 20% 左右；跟谁学转化率较高，在 30% 左右；新东方在线和猿辅导较低，在 17% 左右。各企业在续班率上差别不大，都为 70% 左右，仅作业帮偏低，约 60%。另一项相关数据来自招商证券研究，在线教育的转化率夏转秋平均为 15%~30%，续班率平均在 50%~80%。[③]

四 市场集中度低，疫情加剧竞争分散化

本研究选取了每年营收规模排名靠前的 4 家在线教育上市公司进行统计。据本研究估算，2016~2020 年 4 家龙头公司在线教育业务营收之和如表 10-3 所示，占整体市场规模的比例（即市场集中度）如图 10-7 所示。

---

① 关于付费转化率的计算，大多数领域是以付费用户规模除活跃用户规模计算得出，在线教育企业习惯于公布注册用户规模，统一以付费用户规模除注册用户规模计算付费转化率。

② 大力 TMT. 在线教育策略报告：K12 教育流量转化、行业格局、运营模式分析 [EB/OL]. 2021-04-25[2021-10-19]. https://www.163.com/dy/article/G8EDJL9E0511ONOA.html.

③ 李信. 一起教育流血上市背后，在线教育走不出集体困境 [EB/OL]. 2020-12-10[2021-10-20]. http://m.gxfin.com/article/finance/zq/ssgs/2020-12-10/5450578.html.

表 10-3　2016~2020 年头部在线教育企业营收规模

单位：亿元

机构名称	2016 年	2017 年	2018 年	2019 年	2020 年
尚德机构	不选取	9.69	19.76	21.94	22.04
立思辰（豆神教育）	9.92	12.01	14.75	17.53	12.84
51Talk	4.18	8.48	11.46	14.78	20.54
全通教育	9.77	10.31	不选取	不选取	不选取
新东方在线	3.34	不选取	6.50	9.19	10.81
合计	27.21	40.49	52.47	63.44	66.23

注：这里的营收规模是指在线教育相关业务的营收。

数据来源：各公司年度财报，Wind 数据库。

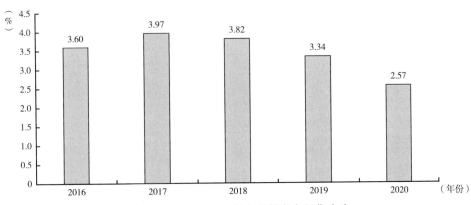

图 10-7　2016~2020 年在线教育市场集中度

数据来源：本研究估算。

2020 年以 4 家头部企业营收占比计算的市场集中度仅为 2.57%，且连续 4 年下降。在线教育市场集中度非常低，目前处于分散竞争的市场格局，进入壁垒很低，小企业多，竞争激烈，头部企业市场主导能力弱，缺乏稳定的行业准则。2020 年受疫情影响，学生"停课不停学"，在线教育经历了一段爆发期，众多中小企业获得发展机会，抢占市场份额，分散了头部企业的市场主导力。2021 年 7 月"双减"政策发布，严整K12 校外培训市场，促使在线教育平台向素质教育、美育教育转型，将为深耕此类业务的中小企业提供发展机遇。

在线教育头部企业对用户的抢夺非常激烈，投入大量经营成本用于营销推广，

"烧钱"模式让在线教育平台不堪重负。据艾瑞咨询统计，以 K12 在线教育公司为例，2019 年已上市公司营收 109 亿元，营业亏损 43.5 亿元；2020 年营业收入 156 亿元，营业亏损 54.3 亿元。营销推广的大量投入必然会挤兑平台研发、课程建设、师资力量的投入，行业模式亟须变革。

第四节 投资动向与投资价值

一 投资数量缓降，2020 年投资金额暴增

如图 10-8 所示，自 2016 年以来，在线教育相关投资数量连续下降，从 262 起下降至 2020 年的 72 起；投资金额波动不大，总体维持在一百多亿元的水平，2018 年和 2020 年大额投资事件增多导致当年投资金额有明显提升。从公开投资金额的事件来看，2018 年亿元人民币、亿美元级别以上的投资事件有 26 起。2019 年投资金额迅速回落。2020 年受新冠肺炎疫情刺激，线上教学火爆，资本市场同样反映强烈，2020年投资金额暴增至 634.33 亿元，其中亿元人民币、亿美元级别以上的投资事件有 17起（见表 10-4）。典型的大额投资案例如作业帮在 2020 年 12 月获得了红杉资本中国、阿里巴巴等投资的 16 亿美元 E+ 轮融资，而在同年 6 月，作业帮已获得了红杉资本中国、天图投资等机构投资的 7.5 亿美元 E 轮融资。另一个获得资本大量关注的"独角兽"企业是猿辅导，2020 年 3 月获得 IDG 资本、腾讯投资等机构的 10 亿美元 F 轮融资，

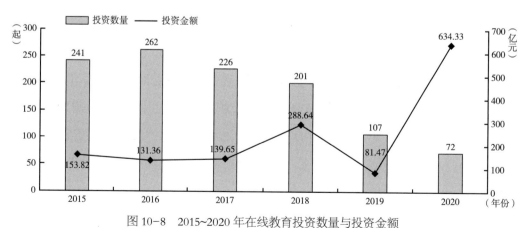

图 10-8 2015~2020 年在线教育投资数量与投资金额

数据来源：IT 桔子。

紧接着在同年 8 月和 10 月，再次获得了 12 亿美元和 10 亿美元 F 轮融资。投资金额上涨、投资数量下降说明资本向少数企业集中。

表 10-4 2020 年在线教育领域大额投资事件（亿元级别）

时间	公司简称	公司全称	轮次	金额	投资方
2020 年 12 月 28 日	作业帮	小船出海教育科技（北京）有限公司	E+ 轮	16 亿美元	红杉资本中国，阿里巴巴，老虎基金中国，方源资本，软银愿景基金，泰合资本
2020 年 6 月 29 日	作业帮	小船出海教育科技（北京）有限公司	E 轮	7.5 亿美元	红杉资本中国，天图投资，老虎基金中国，方源资本，襄禾资本，卡塔尔投资局，软银愿景基金，泰合资本
2020 年 12 月 24 日	猿辅导	北京猿力教育科技有限公司	F 轮	3 亿美元	云锋基金
2020 年 10 月 21 日	猿辅导	北京猿力教育科技有限公司	F 轮	10 亿美元	挚信资本，DST Global，淡马锡，景林投资，中信产业基金 CPE 源峰基金，新加坡政府投资公司，鸥翎投资，德弘资本，丹合资本
2020 年 8 月 31 日	猿辅导	北京猿力教育科技有限公司	F 轮	12 亿美元	IDG 资本，腾讯投资，高瓴资本，博裕资本
2020 年 3 月 31 日	猿辅导	北京猿力教育科技有限公司	F 轮	10 亿美元	IDG 资本，腾讯投资，高瓴资本，博裕资本
2020 年 11 月 27 日	翼鸥教育	北京翼鸥教育科技有限公司	C 轮	2.65 亿美元	腾讯投资，SIG 海纳亚洲，高成资本，渶策资本，高瓴创投
2020 年 11 月 5 日	豌豆思维	广东快乐种子科技有限公司	C 轮	1.8 亿美元	创新工场，DCM 中国，新东方，明裕创投，软银愿景基金等
2020 年 6 月 16 日	七牛云	上海七牛信息技术有限公司	F 轮	10 亿元	交银国际，宏兆集团—宏兆基金，国调基金 / 结构调整基金，华兴资本
2020 年 12 月 24 日	美术宝	浙江艺旗教育科技有限公司	D 轮	2.1 亿美元	赛富基金，达晨财智，盈睿资本，RiseFund，博佳资本，创致资本，泰合资本
2020 年 8 月 19 日	珞石机器人	珞石（北京）科技有限公司	C 轮	1 亿元	襄禾资本
2020 年 12 月 1 日	亮风台	亮风台（上海）信息科技有限公司	C+ 轮	数亿元	中信产业基金 CPE 源峰基金，大观资本，源星资本
2020 年 10 月 30 日	华晟教育	北京华晟经世信息技术有限公司	战略投资	2.92 亿元	国新文化，华夏桃李
2020 年 2 月 18 日	果肉网校	广州市果肉教育科技有限公司	A+ 轮	1 亿元	微光创投，元启资本
2020 年 5 月 12 日	贝尔科教	贝尔合控（深圳）科技有限责任公司	C 轮	1.2 亿元	源政投资，越秀产业基金
2020 年 9 月 18 日	百家云	北京百家视联科技有限公司	B 轮	1.78 亿元	国科嘉和，深圳厚德前海基金，金浦投资，青蓝资本，华夏桃李
2020 年 3 月 25 日	Udesk	北京沃丰时代数据科技有限公司	C+ 轮	2.5 亿元	TMT 对冲基金

数据来源：IT 桔子。

二 新增企业数量持续下降

如图10-9所示，2020年在线教育领域新增企业45家，延续了自2015年以来的下降态势，但相比之前降幅趋缓。随着资本环境日益严峻，在线教育领域创业活跃性下降明显，但相比于数字内容产业的其他细分领域，新增企业数量上仍处于领先水平。

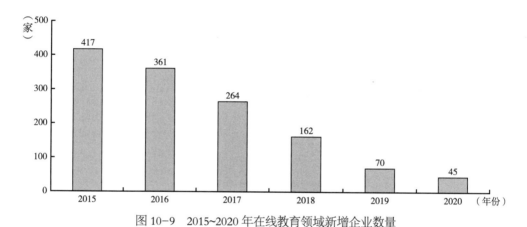

图10-9　2015~2020年在线教育领域新增企业数量

数据来源：IT桔子。

三 智能教育、教育直播最受关注

从2019~2020年在线教育投资热点来看，人工智能技术应用于在线教学成为投资数量最多的企业业务类型（见图10-10）。其中，受资企业业务中包含人工智能的投资事件有47起，含有研发或开发的有43起。如致力于为全球青少年提供"AI Robot+Edu"产品的"鲸鱼机器人"，以智能教育机器人为平台、率先研发出"陪伴式家庭AI老师"系列教学内容的"儒博"，以声学和人工智能技术为基础的音乐类教育科技公司"缘音科技"，专注于泛AI领域的在线教育企业"贪心科技"等。其次是教育直播，相关投资事件有45起。从教育的类型来看，语言类教育中英语教育较为热门，相关投资事件有23起。

四 在线教育投资价值评估结果：较低（★★）

根据第一章第三节所述的投资价值评估方法，在线教育领域的投资价值评估结

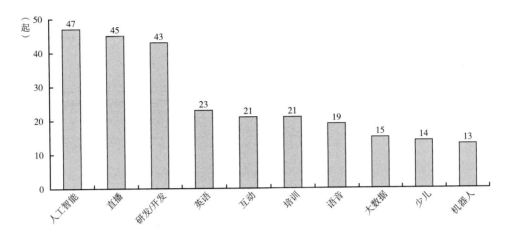

图 10-10　在线教育领域投资事件高频词及对应的投资数量

数据来源：IT 桔子。

果为★★，未来发展不够明确，可能有一定的投资机会，但投资风险略高，具体如表
10-5 所示。

表 10-5　在线教育投资价值综合评估结果

序号	一级指标	一级指标得分	二级指标	二级指标原始数据	原始数据标准化	二级指标得分
1	基础规模	3	市场规模	2573 亿元	0.912	★★★★★
			用户规模	3.42 亿人	0.000	★
2	发展速度	2	市场规模增长率	35.49%	0.551	★★★
			用户规模增长率	−19.15%	0.000	★
3	转化程度	2	付费转化率	20.00%	0.204	★★
4	竞争程度	1	市场集中度	2.57%	2.57%	★
5	活跃程度	3.7	新增企业数量增长率	−35.71%	0.643	★★★★
			投资数量增长率	−32.71%	0.383	★★
			投资金额增长率	678.61%	1.000	★★★★★
6	相关政策导向	1	相关政策支持程度	"双减"政策严整 K12 教培市场，从严审批、禁止上市，强负向		★
7	传统主流媒体报道倾向	2	传统主流媒体报道倾向程度	正向占比减去负向占比的值为 −28 个百分点，偏负向		★★
	加权总计结果					12.97
	综合结果					★★

第五节 未来发展趋势

技术驱动智能教育引领在线教育发展趋势。相比于数字内容产业其他领域，在线教育对智能技术的运用相对落后。教育讲究因材施教，以非标准化的内容为主，对个性化要求较高，因此对智能技术的要求也更高。但智能技术应用于在线教育是必然的趋势，一旦条件成熟，智能技术将在在线教育领域出现广泛的应用场景，发挥更大的价值。

我国一直鼓励智能技术在教育领域的应用。2021年2月教育部的新闻发布会上，教育部高等教育司司长吴岩介绍，"将大力推进高校建立和完善适应在线教学、混合式教学的考核评价制度，有效支撑高校课程建设。探索推进虚拟教研室项目建设，深化教育教学改革"。[①]

随着5G网络的快速部署，4K/8K超高清视频、扩展现实（XR）将得到有力的网速支持，未来在线教育可实现沉浸式教学。虽然当前XR硬件设备和软件支持都尚不够完善，但直播、短视频、大数据、人工智能等技术已经蔓延到在线教育领域，并得到了较好的发展，这可以看作智能教育的早期阶段。2019年和2020年在线教育投融资事件中，"人工智能＋教育"成为最热门的投资方向，其次是"直播＋教育"。下一步，人工智能将提供个性化学习方式，XR技术将营造沉浸式的虚拟教学环境，大数据分析可以通过衡量教学效果和学生表现进而指导教学决策优化。智能教育需要提供优质内容的教育机构、提供软硬件技术的科技公司共同参与推进，这将推动整个教育产业链的转型升级。

[①] 新华网.教育部：大力推进高校建立和完善在线教学考核评价制度 [EB/OL]. 2021-02-23[2021-10-20]. http://news.sciencenet. cn/htmlnews/2021/2/453423.shtm.

第十一章

知识付费市场格局与投资观察

第一节 知识付费概述

一 知识付费界定

知识付费是指消费者通过互联网技术付费获取垂直领域的个性化信息、资源和经验等，以达到认知提升、情感满足、阶层归属等目的的消费行为。它的本质是把知识变成产品或服务，以实现商业价值。它有利于人们高效筛选信息，也激励优质内容的生产。

按照知识类别可以把知识付费平台和应用大致分为综合平台、问答类平台和泛教育类平台三类。

二 知识付费发展历程

知识付费的崛起，既借力于知识付费平台的演进、付费方式的便利，也得益于中国中产阶层及准中产阶层学历教育需求的爆发。追溯它的发展历程，大致可以分为早期原型阶段、重新起步阶段和发展阶段（见图 11-1）。

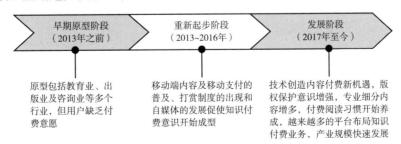

图 11-1　我国知识付费发展历程

第二节　发展环境

一　政策环境：鼓励发展知识分享平台，强化知识产权保护意识

知识付费是在互联网和移动互联网的带动下快速兴起的一个新领域，2016~2019年出台的相关政策较为有限。2017年8月，国务院发布的《关于进一步扩大和升级信息消费，持续释放内需潜力的指导意见》中提出"支持用市场化方式发展知识分享平台"，这体现了国家对知识付费的支持态度。原国家新闻出版广电总局出台的政策，更多聚焦知识服务的概念与范畴，支持知识的多层级信息内容服务，鼓励开发多层次、多维度、多形态的知识服务产品。

2020年以来的相关政策以强化知识产权保护为主。知识产品形态从图文到音视频，知识付费走向了快速发展的道路，但产品的良莠不齐阻碍了行业健康发展，其中侵犯知识产权问题最为明显。随着国家版权保护力度的加大，知识付费领域的版权市场将走向规范。2020年11月，国家版权局印发《关于进一步做好著作权行政执法证据审查和认定工作的通知》，提出要进一步加大著作权保护力度，提升著作权行政执法效能，完善著作权行政执法工作机制。2021年9月，中共中央、国务院发布的《知识产权强国建设纲要（2021~2035年）》提出，打造传统媒体和新兴媒体融合发展的知识产权文化传播平台，拓展社交媒体、短视频、客户端等新媒体渠道。同年1月，国家互联网信息办公室印发《互联网用户公众账号信息服务管理规定》，明确提出加强对原创信息内容的著作权保护，防范盗版侵权行为。政策不断完善知识产权保护体系，将有助于营造良好的创新环境，提升社会整体知识产权保护意识。相关政策内容详见表11-1。

二　舆论环境：传统主流媒体报道以中性为主

2021年，传统主流媒体关于知识付费报道的高频词为"知识""疫情""付费""课程""堪忧""碎片""变局"等（见图11-2），国内知识付费领域未来的发展方向和出路成为媒体的主要关注点。

整体上看，2021年传统主流媒体对知识付费的报道以中性为主，正向报道数量占

表11-1 知识付费相关政策梳理

发布时间	发布机构	文件名称	主要内容
2021年9月	中共中央、国务院	《知识产权强国建设纲要（2021~2035年）》	• 构建内容新颖、形式多样、融合发展的知识产权文化传播矩阵。打造传统媒体和新兴媒体融合发展的知识产权文化传播平台，拓展社交媒体、短视频、客户端等新媒体渠道，创新内容、形式和手段，加强涉外知识产权宣传，形成覆盖国内外的全媒体传播格局，打造知识产权宣传品牌，大力发展国家知识产权高端智库，深化理论和政策研究，加强国际学术交流。
2021年1月	国家互联网信息办公室	《互联网用户公众账号信息服务管理规定》	• 公众账号信息服务平台与生产运营者开展内容供给与账号推广合作，应当规范管理电商销售、广告发布、知识付费、用户打赏等经营行为，不得发布虚假广告，进行夸大宣传，实施商业欺诈及商业诋毁等，防止进行违规经营。加强对原创信息内容的著作权保护，防范盗版侵权行为。公众账号生产运营者转载信息内容的，应当遵守著作权保护相关法律法规，依法标注著作权人和可追溯信息来源，尊重和保护原创著作权人的合法权益。公众账号信息服务平台和生产运营者应当加强对本平台公众账号信息服务活动的监督管理，及时发现和处置违法违规信息或者行为。公众账号信息服务平台和生产运营者应当自觉接受社会监督。
2020年11月	国家版权局	《关于进一步做好著作权行政执法证据审查和认定工作的通知》	• 进一步加大著作权保护力度，提升著作权行政执法效能，完善著作权行政执法工作机制，减轻权利人维权负担，营造良好营商环境。
2019年11月	中共中央办公厅、国务院办公厅	《关于强化知识产权保护的意见》	• 力争到2022年，侵权易发多发现象得到有效遏制，权利人维权"举证难、周期长、成本高、赔偿低"的局面明显改观。到2025年，知识产权保护社会满意度达到较高水平，保护能力有效提升，保护体系更加完善，尊重知识价值的营商环境更加优化，知识产权制度激励创新的基本保障作用得到更加有效发挥。
2017年8月	国务院	《关于进一步扩大和升级信息消费、持续释放内需潜力的指导意见》	• 丰富数字创意内容服务。实施数字内容创新发展工程，加强文化资源的数字化转换及开发利用。 • 支持原创网络作品创作，加强知识产权保护，推动优秀作品网络传播。 • 支持用市场化方式发展知识分享平台，打造集智创新，灵活就业的服务新业态。
2017年3月	原国家新闻出版广电总局	《关于深化新闻出版业数字化转型升级工作的通知》	• 为人民群众与国民经济各领域提供资讯、数据、文献、知识的多层级信息服务。 • 完成知识服务模式试点建设，以其引领、兼容其他服务模式的服务能力。 • 探索知识服务模式。具备多层级、多维度、多形态知识服务模式；以知识服务兼容文献服务等其他知识服务为主业，探索知识服务产品，开发跨领域知识资源，跨领域调取知识资源，学术研究领域知识服务产品，教育出版领域知识转型升级服务在专业、大众、教育出版领域知识转型升级服务。进程中的应用模式。

续表

发布时间	发布机构	文件名称	主要内容
2016 年 11 月	国务院	《关于完善产权保护制度依法保护产权的意见》	· 加大知识产权侵权行为惩治力度，提高知识产权侵权法定赔偿上限，探索建立对专利权、著作权等知识产权侵权惩罚性赔偿制度。
2016 年 6 月	原国家新闻出版广电总局	《新闻出版业数字出版"十三五"时期发展规划》	· 加快移动出版产业链建设，鼓励开发基于场景和网络社区的新型信息和知识服务产品，进一步培育细分市场。 · 在专业领域，开发成体系的专业内容知识资源产品和垂直服务平台，探索知识服务产业化应用模式。

比只有 16%，中性报道占比高达 66%，负向报道占比为 18%（见图 11-3）。其中，正向和负向报道分别探讨了知识付费带来的新内容形态红利和夸大营销、消费欺诈的现象；中性报道则围绕疫情期间知识付费市场蓬勃发展与人们日益增长的知识需求展开。报道的核心内容及倾向性判断详见表 11-2。

图 11-2　2021 年知识付费领域传统主流媒体报道关键词分布

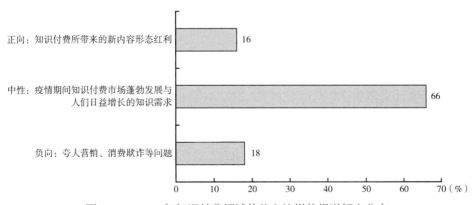

图 11-3　2021 年知识付费领域传统主流媒体报道倾向分布

表 11-2 知识付费报道梳理及倾向性判断

报道时间	传统主流媒体	报道标题	报道的核心内容	百度 AI 判断	Rost 判断	人工修正
2021 年 7 月 7 日	新华网	《知识付费已红成"紫海"，百万畅销书作家再入局还有戏吗？》	众所周知，现在可不是知识付费创业的好时候了。根据艾媒咨询发布的报告，从2019 年开始，知识付费领域的新增创业数量就呈现断崖下滑的趋势。2020 年，吴晓波频道母公司巴九灵 IPO 失败，而另一家知识付费领域的明星公司得到去年 7 月交表后，迟迟未能等到最终上市的消息。更何况，当一个行业进入成熟期，资本往往向头部集中，对后来者自然也不太友好。	正 1% 负 99%	1	中性
2021 年 7 月 7 日	新华网	《知识付费，如何让人愿意买单？》	近年来，人们逐渐养成为优质内容付费的观念和习惯。不过，知识付费成为风口之后，开始出现"成长的烦恼"。一项针对厦门六区用户使用付费平台使用情况的调查报告显示，知识产品内容趋向单一、质量偏低，消费体验不佳。数据报告分析机构艾媒咨询数据披露，付费率和复购率等指标呈现下降趋势。	正 56% 负 44%	1	中性
2021 年 7 月 5 日	新华网	《大众创投 App 遭消费者投诉：究竟是知识付费还是传销骗局？》	近日，社交财经接到消费者肖岩（化名）投诉一家为"大众创投 App"以知识付费为由涉嫌欺诈与传销。	正 0% 负 100%	-24	负向
2021 年 7 月 4 日	新华网	《有多少人在为知识付费买单？》	知识付费顾名思义就是为所学的知识行为买单，据艾媒咨询《2020 年中国知识付费行业运行发展及用户行为调研分析报告》，2020 年中国知识付费行业规模达 392 亿元，预计 2021 年将达到 675 亿元。	正 6% 负 94%	4	中性
2021 年 5 月 28 日	新华网	《知识付费如何抓住新的内容形态红利？》	苏州·中国文化产业峰会 5 月 27 日至 29 日在苏州举行，5 月 28 日上午，多位企业家就"知识付费如何抓住新的内容形态红利"这一话题展开讨论。	正 7% 负 93%	1	中性
2021 年 4 月 12 日	新华网	《谨防"1 元学理财"式陷阱》	日前，央视曝光一起理财课骗局，受害人被"1 元学理财"噱头吸引，先后被骗近万元，理财变成"破财"。	正 0% 负 100%	-4	负向
2021 年 4 月 9 日	新华网	《无价知识遇上知识付费想要现——知识付费想要"火"下去》	"活到老，学到老"是我们泛舟学海的美好愿景，身处一个信息爆炸的时代，寻找靠谱的信息渠道成为大众高效获取知识的渴求。专业人士的权威性与便捷触达的体验增强彼此联合，吸引不少人来知识付费平台为自己"充电"。	正 7% 负 93%	7	中性
2021 年 4 月 7 日	新华网	《2021，谁还在为知识付费？》	如何应对内卷与焦虑？不断学习充实自己，大概是不少人心中的答案。近日，诞生于 2011 年的知乎成功赴美上市重新燃起了圈外对知识付费的讨论。在发展初期，知乎社区氛围浓郁，被外界贴上了"精英""权威"等标签，在当时不少用户喜欢利用碎片化时间上知乎学习，随后知识付费开始兴起，定位于问答社区的知乎着手进行相关探索，经过长时间迭代时间终于取得了一些成果。	正 0% 负 100%	1	中性

续表

报道时间	传统主流媒体	报道标题	报道的核心内容	百度AI判断	Rost判断	人工修正
2021年4月2日	新华网	《知识付费成为知识服务新潮流》	知识无价，但互联网技术和互联网经济的飞速发展，正带来知识产品和知识服务的变革，让知识付费成为一股新潮流。	正81% 负19%	6	正向
2021年3月18日	新华网	《知识付费下半场，专而美会带来新变局吗？》	近年来，知识付费已经由过去的风口走向了沉稳发展。经过5年左右的资本厮杀与大浪淘沙，这个炽热的赛道也呈现明显的头部效应。无论是以千聊、荔枝微课、喜马拉雅等为代表的知识付费企业，还是以得到、樊登读书会等为代表的IP化运作的企业，都在这轮时代红利中，抢占了属于自己的一席之地，并收割了商业回报。不过，千帆竞发所带来的是一些中小型平台逐渐被边缘化，没有太大的存在感。只是，在这个千亿元市场容量的赛道，目前的市场规模尚不足500亿元。这足以说明，巨大的市场空间依然存在。	正51% 负49%	7	中性
2021年1月22日	新华网	《〈2021知识付费行业研究报告〉出炉》	知识付费行业经过爆发式增长，近年来已逐步转入稳定发展阶段。知识付费行业的受众在2020年增长至4.18亿人、直播、私域流量、视频号的火热都为知识付费行业发展提供了新的可能。	正62% 负38%	1	中性
2021年1月21日	新华网	《内容为王始终是"知识付费"产品核心》	在线知识付费行业受疫情的反向刺激，去年逆势向上。艾媒咨询调研数据显示，中国知识付费市场规模自2017年以来快速扩大，去年已达392亿元，预计今年将达675亿元。过去一年，我国在线学习用户中88.8%购买过知识付费产品，46.8%的知识付费用户每月花费500元至2000元知识付费产品。	正13% 负87%	1	中性
2021年1月5日	新华网	《2021知识付费用户规模将达到6.75亿人》	近几年来，知识付费用户规模呈高速增长态势，用户逐渐养成知识付费的消费习惯。	正92% 负8%	1	中性
2021年1月2日	新华网	《2020年中国知识付费行业报告：垂类瓶颈遭遇流量红利　综合平台大建内容生态》	2011年起，豆丁网、罗辑思维等企业相继试水知识付费领域，2016—2017年行业内涌现更多企业，进入爆发增长阶段，而后中国知识付费行业转入稳定发展阶段。与此同时，行业快速发展遭遇之际，垂直类平台遭遇流量瓶颈。而综合类平台入局知识付费赛道并利用其大平台优势，构建内容生态，为行业带来新一轮流量红利的同时对克服行业痛点起到重要作用。	正78% 负22%	4	中性
2021年1月1日	新华网	《知识付费陷"知识焦虑"，谁在为知识买单？》	随着互联网和智能手机不断深入我们的生活，日益繁荣的信息如同潮水一般淹没了我们的生活。各种各样的信息铺天盖地地涌向我们的生活，如何在这一大堆杂乱无章的信息之中分辨出有用的信息，成为当前人们最为迫切的需求。	正1% 负99%	0	中性

续表

报道时间	传统主流媒体	报道标题	报道的核心内容	百度 AI 判断	Rost 判断	人工修正
2021 年 7 月 7 日	人民网	《王力宏一小时卖课超百万，知识付费"风口"又来了？》	7 月 12 日晚，王力宏在抖音直播售卖自己线上音乐课程，因答张络聪胡造型被网友调侃为"基努里维斯中国分斯"，并快速占据抖音明星榜、直播榜、微博热搜等榜单第一。蝉妈妈数据显示，7 月 12 日中午，王力宏直播时间 71 分钟，直播间累计观看人次 1231.8 万，人气峰值 66.3 万，销量 626 件，销售额 117.2 万元。	正 0% 负 100%	1	中性
2021 年 7 月 5 日	人民网	《作者变现创下收入新高，百度"好学知识节"普惠知识付费》	近日，百度"好学知识节"圆满收官。在服务化、人格化战略之下，百度再度投放大量资源扶持优秀创作者，让用户以更低门槛获得优质内容的同时，也给创作者带来更多的收入。	正 97% 负 3%	13	正向
2021 年 6 月 8 日	人民网	《戴建业：杰出专家学者逐渐加入付费课是个好现象》	第九届中国网络视听大会期间，人民视频推出高端访谈节目《视听时刻》，邀请重磅嘉宾畅谈网络视听行业的热点话题。华中师范大学教授戴建业走进访间，介绍知识付费，文化传承那些事儿。戴建业认为，人的接触知识付费课多了，要求也越来越高，现在一些杰出的专家学者逐渐走入付费课中，这是一个好现象。	正 76% 负 24%	4	正向
2021 年 5 月 10 日	人民网	《推动在线理财教育规范发展》	近年来，随着投资理财意识的增强，人们对理财知识的需求也更加迫切。特别是年轻人，更渴望以投资理财的方式获得工资之外的收入，期待通过培训在短时间内提升自己的投资理财能力。数据显示，我国目前共有 1 万余家"理财培训"相关企业。与此同时，短视频平台日益流行，公众对知识付费的接受度逐渐提高，促进了在线理财教育的兴起，相关市场空间也快速拓展。	正 97% 负 3%	0	正向
2021 年 4 月 9 日	人民网	《无价知识遇上知识变现—知识付费要想"火"下去》	"活到老，学到老"是我们泛舟学海的美好愿景，身处一个信息爆炸的时代，寻找靠谱的信息渠道成为大众高效获取知识的渴求。专业人士的权威性与便捷触达的体验感强强联合，吸引不少人来知识付费平台为自己"充电"。	正 7% 负 93%	7	中性
2021 年 4 月 2 日	人民网	《知识付费成为知识服务新潮流》	知识无价，但互联网技术和互联网经济的飞速发展，正带来知识产品和知识服务的变革，让知识付费成为一股新潮流。	正 62% 负 38%	2	正向
2021 年 3 月 24 日	人民网	《警惕网络和短视籍"理财课""赚钱秘籍"其实是"效财课"》	"工资少？房贷重？月光族？限时 0 元购，爆款小白理财课，快速学、轻松赚""扫描下方二维码，获取财富升级秘籍"……如今，网络各个角落和短视频平台的类似"理财课""训练营"并不少见。记者调查发现，各类机构开设的"理财"课程，往往以免费或获低价格吸引用户报班进群，而后向售更高价格的课程、或向学员推荐股票、基金。而其背后的教师资质、课程质量、退费等问题，成为难以规避的风险。	正 0% 负 100%	0	负向

续表

报道时间	传统主流媒体	报道标题	报道的核心内容	百度AI判断	Rost判断	人工修正
2021年2月23日	人民网	《知识付费赛道为何难寻"第一股""知乎们"能做的还有很多》	近日，知乎传出了要上市的消息，此时距离罗辑思维的运营主体"思维造物"在今年9月于科创板上市，再次引发的"知识付费赛道第一股"之争，才过去短短三个月的时间。	正11% 负89%	3	中性
2021年1月25日	人民网	《知识付费重在内容含金量》	近年来，知识付费悄然兴起，发展状况可谓喜忧参半。一方面，新冠肺炎疫情发生后，人们增加了对内容付费的认同，在一定程度上推动了知识付费再次"起飞"；另一方面，一些知识付费平台仍然日子不好过，甚至遭遇了停摆的厄运。	正50% 负50%	1	中性
2021年1月25日	人民网	《教学质量难以保障　遇到伪劣的知识产品咋办?》	如今，互联网已成为传播知识、获取知识的重要途径。网络使有价值的内容冲破教室围墙，迅速广泛地传播，也为非专业教育人士提供了分享知识和经验的舞台，但目前提是分享者自身有真才实学，否议鱼龙混杂、滥竽充数，难免让人大跌眼镜。	正0% 负100%	-1	负向
2021年1月23日	人民网	《内容为王始终是"知识付费"产品核心》	在线知识付费行业受疫情的反向刺激，去年逆势向上。艾媒咨询调研数据显示，中国知识付费市场规模自2017年起以来快速扩大，去年已达392亿元，预计今年将达675亿元。过去一年，我国在线学习用户88.8%购买过知识付费产品，46.8%的知识付费用户每月花费500元至2000元购买知识付费产品。	正13% 负87%	1	中性
2021年1月22日	人民网	《网络在线课程五花八门　遇到伪劣的知识产品咋办?》	伴随互联网技术的发展，课堂可以搬到线上，网络课堂开展得如火如荼。尤其是短视频等新媒介的兴起拓展了知识边界，更突破了传统教育从业者的范围，似乎人人都能开课。其中有人是高手，有人则是充数的"南郭"。	正1% 负99%	1	负向
2021年1月21日	人民网	《原创优质内容是互联网问答平台的最好"回答"》	强化原创内容，专注精品内容，不仅是互联网问答平台颖而出的重要法宝，也是打造成熟产业链的必由之路。	正99% 负1%	4	中性
2021年1月18日	人民网	《疫情以来知识付费一次起飞　碎片化学习含金量几何?》	2020年，一场疫情让足不出户的人们增加了对内容付费的意愿。"电视机一年不开、省了机顶盒的费用，但手机App各种付费课程的钱，加起来小三千了"。白领小袁盘点了自己去年的花销，知识付费已经与健身投入不相上下。随着智能手机深度嵌入现代人的生活，年轻人的学习方式也越来越碎片化，这让知识变现迎来黄金期。只是，付费内容到底含金量如何，考验着人们持续买单的信心。	正3% 负97%	1	中性

续表

报道时间	传统主流媒体	报道标题	报道的核心内容	百度 AI 判断	Rost 判断	人工修正
2021年1月4日	人民网	《知识付费市场规模快速扩大，2020年突破392亿元》	近几年来，知识付费用户规模呈高速增长态势，用户逐渐养成知识付费的消费习惯。为知识付费早已不是什么新鲜事，这种模式自古就有，我们交学费上学、拿钱补习课外班、付款买书都是为知识付费而已，只不过如今所说的知识付费从线下实生活中转移到网络上来而已。	正84% 负16%	11	中性
2021年7月7日	光明网	《存在定价无标准等问题 知识付费市场需破解监管难题》	新冠肺炎疫情暴发给线上知识付费发展带来机遇，知识付费市场在迅猛发展的同时，还存在定价无标准、内容良莠不齐、盗版侵权多发等问题。	正0% 负100%	−14	中性
2021年7月7日	光明网	《好看视频会借着泛知识风口成黑马吗？》	2021年，短视频平台竞争异常激烈，当娱乐内容趋以拉杆股的力量对中国的短视频用户施以影响后，这个领域的玩家似乎在一夜之间急切转向，针对泛知识创作者的争夺今陡然成了新战场。	正86% 负14%	8	中性
2021年7月3日	光明网	《遏制线上知识付费乱象》	新冠肺炎疫情暴发给线上知识付费发展带来了机遇，各种线上知识服务平台应运而生，并如雨后春笋般涌现。然而，媒体调查发现，名目繁多的知识服务平台乱象丛生，有的知识服务平台名不符实，收取的费用与预期大相径庭，无良商家将人价格欺诈的困局不能自拔；有的则挂羊头卖狗肉，干起了违经营勾当，造成色情暴力充斥；有的无视他人权益知识盗版侵权，严重侵害了消费者的合法权益。	正11% 负89%	−1	负向
2021年6月28日	光明网	《知识付费，内容好更要服务优》	知识付费市场蓬勃兴起，但也存在内容良莠不齐、服务跟不上等问题，需要加以改进完善。	正92% 负8%	8	中性
2021年5月24日	光明网	《知识付费第一股知乎的进击之路》	近日知乎公布自上市以来第一份季报，公开的数据显示最新月活跃用户规模达8500万人，同比增长37.7%，一季度营收4.783亿元，同比增长41.6%升至57%。毛利154.2%，毛利润为2.727亿元，利润率从去年同期的41.6%升至57%。	正68% 负32%	1	中性
2021年5月15日	光明网	《知识付费有没有未来》	所有人都在说，知识付费在2018年之后进入一段艰难的时期，引用《冰与火之歌》中的经典台词就是"凛冬将至"。	正33% 负67%	1	中性
2021年5月11日	光明网	《喜马拉雅上市隐忧：知识付费难抵亏损 版权纠纷不断缠身》	从2018年到2020年，喜马拉雅的营收分别为14.8亿元、26.8亿元和40.5亿元，净亏损分别为7.72亿元、7.6亿元和5.95亿元。营收增长趋势明显，但未改变亏损困境，从2018年到今年第一季度累计亏损23.56亿元。连续亏损的主因是居高不下的内容成本与营销成本。喜马拉雅正面临着艰难的扶择：想继续增加流量，确保客户的黏性，需要更多的营销成本。	正9% 负91%	−2	负向

续表

报道时间	传统主流媒体	报道标题	报道的核心内容	百度 AI 判断	Rost 判断	人工修正
2021 年 4 月 15 日	光明网	《能否坚守"知识有效转化",考验知识付费的未来》	知识付费时代,提纯内容的含金量是永恒的主题,优化性价比,细化知识类别,深耕专业权威,都至关重要。	正 74% 负 26%	6	中性
2021 年 3 月 9 日	光明网	《线上知识付费潮流中的青年:因兴趣应危机而学习》	走进地铁、戴上耳机,"90 后"青年书涵打开英文学习应用程序。在购买了 800 个"单词上限"后,他开始了一天的学习。他是中国社会科学院大学的毕业生,筹备留学期间,他购买了网课,下载了某笔记软件,开通了某知识网站的会员,还付费参与了五六场线上讲座。	正 94% 负 6%	2	中性
2021 年 3 月 9 日	光明网	《线上知识付费,是获取知识的捷径吗?》	青年说与光明日报微博联合发布话题"线上知识付费,是获取知识的捷径吗?"	正 1% 负 99%	2	中性
2021 年 3 月 9 日	光明网	《碎片化的时间同样可搭建整碎体化的知识关系》	近几年,基于互联网技术的知识付费迅速发展,涌现了许多新的产品形式,消费者可以在各个场景中学习,极大降低了交易成本。知识付费的本质是运用市场机制,把知识变为产品或服务,为消费者带来价值。	正 83% 负 17%	5	正向
2021 年 3 月 9 日	光明网	《去寻找消费与求知的平衡点》	线上下单、产品虚拟,消费随时随地,这些看似简单的变化背后,是多重因素作用,用在青年人身上引起的深刻嬗变。	正 73% 负 27%	0	中性
2021 年 2 月 23 日	光明网	《推动线上教育资源建设更上一层楼》	目前,教育部等五部委联合印发《关于大力加强中小学线上教育教学资源建设与应用工作提出了明确要求。	正 98% 负 2%	0	正向
2021 年 1 月 20 日	光明网	《知识付费二次起飞 首倡消费不能二次入坑》	市场繁荣的表象下,依旧是一些买了给自己买空虚和迷茫。一位"85 后"消费者表示,前两年热衷于给自己买课程,财经等提升课程,但一些课程质量不高,学不到一半就放弃了。即便有好的内容,利用碎片化时间同学、专注度不够,效果其实有些鸡肋。	正 0% 负 100%	-12	负向
2021 年 1 月 15 日	光明网	《迎接变革与融合时代的文化消费——北京文化消费高峰论坛举办》	近年来,文化 IP 衍生产品与知识付费成为市场新宠。北京文化消费高峰论坛数据显示 2020 年中国知识付费用户规模达到 4.18 亿人。艾媒咨询数据分布式论坛 2 的主题为"文化 IP 运营与知识付费"。论坛上,金影科技联席总裁王晶提出 IP 要闯三关,即基础用户、破圈能力、内容模式火。	正 35% 负 65%	0	中性

第三节　市场运行现状

一　市场规模持续快速扩张，用户规模增速放缓

2016 年以来，知识付费市场迅速崛起，连续 4 年保持了超过 60% 的增长速度，喜马拉雅、得到、蜻蜓 FM 纷纷布局内容付费业务。虽然碎片化学习方式的学习效果饱受怀疑，但并未影响知识付费市场版图的继续拓展。进入 2020 年，市场规模增速相比于前几年有所下降，但仍以超过 40% 的速度扩张（见图 11-4）。随着人们内容付费意识的不断提升，预计未来几年知识付费市场规模将继续保持 30%~40% 的增速。

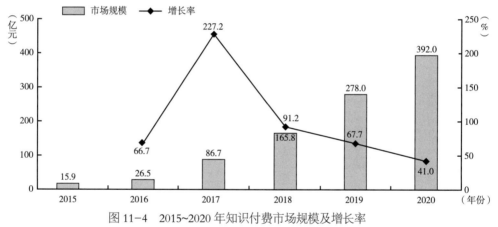

图 11-4　2015~2020 年知识付费市场规模及增长率

数据来源：比达数据中心。

在用户规模方面，经过前几年的爆发式增长后，2020 年知识付费用户规模达到 4.2 亿人，同比增速回落至 17.4%（见图 11-5），虽然相比 2016~2019 年增长放缓，但仍处于快速拓展期。

二　知识付费产品形态多样，应用场景不断延伸

早期知识付费产品以图文为主，从广义来看，付费小说、付费文章都可算作知识付费的范围，应用场景主要为休闲娱乐、通勤消遣。随着行业的不断发展，知识付费产品形态早已从图文拓展到音频、视频，内容形式涵盖有声书、知识短视频、直播、

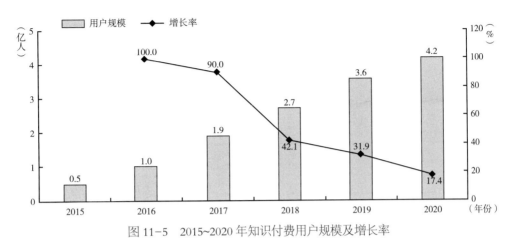

图 11-5　2015~2020 年知识付费用户规模及增长率

数据来源：比达数据中心。

线上授课等。随着 5G 网络的覆盖，智能家居、智能穿戴设备、车载移动终端技术的发展，知识付费产品的使用场景延伸到户外运动、家居家务、车载大屏等更广泛的地方，用户需求进一步被拓展。

三　2020 年头部 App 付费转化率提升明显

知识付费经历了快速崛起和爆发式发展之后，其商业模式受到争议。在 2017~2019 年的三年里，用户付费转化率并不高，在 6% 左右。2020 年受新冠肺炎疫情刺激，线上经济利好，用户付费意识提升，据本研究测算头部 App 付费转化率在 12% 左右，相比前几年有了明显提升。

本研究对知识付费领域付费转化率的测算参考了喜马拉雅、得到、懒人听书的付费用户数据。喜马拉雅招股书显示，截至 2020 年 12 月 31 日，喜马拉雅移动端月活跃用户达到 1.036 亿人，其中付费人数 1260 万人，据此可计算出喜马拉雅付费转化率为 12.2%。喜马拉雅的付费转化率仍在继续提升，2021 年第一季度喜马拉雅移动端付费用户达 1390 万人，月活跃用户为 1.04 亿人，付费转化率达 13.3%。得到的招股书披露了 2020 年 1~3 月的用户数据，新增注册用户数为 187.9 万人，付费用户数为 27.8 万人，付费转化率为 14.8%。懒人听书 2019 年 8 月的付费转化率在 4.5% 左右，月活跃用户近 3000 万人，由此估算 2019 年懒人听书付费用户规模约为 135 万人。

本研究通过以上三个头部 App 的用户数据，估算 2018~2020 年知识付费领域付费转化水平。具体数据如表 11-3 所示，付费转化率走势如图 11-6 所示。

表 11-3　2018~2020 年头部知识付费平台付费转化数据（估算）

公司名称	付费用户数量（万人）			月活跃 / 注册用户数量（万人）			付费转化率（%）		
	2018 年	2019 年	2020 年	2018 年	2019 年	2020 年	2018 年	2019 年	2020 年
喜马拉雅	230.0	710.0	1260.0	7150.0	9490.0	10360.0	3.2	7.5	12.2
得到	164.9	91.1	27.8	681.4	397.5	187.9	24.2	22.9	14.8
懒人听书	—	135.0	—	—	3000.0	—	—	4.5	—
合计	394.9	936.1	1287.8	7831.4	12887.5	10547.9	5.0	7.3	12.2

注：（1）得到未公布月活跃用户数，以注册用户数替代；（2）得到未公布 2020 年全年数据，以 2020 年第一季度数据作为估算参考；（3）懒人听书未公布 2019 年全年数据，以 2019 年 8 月数据作为估算参考。

数据来源：喜马拉雅、得到公司招股书，36 氪。

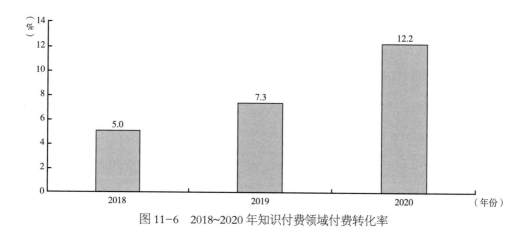

图 11-6　2018~2020 年知识付费领域付费转化率

四　市场集中度适中，头部格局较为稳定

本研究选取了每年营收规模排名靠前的 4 家知识付费平台进行统计。据本研究估算，2016~2020 年 4 家知识付费龙头平台营收之和如表 11-4 所示，占整体市场规模的比例（即市场集中度）如图 11-7 所示。

2016~2020 年知识付费领域市场集中度基本稳定，2016 年头部 4 家企业占据 28% 左右的市场份额，2017~2019 年波动下降至 20% 左右，2020 年再次回升至 28% 左右。头部玩家以综合型内容平台为主，垂直内容平台竞争力相对较弱。

表 11-4　2016~2020 年头部知识付费平台营收数据

单位：亿元

公司名称	2016 年	2017 年	2018 年	2019 年	2020 年
喜马拉雅	2.05	7.30	14.76	26.77	40.50
得到	2.89	5.56	7.38	6.28	6.75
蜻蜓 FM	2.00	4.00	15.84	16.87	50.62
懒人听书	0.50	1.00	2.00	—	—
知乎	—	—	—	6.71	13.52
合计	7.44	17.86	39.98	56.63	111.39

数据来源：中国产业信息网、搜狐科技、第一财经、腾讯网，本研究估算。

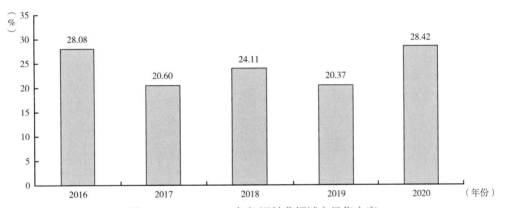

图 11-7　2016~2020 年知识付费领域市场集中度

数据来源：中国产业信息网、搜狐科技、第一财经、腾讯网，本研究估算。

第四节　投资动向与投资价值

一　投资数量和投资金额呈"倒 U 型"分布

如图 11-8 所示，2015~2020 年，知识付费领域投资数量和投资金额都呈"倒 U 型"分布。2015~2018 年知识付费领域资本关注度迅速提升，并在 2018 年达到峰值，随后开始下降。2018 年有 21 起投资事件，到 2019 年下降至 6 起，2020 年则仅有 2 起，投资金额也随之下降。可见，知识付费领域"风口"已过，市场进入调整期。

二　新增企业数量大幅下降

2015~2018 年知识付费领域新增企业数量呈先降后升趋势，2019 年和 2020 年迅

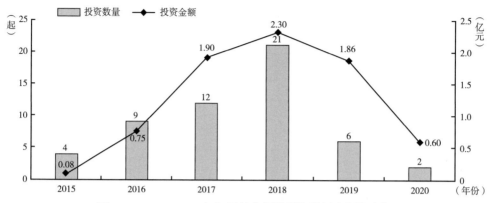

图 11-8 2015~2020 年知识付费领域投资数量和投资金额

数据来源：IT 桔子。

速下降（见图 11-9）。知识付费的创业活跃期已经过去，企业估值回归合理区间，盈利能力面临市场检验。

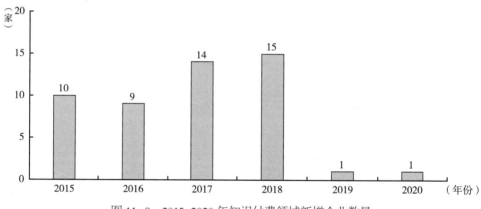

图 11-9 2015~2020 年知识付费领域新增企业数量

数据来源：IT 桔子。

三 垂直知识平台、知识社群较受关注

2019 年和 2020 年知识付费领域投资事件仅有 8 起，其中专注内容付费的技术服务商"小鹅通"就有 2 起，其余的 6 起被投资的企业分别为垂直于金融领域的在线知识服务平台"真知灼见"（采取"App+官网＋线下社群"的形式运营），线上职业农民教育平台"天天学农"，为用户提供互联网知识课堂的内容上传、加密、管理、交

易、变现、增值的专业软件"火眼 FE"，致力于 3~12 岁专业科学教育的"科学队长"，面向互联网专业人群的付费知识社群平台"知群"，以及一家新成立的教育科技公司。

在运营形态上，被投资的 8 家企业中，社群类平台有 4 家，知识社群凭借其封闭性及粉丝黏性已发展出较为成熟的运营模式；在内容传播上，直播、音频成为知识付费常见的内容媒介形态（见图 11-10）。

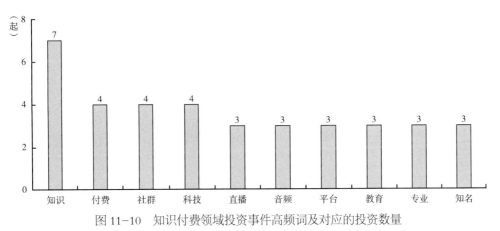

图 11-10　知识付费领域投资事件高频词及对应的投资数量

数据来源：IT 桔子。

四　知识付费投资价值评估结果：较低（★★）

根据第一章第三节所述的投资价值评估方法，知识付费领域的投资价值评估结果为★★，可能有一定的投资机会，但未来发展不够明确，或者风险略高于机遇。具体如表 11-5 所示。

表 11-5　知识付费投资价值综合评估结果

序号	一级指标	一级指标得分	二级指标	二级指标原始数据	原始数据标准化	二级指标得分
1	基础规模	1	市场规模	392 亿元	0.017	★
			用户规模	4.2 亿人	0.147	★
2	发展速度	4.5	市场规模增长率	41.01%	0.664	★★★★★
			用户规模增长率	17.42%	1.000	★★
3	转化程度	1	付费转化率	12.20%	0.102	★
4	竞争程度	1	市场集中度	28.42%	28.42%	★

续表

序号	一级指标	一级指标得分	二级指标	二级指标原始数据	原始数据标准化	二级指标得分
5	活跃程度	2.3	新增企业数量增长率	0.00%	1.000	★★★★★
			投资数量增长率	−66.67%	0.108	★★★★★
			投资金额增长率	−67.74%	0.036	★★★
6	相关政策导向	4	相关政策支持程度	加强知识产权保护，激励创新，偏正向		★★★★
7	传统主流媒体报道倾向	3	传统主流媒体报道倾向程度	正向占比减去负向占比的值为 −2 个百分点，中性		★★★
加权总计结果						13.53
综合结果						★★

第五节　未来发展趋势

知识付费产品形态、内容种类和商业模式将更加多样化。我国知识付费领域的发展得益于移动互联网的普及和移动支付带来的便利条件。早期知识付费内容以付费小说、付费文章为主，随着使用场景的扩大，知识付费的产品形态也不断拓展。除了电子书，音频、短视频、直播、在线课程等多种类型产品层出不穷，甚至拓展到线下课程、实体书、周边产品。内容主题也更加丰富多彩，如得到的线上知识服务已覆盖应用技能类、商学类、科学类、人文类等多主题内容，其中应用技能类涵盖职场技能、沟通表达、自我管理、人际关系、思维模型、生活健康、家庭亲子、行业跟学等多个主题。除了线上课程，还有听书、电子书、解决方案型产品、知识脱口秀等。产品形态和内容的丰富为商业变现带来了多种可能。知识付费平台除了线上内容付费、广告、电商等业务，还拓展了线下课程、视频节目、实体书、电子阅读器、周边产品等。随着移动接收终端逐渐拓展至车载终端、智能家居、智能穿戴设备，知识付费产品和内容种类将更加丰富，未来也将出现新的商业变现模式。

第十二章
数字内容产业市场趋势与投资价值综合分析

本章主要内容：一是总结分析数字内容产业市场发展、竞争格局、投融资数量、投资热点、政策及舆论环境等要素，洞察2021~2022年我国数字内容产业的发展现状，预测未来几年产业发展趋势；二是根据数字内容产业10个细分领域投资价值的评估结果，总结数字内容产业投资价值分布情况，比较分析各领域的投资优劣势；三是通过综合发展趋势和投资价值评估两部分结论得出投资动向，并提出我国数字内容产业现存问题及发展建议。

第一节 数字内容产业市场趋势

一 数字内容产业规模扩张速度放缓，短视频继续领增

2020年，我国数字内容产业市场规模继续扩张，在本研究关注的10个细分领域中，超千亿元市场规模的有6个，分别为网络游戏、在线教育、动漫、短视频、网络视频、直播。相比2018年新增了短视频和直播这两个发展迅猛的领域，但整体来看增速已放缓，大部分细分领域2020年市场规模增长率都低于2018年（见图12-1），说明我国数字内容产业规模增长已步入平稳期。

具体来看，短视频领域增长速度最快，延续了领先优势。虽然相比之前增速已经下降了不少，但仍保持在60%左右的高水平，市场规模在2020年突破2000亿元大关。增长第二快的是知识付费领域，在知识经济时代，知识付费作为一种新兴的商业模式发展迅速，但市场总量还比较小。值得一提的是，网络游戏和在线教育2020年市场规模同比增速都高于2018年，成为少数加速增长的领域，主要原因是受新冠肺炎疫

情影响，人们居家时间较长，刺激了网络游戏和在线教育市场的消费。随着社会生活的恢复，这种高增长模式将难以持续，这两个细分领域将回调至各自的价值区间。

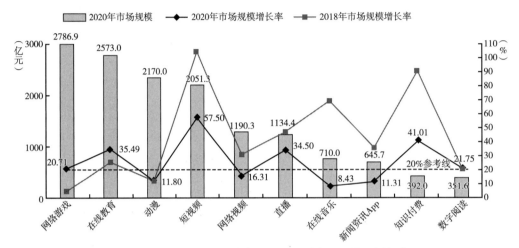

图 12-1 2020 年数字内容产业细分领域市场规模及增长率

二 "宅家经济"红利消退，用户价值经营成为新考验

2020 年初，受新冠肺炎疫情刺激，数字内容产业用户规模激增。以在线教育为例，CNNIC 数据显示，2020 年 3 月的在线教育用户规模相比 2018 年增长 110.45%，直播用户规模相比 2018 年增长超过 40%。随着疫情防控进入常态化，社会生活逐渐回归正常，到了 2020 年底，多个细分领域用户规模增长乏力甚至出现回落，如在线教育用户规模同比下降近 20%，网络视频和网络游戏用户规模也出现了负增长（见图12-2）。

随着线上红利迅速消退，数字内容企业的下一步关键任务是如何留住用户以及实现用户价值的转化。用户价值经营方式主要有两种：一是提升用户对内容的付费转化率或者衍生品购物下单的转化率，直接增加营收；二是增加用户黏性，提升用户在线时长，以增加商业广告曝光度和点击率。当前，数字内容产业的价值导向已经从流量"圈地"走向商业变现，在前两版报告中（2017~2018 年、2019~2020 年），短视频、网络视频领域基于庞大的用户基数和快速增长势头获得了较高的评价；而在 2020 年及以后，直播和网络游戏领域作为拥有成熟变现模式、高用户价值转化率的领域，获得了极高的关注度。这说明当前数字内容产业市场已进入调整期，从单纯追求用户量扩张到最大化实现用户价值，实现了一次产业发展跃升。

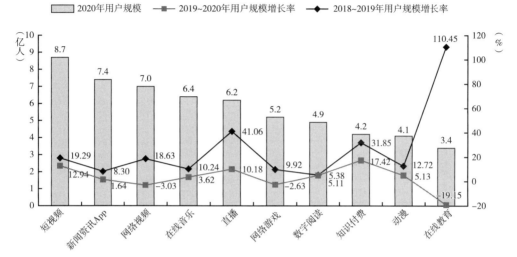

图 12-2　2020 年数字内容产业细分领域用户规模及增长率

注：网络游戏、网络视频、短视频、直播、在线音乐、在线教育、新闻资讯 App 用户规模数据参考 CNNIC 发布的第 47 次《中国互联网络发展状况统计报告》。CNNIC 未发布 2019 年 12 月数据，以 2020 年 3 月数据代替。

三　付费转化率普遍提升，内容成为增长动力和未来竞争点

用户付费是数字内容产业的重要营收来源之一，付费转化率衡量的是总体用户中付费用户的比例，可反映内容产品或服务受用户认可的程度。

整体来看，2020 年我国数字内容产业细分领域付费转化率仍偏低，但表现出较好的增长趋势，相比于 2019 年，基本都实现了不同程度的提升（见图 12-3）。随着数字内容产业用户规模增长逐渐达到瓶颈，接下来市场的竞争将集中于优质内容资源，以内容刺激存量用户活跃度和付费转化率。从不断提升的付费转化率也可以看出，用户的付费习惯正在养成，这将为内容付费提供强大支持，为原创内容提供创作动力。数字内容产业的核心是内容产品，而内容产品的核心在于创造力，用户对原创作品的尊重和付费意愿的提升，将刺激创作者产生更多更丰富的优质作品，内容将拓展到更广泛的人群，产生更大的付费群体，由此形成良性循环。以喜马拉雅平台为例，数据显示，随着内容品类、音频场景的不断丰富，"60 后""00 后"用户付费渗透率逐步加强，2020 年"60 后"付费人数同比增长 154%，"00 后"付费

人数同比增长 94%。[①] 未来，随着内容分层和版权保护环境的改善，用户付费潜力仍有较大拓展空间。

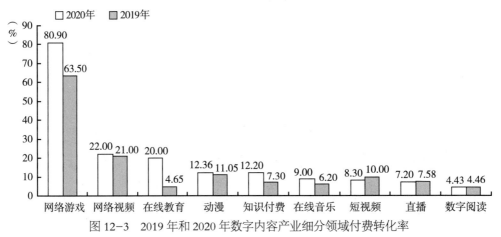

图 12-3　2019 年和 2020 年数字内容产业细分领域付费转化率

注：（1）新闻资讯 App 领域尚无成熟普遍的付费阅读模式，未统计付费转化率；（2）短视频领域参考头部 KOL 电商付费转化率。

四　细分领域头部格局趋于稳定，直播"带货"拓宽竞争赛道

　　整体来看，我国数字内容产业的市场集中度[②]偏高，竞争格局趋于稳定，头部企业市场份额变化不大。如图 12-4 所示，数字内容产业 10 个细分领域中有 5 个的市场集中度超过 75%，分别为在线音乐、短视频、网络游戏、新闻资讯 App、网络视频。根据美国贝恩对产业垄断和竞争类型的划分，市场集中度超过 75% 属于极高寡占型市场，不利于新进入者。其中，在线音乐 4 家头部平台市场份额达到 93.5%，同比仅下降 1%，头部格局稳固。腾讯音乐牢牢占据市场主导地位，近年来腾讯音乐通过兼并、收购、投资，逐渐完善自己的音乐版图。2018 年腾讯音乐上市，成为我国在线音乐第一股。腾讯音乐集团（TME）自 2017 年与环球音乐达成版权合作，2020 年 12 月再次收购环球音乐 10% 的股权，持股增至 20%，彼时腾讯音乐集团已经集齐全球三大唱片公

　　① 文汇报.《2020 年音频泛知识付费市场洞察》发布，用户付费习惯养成 [EB/OL]. 2021-01-14[2021-10-22]. https://www.sohu.com/a/444462893_120244154.

　　② 本研究市场集中度的计算方式为选取某领域当年营收规模较大、排名靠前的 4 家龙头企业，计算它们当年该领域业务营收之和占当年整体市场规模的比例。

司（环球音乐、索尼音乐、华纳音乐）的独家版权，其旗下的音乐 App 因享有独家版权资源优势而碾压其他竞争对手。在短视频领域，2020 年头部 4 家短视频平台占据了 86% 的市场份额，抖音系、快手系、腾讯微视三家占据了短视频一二梯队产品，积累了大量优质达人资源和内容基础，主导市场走向。网络游戏和新闻资讯 App 市场集中度水平相近，都超过 80%，略低于前两者，但也处于高度垄断的状态。

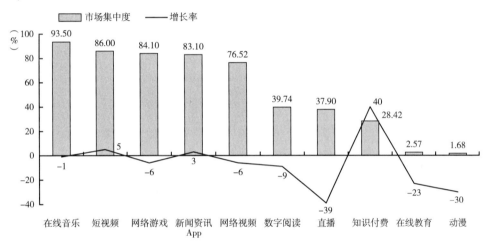

图 12-4　2020 年数字内容产业市场集中度及增长率

从市场集中度变化情况来看，数字内容产业大部分细分领域竞争格局已趋于稳定，直播、知识付费波动最大，在线教育和动漫虽然波动较大，但由于二者基数小，绝对值变化并不大。具体来看，直播领域 2020 年市场集中度同比下降 39%，腰部和尾部中小平台获得了更多发展机会。直播"带货"发展火热，拉升了市场的天花板。直播"带货"品类从食品、化妆品、母婴用品、农产品，扩展至图书等。当前，传统出版集团顺应直播"带货"的浪潮，通过品牌自播、与知名主播和 KOL 合作拓展图书销售渠道，如中信出版社和樊登合作直播，交出了百万元销售额的亮眼成绩单。知识付费领域市场竞争较为分散，头部平台正在快速开疆拓土，2020 年知识付费市场集中度同比大幅提升，主要是头部平台喜马拉雅、蜻蜓 FM 营收的大幅增长所致；未来，随着内容资源进一步向头部集中，头部平台话语权将继续增强。

五 数字内容创投市场持续降温，"独角兽"企业吸金能力强

自 2018 年以来，我国融资环境严峻，融资事件数量和融资金额连续下跌。2018 年国内融资事件相比 2017 年下降 23%，2019 年上半年融资数量和融资金额同比下降 47.66% 和 59.79%。其中，文创、生活服务、金融、房产行业融资发生次数直减 50%。[①] 2020 年国内一级市场融资事件数量同比减少 24.4%，已披露的融资总金额同比下降 9.9%。[②] 相比 2019 年的大跌，2020 年降幅趋缓，但仍未改变国内融资严峻的大环境。

受国内创投市场大环境的影响，数字内容产业创投活跃度持续下降。2020 年 10 个细分领域新成立企业数量延续了前两年的下降态势，大部分领域同比下降超过 15%（见图 12-5），其中在线音乐和数字阅读同比下降超过 60%。从投资金额来看，在线教育无论是在绝对值还是在增长率上都远超其他领域（见图 12-6），这一方面与疫情刺激线上教学有关，另一方面少数"独角兽"企业受资本青睐，正在成为吸引投资的重要标的。典型的大额投资案例如作业帮在 2020 年 12 月获得了红杉资本中国、阿里巴巴等投资的 16 亿美元 E+ 轮融资，而在同年 6 月，作业帮已获得了红杉资本中国、天图投资等机构投资的 7.5 亿美元 E 轮融资。另一个获得资本大量关注的"独角兽"企业是猿辅导，2020 年 3 月获得 IDG 资本、腾讯投资等机构投资的 10 亿美元 F 轮融资，紧接着在同年 8 月和 10 月，再次获得了 12 亿美元和 10 亿美元 F 轮融资。2020 年在线教育领域投资金额上涨、投资数量下降说明资本正在向少数头部企业集中。

六 龙头企业通过投资并购扩大业务版图，实现产业链上下游融合

信息时代的高阶发展阶段是数字内容时代，优质内容资源、内容原创能力将成为核心竞争力。优质内容具备聚集的倾向，龙头企业发挥内容规模效应，将业务版图延伸到更深远的产业链条就成为一件自然而然的事情了。以动漫为例，龙头企业奥飞娱乐拥有《喜羊羊与灰太狼》《超级飞侠》等众多知名 IP，除了动画本身，公司还围绕

[①] 贾萌.2019H1 中国创投报告 | 融资数量跌 48%，融资总额跌 60%[EB/OL]. 2019-07-01[2021-10-22]. https://www.iyiou.com/analysis/20190701104251.

[②] 姜煜.博科技发布《2020 年中国一级市场盘点》[EB/OL]. 2021-01-13[2021-10-22]. http://www.sh.chinanews.com/jinrong/2021-01-13/84409.shtml.

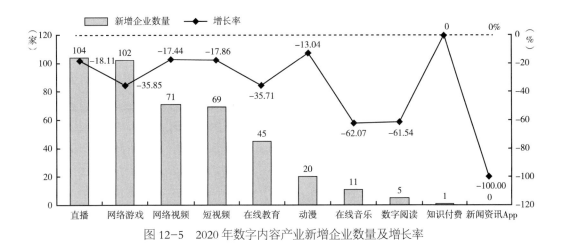

图 12-5　2020 年数字内容产业新增企业数量及增长率

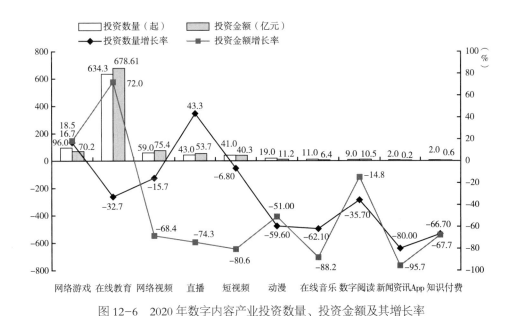

图 12-6　2020 年数字内容产业投资数量、投资金额及其增长率

内容 IP 开展多元化经营，拓展玩具、线下乐园等衍生业务，开发动漫大电影，融合产业链上下游业务。

以腾讯、字节跳动、百度等为典型代表的龙头企业更多通过投资并购拓展业务领域。本研究整理了 2019~2020 年数字内容领域典型龙头企业的对外投资事件（见图 12-7、表 12-1），所统计的 5 家龙头企业共参与 71 起投资，其中，腾讯投资（含参投）了 39 起，占比过半；其次是哔哩哔哩，投资（含参投）了 12 起；百度系和字节

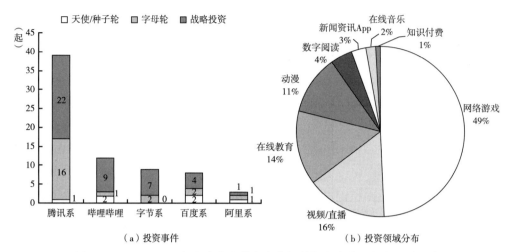

图 12-7　2019~2020 年龙头企业数字内容领域投资事件和投资领域分布

系旗鼓相当，阿里系在数字内容领域布局相对较少。从投资轮次来看，以战略投资为主，总共有 43 起；字母轮投资中以 A 至 C 轮的早期投资为主。从涉及的领域来看，网络游戏位列第一，其次是视频 / 直播、在线教育领域，占比分别为 16% 和 14%。作为数字内容产业最具流量变现价值的两个细分领域，网络游戏和直播成为龙头企业投资布局的重点。

表 12-1　2019~2020 年龙头企业数字内容产业相关投资事件

时间	投资对象	轮次	投资金额	投资方	细分领域
2020 年 12 月 8 日	炎央文化	战略投资	数千万元	腾讯投资	动漫
2020 年 12 月 2 日	阿佩吉	A 轮	未披露	腾讯投资	动漫
2020 年 11 月 13 日	麦抖文化	战略投资	未披露	爱奇艺	动漫
2020 年 11 月 2 日	花原文化	战略投资	未披露	腾讯投资	动漫
2020 年 9 月 18 日	平塔科技	战略投资	未披露	哔哩哔哩	动漫
2019 年 6 月 10 日	虚拟影业	天使轮	未披露	腾讯投资	动漫
2019 年 4 月 4 日	灵槭文化	战略投资	未披露	哔哩哔哩	动漫
2019 年 2 月 3 日	风鱼动漫	A 轮	数千万元	腾讯投资	动漫
2020 年 12 月 31 日	口袋宝宝	战略投资	未披露	哔哩哔哩	视频 / 直播
2020 年 12 月 25 日	小象大鹅	战略投资	数亿元	哔哩哔哩，快手，唯贤资本	视频 / 直播
2020 年 11 月 27 日	翼鸥教育	C 轮	2.65 亿美元	腾讯投资，海纳亚洲，高成资本，渶策资本，高瓴创投	视频 / 直播

续表

时间	投资对象	轮次	投资金额	投资方	细分领域
2020 年 11 月 10 日	汉卿传媒	战略投资	未披露	哔哩哔哩	视频/直播
2020 年 10 月 29 日	IC 实验室	天使轮	数千万元	哔哩哔哩	视频/直播
2020 年 9 月 9 日	牧云文化	天使轮	未披露	百度	视频/直播
2020 年 6 月 28 日	小 K 动捕	天使轮	数千万元	百度风投	视频/直播
2020 年 3 月 12 日	泰洋川禾	B 轮	1.8 亿元	字节跳动，泰合资本	视频/直播
2020 年 2 月 11 日	风马牛传媒	战略投资	未披露	字节跳动	视频/直播
2019 年 11 月 7 日	大鹅文化	A+ 轮	数千万元	腾讯投资	视频/直播
2019 年 8 月 8 日	分子互动	A+ 轮	数千万元	腾讯投资	视频/直播
2019 年 4 月 18 日	小鱼易连	C 轮	数亿元	腾讯投资	视频/直播
2019 年 1 月 7 日	艾尔平方	C 轮	数千万元	哔哩哔哩，新明资本	视频/直播
2020 年 7 月 20 日	塔读文学	战略投资	数千万元	字节跳动	数字阅读
2020 年 2 月 2 日	小明太极	战略投资	未披露	爱奇艺	数字阅读
2019 年 7 月 31 日	梧桐中文网	A 轮	未披露	百度风投	数字阅读
2020 年 12 月 30 日	鹿游网络	战略投资	2400 万元	腾讯投资	网络游戏
2020 年 12 月 14 日	拱顶石游戏	战略投资	未披露	腾讯投资	网络游戏
2020 年 12 月 9 日	影之月	战略投资	未披露	腾讯投资	网络游戏
2020 年 12 月 2 日	润梦网络	战略投资	数千万元	腾讯投资	网络游戏
2020 年 11 月 30 日	网元圣唐	战略投资	未披露	腾讯投资，国金投资，重庆云回转企业管理咨询	网络游戏
2020 年 11 月 25 日	水果堂	战略投资	4464 万元	腾讯投资	网络游戏
2020 年 11 月 25 日	神罗互娱	战略投资	数千万元	字节跳动	网络游戏
2020 年 11 月 25 日	七号笔迹	战略投资	数千万元	腾讯投资	网络游戏
2020 年 11 月 24 日	MAX 电竞	战略投资	未披露	腾讯投资	网络游戏
2020 年 11 月 20 日	无端科技	战略投资	数千万元	腾讯投资，国金投资	网络游戏
2020 年 11 月 5 日	暖域科技	战略投资	未披露	腾讯投资	网络游戏
2020 年 11 月 3 日	纳仕游戏	战略投资	数千万元	腾讯投资	网络游戏
2020 年 10 月 29 日	星合互娱	战略投资	未披露	腾讯投资	网络游戏
2020 年 10 月 26 日	英雄体育 VSPN	B 轮	1 亿美元	腾讯投资，海纳亚洲，天图投资，快手，光源资本	网络游戏
2020 年 10 月 26 日	元趣娱乐	战略投资	未披露	腾讯投资	网络游戏

续表

时间	投资对象	轮次	投资金额	投资方	细分领域
2020 年 10 月 13 日	有爱互娱	战略投资	数亿元	字节跳动	网络游戏
2020 年 10 月 10 日	紫月格格	战略投资	未披露	腾讯投资	网络游戏
2020 年 9 月 24 日	光焰网络	天使轮	未披露	哔哩哔哩	网络游戏
2020 年 9 月 22 日	动视云科技	A 轮	7800 万元	腾讯投资，南山资本	网络游戏
2020 年 9 月 11 日	猫之日	战略投资	数千万元	哔哩哔哩	网络游戏
2020 年 8 月 27 日	时之砂	战略投资	未披露	哔哩哔哩	网络游戏
2020 年 8 月 21 日	麦博游戏	战略投资	数千万元	字节跳动	网络游戏
2020 年 8 月 17 日	影之月	战略投资	数千万元	哔哩哔哩	网络游戏
2020 年 6 月 10 日	凡帕斯	战略投资	数千万元	腾讯投资	网络游戏
2020 年 5 月 18 日	掌派科技	战略投资	数千万元	哔哩哔哩	网络游戏
2020 年 3 月 23 日	同桌游戏	战略投资	未披露	阿里云	网络游戏
2019 年 12 月 16 日	阅读无限	A 轮	未披露	字节跳动	网络游戏
2019 年 12 月 6 日	Area 28 Technologies	种子轮	215 万美元	阿里巴巴，Bright Success Capital，Vectr Ventures，Apes Ventures，Ironfire Ventures	网络游戏
2019 年 10 月 28 日	武汉西腾科技	战略投资	数千万元	腾讯投资，西山居	网络游戏
2019 年 9 月 30 日	帕斯亚科技	B 轮	未披露	腾讯投资	网络游戏
2019 年 6 月 13 日	达龙云电脑	A 轮	未披露	腾讯投资	网络游戏
2019 年 4 月 8 日	祖龙娱乐	战略投资	数千万元	腾讯投资	网络游戏
2019 年 3 月 15 日	上禾游戏	战略投资	数千万元	字节跳动	网络游戏
2019 年 3 月 11 日	紫月格格	战略投资	未披露	爱奇艺	网络游戏
2019 年 2 月 20 日	蝴蝶互动	战略投资	数千万元	百度，指数资本	网络游戏
2019 年 10 月 11 日	36 氪传媒	战略投资	2400 万美元	字节跳动，Homshin Innovations Ltd.，Red Better Ltd.，Krystal Imagine Investments Ltd.，Nikkei Inc.	新闻资讯 App
2019 年 6 月 20 日	If 时尚	战略投资	未披露	腾讯投资	新闻资讯 App
2020 年 9 月 24 日	智慧树网	C 轮	未披露	百度，中叶资本，阳诚创投	在线教育
2020 年 9 月 24 日	高顿教育	战略投资	未披露	腾讯投资，正心谷资本，弘卓资本，本初资本	在线教育
2020 年 8 月 31 日	猿辅导	F 轮	12 亿美元	IDG 资本，腾讯投资，高瓴资本，博裕资本	在线教育
2020 年 7 月 8 日	美术宝	C+ 轮	4000 万美元	蓝驰创投，腾讯投资，顺为资本，华联长山兴，创致资本，博佳资本，高鹄资本	在线教育

续表

时间	投资对象	轮次	投资金额	投资方	细分领域
2020 年 4 月 27 日	瑞迪欧音乐库	战略投资	未披露	腾讯音乐娱乐集团	在线音乐
2020 年 3 月 31 日	猿辅导	F 轮	10 亿美元	IDG 资本，腾讯投资，高瓴资本，博裕资本	在线教育
2020 年 1 月 6 日	大米网校	A 轮	8000 万美元	红杉资本中国，腾讯投资，创业黑马基金	在线教育
2019 年 7 月 18 日	小盒科技—作业盒子	D 轮	1.5 亿美元	BAI 资本，阿里巴巴，云锋基金，C 资本，泰合资本	在线教育
2019 年 6 月 25 日	美术宝	C 轮	4000 万美元	蓝驰创投，腾讯投资，弘毅投资，微光创投，华联长山兴，创致资本，高鹄资本	在线教育
2020 年 10 月 21 日	小鹅通	C 轮	未披露	腾讯投资	知识付费

资料来源：IT 桔子。

七 泛娱乐类内容规模占比大，将持续引领产业经济价值提升

休闲娱乐和获取知识是人们消费数字内容的两个主要目的，以动漫、网络游戏、在线音乐、短视频为代表的细分领域通过提供娱乐类内容丰富人们的休闲方式；而在线教育、数字阅读、知识付费三个细分领域则通过提供知识类内容帮助人们提升自我。从消费目的来看，当前娱乐类内容是我国数字内容产业的主要构成，是产业中规模最大和最具经济价值的部分。如图 12-8 所示，浅色气泡代表娱乐类内容领域，深色气泡代表知识类内容领域，气泡大小代表市场规模的大小。

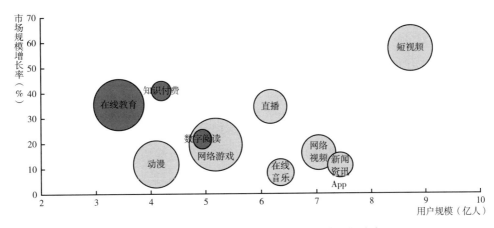

图 12-8 2020 年数字内容产业细分领域规模分布

注：X 轴是 2020 年用户规模，Y 轴是 2020 年市场规模增长率，气泡大小代表 2020 年市场规模的大小，气泡越大，代表市场规模越大。

首先，在细分领域数量上，泛娱乐类碾压泛知识类，10个细分领域中仅有在线教育、知识付费、数字阅读3个领域内容具备较强知识属性。其次，在规模上，泛娱乐类的市场规模和用户规模都比较大。将市场规模简单加总来看，2020年在线教育、知识付费、数字阅读三者市场规模合计为3316.6亿元，泛娱乐类细分领域的市场规模合计则为10688.57亿元，是前者的三倍多，其中短视频和直播市场仍保持高速增长。用户规模方面，泛娱乐类中除了动漫都超过5亿人，这与泛知识类形成鲜明对比，后者的用户规模没有超过5亿人的。最后，在增长势头上，泛知识类领域相比大部分泛娱乐类领域，整体保持了较高水平增速。这说明了知识内容的发展潜力，未来泛知识类内容将在数字内容产业中占据更大的席位。但所有领域都不及短视频。短视频已成为泛娱乐类内容的主流呈现方式，以视频、直播为主要形式的泛娱乐类内容将持续引领产业经济价值提升。

八 短视频越来越长，长视频也在部署短视频业务

上一版报告中，我们就提出了长短视频走向融合的趋势。经过这两年的发展，我国短视频市场发展势头不减，主流短视频平台已正式进军长视频市场。当前，短视频已成为我国移动互联网的基础应用之一，甚至成为新增网民触网的重要途径。随着短视频用户增长接近天花板，短视频平台不断拓展业务边界，从15秒，到1分钟，到5分钟甚至15分钟，短视频越来越长，以抖音、快手、西瓜视频为代表的短视频平台正在向长视频、中视频、自制剧方向发力。2021年8月，抖音在首页增加了长视频专区，给予内容创作者更多发挥的空间；哔哩哔哩的长视频项目《风犬少年的天空》《说唱新世代》引发广泛关注；华浩影视和快手联合出品了电影《空巢》，并在快手平台独家上线。

与此同时，为应对短视频对用户时长的侵占，长视频平台也在积极部署中、短视频业务。2020年4月，爱奇艺短视频产品"随刻"上线，对标YouTube，发力视频社区业务。爱奇艺创始人龚宇在公开场合表示，中视频是爱奇艺未来的战略重点之一。同年11月，爱奇艺App正式上线了原创短视频种草产品"划啦"，该产品内容主要来自爱奇艺上的电视剧、电影、综艺、动漫、纪录片以及通过AI剪辑的精彩片段。2021年3月，腾讯视频上线的古装IP剧《长歌行》，将微视作为播放渠道之

一。相比于爱奇艺和腾讯视频，优酷并未推出单独的短视频产品，而是将长短视频融合在一起，通过在更新的版本中强化短视频的互动体验入局短视频市场，并针对视频创作者推出优酷号，投入资源扶持原创。总体来看，长视频平台依托内容版权资源的优势，一方面通过对影视综内容的剪辑、编辑、互动、解说等二次创作形成短视频素材，获得更多长尾效应；另一方面借助短视频的宣传效应，将用户引流到长视频内容平台。长中短视频平台深入彼此腹地，并形成了差异化打法，深度影响着大视频行业的竞争格局和发展走势。视频内容的边界正在消失，视频融合时代下，内容版权的重要性将更加凸显。

九　5G、超高清技术落地应用，将持续推动内容产品和服务场景多元化

当前 5G 发展已进入落地应用阶段，超高清视频应用成为最先爆发的市场，正在迎来黄金发展期。在 2020 世界超高清视频（4K/8K）产业发展大会 5G 移动超高清视频创新论坛上，中国超高清视频产业联盟（CUVA）发布了《5G 超高清新场景白皮书》，总结了包括 4K 超高清直播、远程医疗操作、远程交通指挥在内的三类 14 个典型超高清新场景。

在数字内容产业，以 5G、超高清、云计算为代表的新兴技术正在推动产品形态和服务场景的多元化。在游戏领域，随着云网融合的推进，云游戏将成为网络游戏下一阶段的主流形态。云游戏是将游戏的存储、加载、画面渲染在云端完成，本质上仍是在线互动视频，因此超高清技术的发展将有助于大幅提升游戏体验。2021 年腾讯发布了"天涯明月刀手游"云游戏版，米哈游也已开启"米哈云游"云游戏测试平台。在技术助推和龙头企业带领下，云游戏市场的巨大潜力正在被挖掘。进入后疫情时代，音乐演唱会、电影、主题乐园等线下娱乐业务受到严重影响，与此同时线上业务快速发展，云演艺获得发展机会。5G 网络的接入为直播提供了高速、顺畅的网络基础，提升了画面质感和用户体验。随着直播经济的大火，越来越多的 App 增加了直播功能，"直播＋游戏""直播＋电商""直播＋旅游"等打破边界的创新商业模式日趋成熟，"直播＋"赋能传统产业探索多元化营收渠道。直播正在成为一种传播基础设施，在多个业态中发挥重要作用。在线教育领域也是技术发展的最先受益方向之一，随着 5G 网络的快速部署，

4K/8K 超高清视频技术的应用、XR 设施将得到有效的网速支持，未来将真正实现沉浸式教学。

十　政策监管叠加主流媒体监督，持续推进数字内容网络空间规范化发展

数字内容产业相比于其他产业，除了经济价值，还兼具精神文明引导和休闲娱乐的双重效应，因此其发展走势受政策和舆论的影响很大。传统主流媒体网站的报道，作为舆论内容的权威总结和代表，往往能直指发展问题，甚至影响政策制定，对产业发展有督导作用。

在相关政策方面，作为我国数字经济的重要组成部分，政策积极鼓励数字内容产业创新发展，鼓励加大优质内容供给和创新技术应用，提高内容质量和供给效率，同时加快媒体深度融合和网络空间治理（见表 12-2）。党的十九届五中全会通过《中共中央关于制定国民经济和社会发展第十四个五年规划和二〇三五年远景目标的建议》，明确提出"加强网络文明建设，发展积极健康的网络文化"。2020 年 12 月，中共中央印发《法治社会建设实施纲要（2020~2025 年）》，专门设立"依法治理网络空间"一章，对未来五年全面推进网络空间法治化作出了顶层设计。数字内容产业发展过程中暴露的诸多问题一直备受社会各界关注。为进一步净化网络空间，促进行业健康规范，自 2020 年以来，相关政策对数字内容产业的监管更加严格，在数据安全、内容规范、服务规范、从业人员资质、平台责任等多个方面都作出了明确规定。如在数据安全方面，2021 年，国家互联网信息办公室、工业和信息化部、公安部、国家市场监督管理总局联合印发《常见类型移动互联网应用程序必要个人信息范围规定》，明确提出移动互联网应用程序（App）运营者不得因用户不同意提供非必要个人信息，而拒绝用户使用 App 基本功能服务。在平台服务规范方面，2021 年 2 月，国家互联网信息办公室、全国"扫黄打非"工作小组办公室等七部门联合发布《关于加强网络直播规范管理工作的指导意见》，重点规范网络打赏行为，推进主播账号分类分级管理，提升直播平台文化品位，促进网络直播行业高质量发展。在文化和旅游部、工业和信息化部、中宣部、国家市场监督管理总局、公安部等力量的介入下，数字内容产业前进的步伐短期内会受到影响，但长期看，行业将更加自律，实现良性发展。

表 12-2　数字内容产业各细分领域相关政策导向

序号	细分领域	2018~2019 年相关政策导向	2020~2021 年相关政策导向
1	网络游戏	规范引导为主，严格管理，控制运营数量	严格监管，限制未成年人使用的时段时长
2	动漫	鼓励与积极扶持，税收优惠	鼓励精品创作与传播，资金扶持
3	网络视频	内容规范与引导，加强片酬和纳税管理，严格审批、惩戒	加强内容和服务标准管理，促进规范
4	短视频	规范内容秩序，强化行业管理，要求准入资质	资质和内容监管强化，落实主体责任和惩戒机制
5	直播	规范和监管为主，要求准入资质，强调责任和违规处罚	要求平台健全规范管理制度，明确和落实主体责任
6	在线音乐	鼓励引导，推动发展，加强版权管理	加强版权保护，规范市场秩序，推进发展
7	数字阅读	鼓励引导优质阅读内容创作和传播，保障健康发展	鼓励公共数字文化资源建设和融合创新
8	新闻资讯 App	监管为主，明确资质要求和责任义务，引导规范发展	规定个人信息收集范围，通报违规 App
9	在线教育	大力推进和鼓励支持，加强规范化监督	"双减"政策严整 K12 教培市场，从严审批、禁止上市
10	知识付费	政策较少，鼓励支持，促进发展	加强知识产权保护，激励创新

注：本研究仅以通俗的视角观测政策主要内容中表达态度的关键词反映的支持程度，将其作为相关政策导向的参考依据，判断方法说明详见第二章第二节。

主流媒体舆论方面，整体来看，传统主流媒体关于数字内容产业 10 个细分领域的报道差异化明显（见图 12-9），有 4 个细分领域正向报道占比高于负向，6 个细分领域负向报道占比高于正向。具体来看，动漫、数字阅读具备非常好的舆论环境，得益于其文化传播价值和满足人民群众精神文化需求的能力；短视频、直播、在线教育、新闻资讯 App 则面临较为严峻的舆论环境，传统主流媒体主要针对视频剪辑侵权、自媒体洗稿抄袭、直播平台管理失范、在线教育平台"贩卖焦虑"、虚假"0 元学"等乱象进行了报道和讨论。

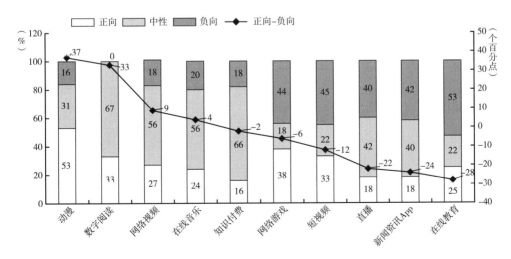

图 12-9　2021 年数字内容产业各细分领域传统主流媒体报道倾向占比分布

注：根据新华网、人民网、光明网关于各细分领域的报道进行情感倾向性测算，方法说明详见第二章第二节。

第二节　数字内容产业投资价值分析

一　投资价值评估结果汇总及排行榜

（一）投资价值评估结果汇总

根据前文所述的评价指标体系，笔者对数字内容产业各细分领域的投资价值进行综合评估。评估结果从高到低依次为：直播，综合结果为五星；网络游戏、数字阅读、短视频，综合结果为四星；动漫、网络视频，综合结果为三星；知识付费、在线教育、在线音乐，综合结果为二星；新闻资讯 App，综合结果为一星（见表12-3、表12-4）。

表 12-3　数字内容产业各细分领域投资价值评估综合结果

综合结果	说明	细分领域
投资价值很高（★★★★★）	具备很好的投资价值或投资机会，有利于投资者进入	直播
投资价值较高（★★★★）	有不错的投资价值或投资机会，但没有达到很有利的程度	网络游戏、数字阅读、短视频
投资价值一般（★★★）	有不错的机会，但也有相应的风险，评估结果偏中性	动漫、网络视频
投资价值较低（★★）	可能有一定的投资机会，但未来发展不够明确，风险略高于机遇	知识付费、在线教育、在线音乐
投资价值很低（★）	风险大于机会，未来发展不确定，当前不利于投资进入	新闻资讯 App

（二）数字内容产业投资价值排行榜

根据投资价值评估结果，本研究得出我国数字内容产业投资价值排行榜，该排行榜按照各细分领域的得分（即所有一级指标得分加权求和得出的数值）降序排列，10个细分领域得分从高到低依次为直播、网络游戏、数字阅读、短视频、动漫、网络视频、知识付费、在线教育、在线音乐、新闻资讯 App（见表12-5）。

表12-4　2021~2022年中国数字内容产业各细分领域投资价值评估结果汇总

细分领域	基础规模		发展速度		转化程度	竞争程度	活跃程度			相关政策导向	传统主流媒体报道倾向	综合结果
	市场规模	用户规模	市场规模增长率	用户规模增长率	付费转化率	市场集中度	新增企业数量增长率	投资数量增长率	投资金额增长率	相关政策支持程度	传统主流媒体报道倾向程度	综合结果
直播	★★	★★★	★★★★	★★★★★	★	★★★★★	★★★★★	★★★★★	★	★★	★★	★★★★★
网络游戏	★★★★★	★★	★★	★★★★	★★★★	★	★★★★	★★★★	★	★★	★★★	★★★★
数字阅读	★	★★	★★★	★★★	★★★★★	★★★★★	★★★	★★★	★	★★★★★	★★★★★	★★★★
短视频	★★★	★★★★★	★★★★★	★★★★	★	★	★★★★	★★★	★	★★	★★★★★	★★★★
动漫	★★★	★	★	★★	★★	★	★★★	★	★	★★★★★	★★★★★	★★★
网络视频	★★	★★★★★	★	★	★★	★	★★★★	★	★	★★★	★★★	★★★
知识付费	★	★	★★★★★	★★★★	★★	★	★★★★	★★	★	★★★★	★★★	★★
在线教育	★★★★★	★★★	★★★	★	★★	★	★	★	★★★★★	★	★★	★★
在线音乐	★	★★★	★	★★★★	★	★	★★★	★	★	★★★★	★★★	★★
新闻资讯App	★	★★★★	★★★	★★★		★	★	★	★	★★	★★	★

注：（1）按照加权总计结果降序排列，如网络游戏和数字阅读虽然最终景评估结果都是四星，但加权总计结果网络游戏高于数字阅读；（2）加权总计结果详见各细分领域的投资价值综合评估表，评估方法及标准详见第一章。

表 12-5　2021~2022 年数字内容产业各细分领域投资价值排行榜

序号	细分领域	得分
1	直播	18.17
2	网络游戏	17.30
3	数字阅读	17.17
4	短视频	16.50
5	动漫	14.33
6	网络视频	14.00
7	知识付费	13.53
8	在线教育	12.97
9	在线音乐	11.53
10	新闻资讯 App	9.50

注：得分为投资价值评估体系中的所有一级指标得分加权的和。

二　2017~2021 年投资价值评价结果比较：从流量"圈地"到价值变现

本研究将本次数字内容产业投资价值评估结果，与前两版（2017~2018 年、2019~2020 年）评估结果（见表 12-6、表 12-7）相比较，以观测近年来细分领域的发展变化，比较结果如表 12-8 所示。

从排名结果来看，2019~2020 年版相比于 2017~2018 年版，短视频、数字阅读排名向前移动较多，动漫、网络游戏、在线教育、知识付费、直播则排名后移。2021~2022 年版相较于 2019~2020 年版，直播、网络游戏和动漫排名向前移动较多，短视频、网络视频、知识付费、在线教育等排名后移。

2018 年，短视频正处于爆发期，市场规模和用户规模快速扩张，创投市场火热，头部平台迅速收割流量。2020 年之后，流量见顶，具有清晰变现模式的直播和网络游戏展现良好的发展前景，尽管这两个细分领域在逐渐趋严的政策管理下，市场受到一定的波动，但行业逐渐向规范有序发展。从 10 个细分领域近年来的排名变化上可以看出，数字内容产业已经走过了流量"圈地"的时代，开始注重实际的变现能力，接下来的市场竞争将聚焦于存量市场的价值挖掘能力。

表 12-6　2019~2020 年中国数字内容产业各细分领域投资价值评估结果汇总

细分领域	基础规模		发展速度		转化程度	竞争程度	活跃程度			相关政策导向	传统主流媒体报道倾向	综合结果
	市场规模	用户规模	市场规模增长率	用户规模增长率	付费转化率	市场集中度	新增企业数量增长率	投资数量增长率	投资金额增长率	相关政策支持程度	传统主流媒体报道倾向程度	综合结果
短视频	★	★★★★★	★★★★★★	★★★★★	★	★★★	★★★	★	★★	★★	★★★	★★★★
网络视频	★★★	★★★★★★	★★	★	★★	★★★★★	★★★	★	★★★★★	★★	★★★★	★★★★★
数字阅读	★	★★★	★	★	★	★★★	★★★	★	★	★★★★★	★★★★	★★★★
知识付费	★	★	★★★★★	★★	★	★	★★★★★	★★★	★	★★★	★★★	★★★
网络游戏	★★★★★	★★★	★	★	★★★★★★	★	★	★★	★★★★★	★★	★	★★★
直播	★★	★★★★	★★★	★	★	★★★	★	★	★	★★	★★	★★★
在线教育	★★★★★	★★★★	★★	★★	★	★	★★	★	★★★	★★★★	★★★★★	★★
在线音乐	★	★★	★★★★	★	★	★	★	★	★★	★★★★	★★★	★★
动漫	★★★★	★★	★	★	★	★	★★	★	★★★★	★★★★★	★★★★★	★
新闻资讯 App	★	★★★★★	★★	★★	★	★	★★★	★	★★★	★★	★★	★

注：按照加权总计结果降序排列，如短视频和网络视频虽然最终评估结果都是五星，但加权总计结果短视频高于网络视频。

表12-7 2017~2018年中国数字内容产业各细分领域投资价值评估结果汇总

细分领域	内部因素					外部因素		综合结果
	基础规模（权重为1）	发展速度（权重为1）	活跃程度（权重为1）	竞争程度（权重为1）	转化程度（权重为1）	相关政策导向（权重为0.7）	传统主流媒体报道倾向（权重为0.3）	
网络视频	★★★★	★★★★	★★★	★★★★★	★★★★	★★★	★	★★★★
知识付费	★★	★★★★★	★★★★	★★★★★	★★	★★★★	★★★	★★★★
短视频	★★	★★★★★	★★★★★	★★★★★	★★	★★	★★	★★★★
网络游戏	★★★★★	★★★	★★★	★★★	★★★★★	★★	★	★★★
直播	★★★	★★★★★	★★★	★★★★★★	★★★	★	★	★★★
在线教育	★★★★	★★★★	★★★★	★	★★	★★★★★	★★★	★★★
动漫	★★★★	★★★	★★★★	★	★★★	★★★★★	★★★★	★★★
网络文学	★★	★★★★	★★	★★★★★	★★★	★★★★	★★★	★★★
在线音乐	★★★	★★★★	★★★	★	★	★★	★★★	★★
自媒体	★★★★	★★★★	★★	★	★★	★★	★	★★
新闻资讯App	★★★	★★★	★★		★★	★★	★★★	★★
互联网期刊	★	★★	★	★★★	★★	★★★	★★★	★★

表 12-8　2017~2021 年数字内容产业各细分领域投资价值评估结果对比

序号	细分领域	综合结果			排名位次变化	
		2017~2018	2019~2020	2021~2022	2017~2018 → 2019~2020	2019~2020 → 2021~2022
1	直播	★★★	★★★	★★★★★	▼ 5 → 6	▲ 6 → 1
2	网络游戏	★★★	★★★	★★★★	▼ 4 → 5	▲ 5 → 2
3	数字阅读	★★★	★★★★	★★★★	▲ 8 → 3	3 → 3
4	短视频	★★★★	★★★★★	★★★★	▲ 3 → 1	▼ 1 → 4
5	动漫	★★★	★	★★★	▼ 7 → 9	▲ 9 → 5
6	网络视频	★★★★	★★★★★	★★★	▼ 1 → 2	▼ 2 → 6
7	知识付费	★★★★	★★★	★★	▼ 2 → 4	▼ 4 → 7
8	在线教育	★★★	★★	★★	▼ 6 → 7	▼ 7 → 8
9	在线音乐	★★	★★	★★	▲ 9 → 8	▼ 8 → 9
10	新闻资讯 App	★★	★	★	10 → 10	10 → 10

注：2017~2018 版的数字阅读对应的为网络文学，新闻资讯 App 对应的为新闻资讯 App 和自媒体。

三　一级评估指标排行榜及比较分析

（一）基础规模——短视频、网络游戏位列前二

基础规模通过 2020 年市场规模和 2020 年用户规模两个二级指标来衡量，取二者平均结果为基础规模的评估结果。因此，可能会出现市场规模大但用户规模小，或者用户规模大但市场规模小导致基础规模评估结果一般的情况，只有二者都保持较高水平，才会获得较高的得分。

从评估结果来看，短视频、网络游戏基础规模得分均较高（见表 12-9）。其中，短视频市场规模和用户规模得分都较高，用户规模达到 8.73 亿人，大幅领先其他领域。网络游戏市场规模大但用户规模相比其他领域并无明显优势，反映出网络游戏的单用户价值非常高，在线教育也是类似的情况。网络视频则恰恰相反，市场规模相对较小，但用户规模庞大，这说明网络视频领域对用户价值的挖掘不够深入，营收能力相对较弱。

表 12-9　中国数字内容产业细分领域基础规模数据及评估结果（降序排列）

细分领域	原始数据		评估结果		基础规模得分
	市场规模（亿元）	用户规模（亿人）	市场规模	用户规模	
短视频	2051.3	8.73	★★★★	★★★★★	4.5
网络游戏	2786.9	5.18	★★★★★	★★	3.5
在线教育	2573.0	3.42	★★★★★	★	3.0
网络视频	1190.3	7.04	★★	★★★★	3.0
动漫	2170.0	4.10	★★★★	★	2.5
直播	1134.4	6.17	★★	★★★	2.5
新闻资讯 App	645.7	7.43	★	★★★★	2.5
在线音乐	710.0	6.35	★	★★★	2.0
数字阅读	351.6	4.94	★	★★	1.5
知识付费	392.0	4.20	★	★	1.0

（二）发展速度——短视频仍是发展最快的领域

发展速度从 2020 年市场规模增长率和 2020 年用户规模增长率两个二级指标来衡量，取二者平均结果为发展速度的评估结果。同样的，可能会出现市场规模年增长率大但用户规模年增长率小，或者用户规模年增长率大但市场规模年增长率小导致发展速度评估结果一般的情况，只有二者都保持较高水平，才会获得较高的得分。

如表 12-10 所示，短视频发展速度最快，延续了领先地位，虽然相比前两年增速有所放缓，但相比其他领域仍处于领先地位。其次是知识付费和直播，市场规模增速都超过 30%；直播用户规模增速略超 10%，用户增长有所放缓。

动漫、在线音乐、网络视频、新闻资讯 App 市场规模和用户规模增速都达到瓶颈期，增长缓慢。在线教育用户规模大幅下降，主要由于疫情刺激带来短期用户量暴增，随着复工复产的推进，用户量大幅回落。

表 12-10　中国数字内容产业细分领域发展速度数据及评估结果（降序排列）

细分领域	原始数据		评估结果		发展速度得分
	市场规模增长率（%）	用户规模增长率（%）	市场规模增长率	用户规模增长率	
短视频	57.50	12.94	★★★★★	★★★★★	5.0
知识付费	41.01	17.42	★★★★	★★★★★	4.5

续表

细分领域	原始数据		评估结果		发展速度得分
	市场规模增长率（%）	用户规模增长率（%）	市场规模增长率	用户规模增长率	
直播	34.50	10.18	★★★	★★★★★	4.0
数字阅读	21.75	5.11	★★	★★★★	3.0
网络游戏	19.60	−2.63	★★	★★★	2.5
动漫	11.80	5.13	★	★★★★	2.5
在线音乐	8.43	3.62	★	★★★★	2.5
网络视频	16.31	−3.03	★	★★★	2.0
新闻资讯 App	11.31	1.64	★	★★★	2.0
在线教育	35.49	−19.15	★★★	★	2.0

（三）转化程度——网络游戏用户付费转化率最高

转化程度通过用户的付费转化率来衡量。付费转化率即付费用户与总体用户的比例，反映面向用户的营收能力。

如表 12-11 所示，网络游戏的付费转化率最高，远高于第二名网络视频和第三名在线教育，其余细分领域付费转化率都很低。需要说明的是，短视频付费转化率参考通过观看短视频购物下单的比例；新闻资讯 App 领域尚无成熟普遍的付费阅读模式，未统计付费转化率，结果取最小值，仅用作最终综合结果的比较，不代表实际水平。

值得一提的是，在线教育、知识付费的转化程度排在了相对靠前的位置，这与上一版评估结果"用户更愿意为娱乐付费"有所变化。这一方面得益于疫情刺激在线教育的发展，另一方面也说明知识类内容逐渐获得市场，用户对内容的要求从"有趣"开始转向"有用"。

表 12-11　中国数字内容产业细分领域转化程度数据及评估结果（降序排列）

细分领域	原始数据	评估结果	转化程度得分
	付费转化率（%）	付费转化率	
网络游戏	80.90	★★★★★	5
网络视频	22.00	★★	2
在线教育	20.00	★★	2

细分领域	原始数据	评估结果	转化程度得分
	付费转化率（%）	付费转化率	
动漫	12.36	★	1
知识付费	12.20	★	1
在线音乐	9.00	★	1
短视频	8.30	★	1
直播	7.20	★	1
数字阅读	4.43	★	1
新闻资讯 App	—	★	1

（四）竞争程度——半数细分领域市场集中度偏高

竞争程度通过市场集中度来衡量，即该领域内 4 家龙头企业的营收之和占整体市场规模的比例。该比例越高，竞争程度越高。一般来说，市场集中度过高或过低都不利于新进入者，中等水平比较有利。因此，该指标是一个适度指标。

如表 12-12 所示，直播和数字阅读竞争环境更适合创业者进入，竞争程度适中，市场既有充分的竞争，也有进一步发展的空间。在线音乐、短视频、网络游戏、新闻资讯 App、网络视频市场集中度偏高，即头部企业对市场的主导能力强，垄断形势较为严峻，不利于新进入者。动漫和在线教育市场集中度偏低，市场竞争分散，小企业多，头部企业缺乏对市场的主导能力，盈利能力不强。

表 12-12　中国数字内容产业细分领域竞争程度数据及评估结果（降序排列）

细分领域	原始数据	评估结果	竞争程度得分
	市场集中度（%）	市场集中度	
直播	37.90	★★★★★	5
数字阅读	39.74	★★★★★	5
动漫	1.68	★	1
在线教育	2.57	★	1
知识付费	29.04	★	1
网络视频	76.52	★	1
新闻资讯 App	83.10	★	1
网络游戏	84.10	★	1
短视频	86.00	★	1
在线音乐	93.50	★	1

（五）活跃程度——融资环境严峻，直播、在线教育活跃程度得分最高

活跃程度指标反映的是资本市场（一级市场）投资热度的变化，用投资数量增长率、投资金额增长率、新增企业数量增长率三个二级指标来衡量，取三者平均值为得分，这里的增长率也是指 2020 年增长率。2018 年以来，我国融资环境严峻，融资事件数量和融资金额连续下跌。2018 年国内共发生融资事件 10033 起，相比 2017 年的 13070 起下降 23%，2019 年上半年融资数量和融资金额同比下降 47.66% 和 59.79%。其中，文创、生活服务、金融、房产行业融资发生次数直减 50%。[①] 2020 年国内一级市场共完成 3124 起融资，同比减少 24.4%；已披露的融资总金额同比下降 9.9%。[②] 相比 2019 年的大跌，2020 年的降幅趋缓，但仍未改变我国融资严峻的大环境。

数字内容产业资本市场同样经历了大面积的降温。如表 12-13 所示，直播和在线教育领域虽然资本活跃程度最高，但新增企业数量都在下降，直播的投资金额和在线教育的投资数量也都在下降。除了网络游戏的投资数量和投资金额同比增长，其余细分领域的这三项指标几乎都同比下降，且下降幅度较大。

表 12-13　中国数字内容产业细分领域活跃程度数据及评估结果（降序排列）

细分领域	原始数据			评估结果			活跃程度得分
	新增企业数量增长率（%）	投资数量增长率（%）	投资金额增长率（%）	新增企业数量增长率	投资数量增长率	投资金额增长率	
直播	-18.11	43.33	-74.32	★★★★★	★★★★★	★	3.7
在线教育	-35.71	-32.71	678.61	★★★★	★★	★★★★★	3.7
网络游戏	-35.85	18.52	16.66	★★★★	★★★★	★	3.0
网络视频	-17.44	-15.71	-68.40	★★★★★	★★★	★	3.0
短视频	-17.86	-6.82	-80.63	★★★★★	★★★	★	3.0
动漫	-13.04	-59.57	-50.98	★★★★★	★	★	2.3
知识付费	0.00	-66.67	-67.74	★★★★★	★	★	2.3
数字阅读	-61.54	-35.71	-14.81	★★	★★	★	1.7
在线音乐	-62.07	-62.07	-88.19	★★	★	★	1.3
新闻资讯 App	-100.00	-80.00	-95.69	★	★	★	1.0

---

　①　贾萌 .2019H1 中国创投报告 | 融资数量跌 48%，融资总额跌 60%[EB/OL]. 2019-07-01[2021-10-22]. https://www.iyiou.com/analysis/20190701104251.

　②　姜煜 . 博科技发布《2020 年中国一级市场盘点》[EB/OL]. 2021-01-13[2021-10-22]. http://www.sh.chinanews.com/jinrong/2021-01-13/84409.shtml.

（六）相关政策导向——扶持与监管并进，引导良性发展

相关政策导向以该领域相关政策主要内容中反映态度的关键词表达程度为依据，评估相关政策对该领域发展的态度。

如表 12-14 所示，动漫、数字阅读有非常有利的政策支持；在线音乐、知识付费有较强的政策鼓励；网络视频、网络游戏、短视频、直播、新闻资讯 App、在线教育则面临相对严峻的政策监管风险。

表 12-14　中国数字内容产业细分领域相关政策导向指标评估结果（降序排列）

细分领域	相关政策导向	评估结果	得分
动漫	鼓励精品创作与传播，资金扶持	★★★★★	5
数字阅读	鼓励公共数字文化资源建设和融合创新	★★★★★	5
在线音乐	加强版权保护，规范市场秩序，推进发展	★★★★	4
知识付费	加强知识产权保护，激励创新	★★★★	4
网络视频	加强内容和服务标准管理，促进规范	★★★	3
网络游戏	严格监管，限制未成年人使用的时段时长	★★	2
短视频	资质和内容监管强化，落实主体责任和惩戒机制	★★	2
直播	要求平台健全规范管理制度，明确和落实主体责任	★★	2
新闻资讯 App	规定个人信息收集范围，通报违规 App	★★	2
在线教育	"双减"政策严整 K12 教培市场，从严审批、禁止上市	★	1

（七）传统主流媒体报道倾向——新闻资讯App舆论环境最严峻

传统主流媒体报道倾向是以传统主流媒体（选取新华网、人民网、光明网三家为代表）报道的正向倾向和负向倾向的数量占比来评估的，以预测舆论导向对细分领域未来发展的影响。

如表 12-15 所示，动漫和数字阅读带有文化传播的价值，传统主流媒体报道为强正向，有非常好的舆论环境；网络视频、网络游戏、在线音乐、知识付费领域，传统主流媒体报道偏中性；短视频、直播、在线教育、新闻资讯 App 领域，传统主流媒体报道偏负向。

表 12-15　中国数字内容产业细分领域传统主流媒体报道倾向数据及评估结果（降序排列）

细分领域	正负向报道占比之差（个百分点）	评估结果	得分
动漫	35	★★★★★	5
数字阅读	31	★★★★★	5
网络视频	8	★★★	3
网络游戏	7	★★★	3
在线音乐	6	★★★	3
知识付费	-2	★★★	3
短视频	-11	★★	2
直播	-12	★★	2
在线教育	-18	★★	2
新闻资讯 App	-24	★★	2

四　细分领域投资优劣势比较分析

（一）网络游戏投资优劣势比较分析

1. 优势：转化程度和基础规模领先于平均水平

2020 年我国网络游戏市场规模达到 2786.87 亿元，在数字内容产业 10 个细分领域中排名第一；用户规模达到 5.18 亿人，在 10 个细分领域中处于中等水平。网络游戏用户的付费转化程度很高，2020 年付费转化率高达 80.9%，远远超过其他细分领域（见图 12-10），有非常强的市场营收能力。

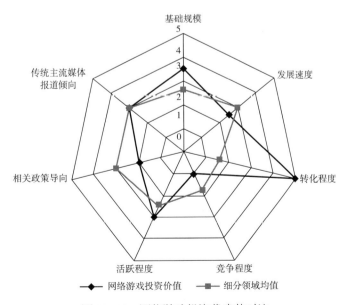

图 12-10　网络游戏投资优劣势对比

2. 劣势：政策监管风险不确定，竞争程度偏高

网络游戏的发展是一把双刃剑，关于网络游戏利弊的争议从未间断，相关政策也在不断完善。2021年8月国家新闻出版署下发《关于进一步严格管理切实防止未成年人沉迷网络游戏的通知》，严格限制了游戏企业向未成年人提供网络游戏服务的时间，要求严格落实网络游戏用户账号实名注册和登录要求，体现了管理部门坚决防止未成年人沉迷网络游戏的决心。相比于其他领域，网络游戏面临更大的政策不确定性。从市场格局来看，网游市场已经形成了较为稳固的头部格局，2020年市场集中度高达84.1%，头部企业主导市场，不利于中小企业和新进入者。

（二）动漫投资优劣势比较分析

1. 优势：相关政策导向、传统主流媒体报道倾向大幅领先于平均水平

近年来，国家对动漫的发展给予了积极鼓励和扶持，税收上也有一定的优惠。政策积极扶持民族原创动漫，推动动漫产业繁荣发展。同时，传统主流媒体关于动漫的正向报道占比高于其他细分领域，动漫具备非常有利的政策环境和媒体舆论环境（见图12-11）。

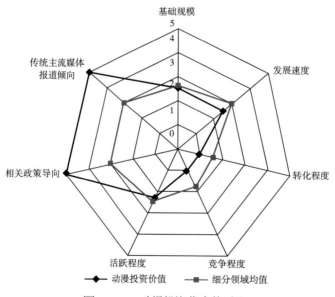

图12-11 动漫投资优劣势对比

2. 劣势：转化程度、竞争程度明显落后于平均水平

我国动漫领域的市场竞争过于分散，2020 年动漫市场集中度仅有 1.68%，说明进入动漫领域的竞争壁垒低，企业数量众多，缺乏具备主导能力的龙头企业，市场处于激烈的分散竞争状态。另外，动漫的转化程度低于平均水平，2020 年行业付费转化率约 12%，处于中等水平。

（三）网络视频投资优劣势比较分析

1. 优势：基础规模、活跃程度、转化程度高于平均水平

2020 年我国网络视频市场规模达到 1190 亿元，用户规模达到 7 亿人，总体领先于平均水平。用户的付费转化程度较高，2020 年网络视频付费转化率达到 22%，相比其他领域具备良好的用户变现能力。2020 年网络视频领域的投融资活跃程度也高于平均水平，虽然新增企业数量和投融资规模都同比下降，但相对于其他领域来说，下降幅度较小（见图 12-12）。

2. 劣势：发展速度、竞争程度明显低于平均水平

网络视频市场趋于成熟，发展速度趋缓，2020 年虽然市场规模还在扩张中，但用户规模同比下降 3%。另外，头部视频平台格局稳固，4 家头部企业市场份额之和超过四分之三，市场集中度偏高。

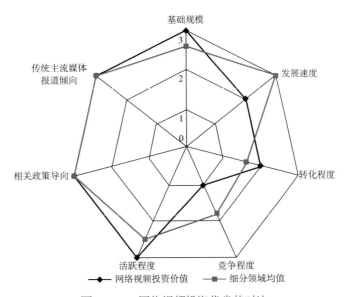

图 12-12 网络视频投资优劣势对比

（四）短视频投资优劣势比较分析

1. 优势：基础规模、发展速度大幅领先于平均水平

短视频经过四五年的发展，2020年市场规模已经超过2000亿元，用户规模达到8.7亿人，成为数字内容产业用户规模最大的领域，并保持较快的增长势头，发展速度大幅领先，预计市场将进一步扩张。

2. 劣势：相关政策导向、传统主流媒体报道倾向等指标落后于平均水平

短视频领域问题频出，众多触犯"红线"的行为受到严格的整治。平台整改，热门App下架，红人封禁……导致短视频领域传统主流媒体报道负向占比达到44%，规范行业秩序迫在眉睫。自2016年以来，相关主管部门针对短视频领域出台的政策以规范性文件为主，不断强化行业管理力度，特别注重对短视频内容的管理。2021年，国家互联网信息办公室发布的《互联网用户公众账号信息服务管理规定》提出，对制作发布虚假信息的公众账号生产运营者降低信用等级或者列入黑名单，明确了内容生产者和运营平台的主体责任。未来面向短视频领域的政策将进一步严格。该领域相关政策导向得分低于平均水平（见图12-13）。另外，短视频头部平台基本稳固，市场集中度偏高，付费转化水平还比较低，如何进一步拓展用户价值还需继续探索。

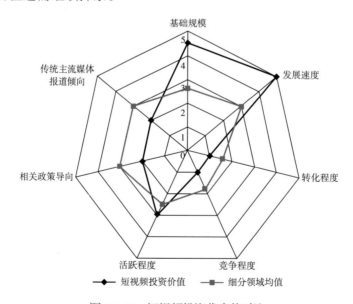

图 12-13 短视频投资优劣势对比

（五）直播投资优劣势比较分析

1. 优势：竞争程度大幅领先，发展速度和活跃程度明显领先于平均水平

得益于疫情刺激线上经济带来的发展利好，直播在 2020 年市场规模同比增长超过 30%，用户规模增长也超过 10%。2020 年直播领域的投资数量同比增长 43.3%，是数字内容产业 10 个细分领域中增速最快的，也是"唯二"增速为正的领域。虽然投资金额也在下降，但相比平均水平仍表现较好。直播的市场集中程度适中，2020 年市场集中度约为 37.9%，头部企业有一定的主导能力，但还未达到垄断的程度，腰部及尾部企业仍有发展的空间。

2. 劣势：其余各项指标低于平均水平

直播的付费转化率低于平均水平（见图 12-14），2020 年仅为 7.2%，仅比数字阅读的 4.43% 高，明显低于其他细分领域。直播领域相关政策导向和传统主流媒体报道倾向低于平均水平。2021 年 2 月，国家互联网信息办公室、全国"扫黄打非"工作小组办公室等七部门联合发布《关于加强网络直播规范管理工作的指导意见》，旨在进一步加强网络直播行业的正面引导和规范管理，重点规范网络打赏行为，推进主播账号分类分级管理。从 2021 年传统主流媒体对直播的报道倾向来看，负面倾向的报道数量占比较多，负向与正向报道占比之差达到 12 个百分点。负向报道聚焦于直播中的违法违规行为和大量被关停的不符合标准的直播 App。

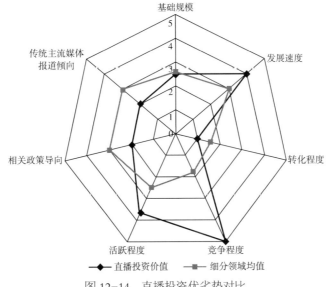

图 12-14　直播投资优劣势对比

（六）在线音乐投资优劣势比较分析

1. 优势：相关政策导向略高于平均水平

在线音乐具备较好的政策环境，2015 年以来，政策加强了音乐版权的保护措施，利好头部音乐平台的发展，推动音乐作品相互授权和广泛传播。2017 年，《国家"十三五"时期文化发展改革规划纲要》明确提出将音乐产业发展列入"重大文化产业工程"，提出释放音乐创作活力，促进产业融合发展，并再次强调加强版权保护。2019 年，中共中央办公厅、国务院办公厅发布的《关于强化知识产权保护的意见》，完善了对新业态新领域的保护制度。2020 年 11 月，中华人民共和国第十三届全国人民代表大会常务委员会第二十三次会议通过《全国人民代表大会常务委员会关于修改〈中华人民共和国著作权法〉的决定》，规定视听作品中的剧本、音乐等可以单独使用的作品的作者有权单独行使其著作权，进一步加强了对音乐著作权的保护。

2. 劣势：其余各项指标与平均水平持平或更低

我国在线音乐市场基础规模和发展速度都低于数字内容产业的平均水平（见图 12-15），行业处于不温不火的状态。市场集中程度很高，2020 年在线音乐 4 家头部平台市场份额之和为整体的 90% 以上，其中腾讯系音乐平台已成为在线音乐市场的主导势力，留给新进入者的市场空间很小。我国在线音乐的付费转化程度很低，不过 2020 年有所提升，在线音乐付费市场尚处于起步阶段。

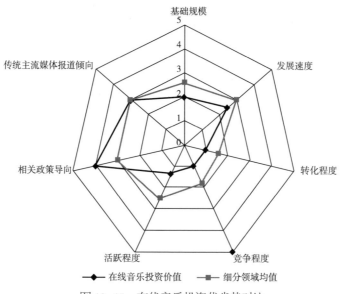

图 12-15　在线音乐投资优劣势对比

（七）数字阅读投资优劣势比较分析

1. 优势：竞争程度、相关政策导向和传统主流媒体报道倾向大幅领先于平均水平

数字阅读市场集中程度中等，2020年4家头部企业营收之和占整体的比例为39.74%，市场结构逐渐稳定，中小企业仍有发展的空间。数字阅读由于其价值引导、审美启迪、自我提升的作用，受到政策和传统主流媒体的鼓励和支持，具有较好的政策环境和媒体舆论环境。2020年11月，文化和旅游部发布的《关于推动数字文化产业高质量发展的意见》提出顺应数字文化产业化和数字化发展趋势，实施文化产业数字化战略，加快发展新型文化产业、文化业态、文化消费模式，有利于促进数字阅读的发展。传统主流媒体关于数字阅读的报道倾向以正向和中性为主，相对平均水平比较有利（见图12-16）。

2. 劣势：基础规模、活跃程度、转化程度明显落后于平均水平

我国数字阅读市场规模较小，在10个细分领域中最低，2020年仅为351.6亿元，用户规模约为4.9亿人，处于中等偏下的水平，发展速度低于平均水平。数字阅读面向用户的营收能力不强，转化程度不高，2020年付费转化率仅为4.43%，在10个细分领域中处于最低位置。

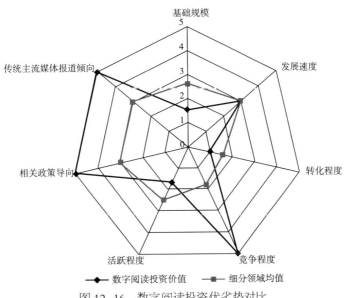

图12-16　数字阅读投资优劣势对比

（八）新闻资讯App投资优劣势比较分析

该领域各项指标基本都低于平均水平（见图12-17）。从新闻资讯App行业发展来看，市场规模较小，用户规模较大，用户价值变现程度较低，发展速度低于其他领域。这里的转化程度并非代表实际付费转化率，而是为了便于统一比较取其他9个细分领域的平均值。新闻资讯App竞争程度得分很低，据本研究测算，2020年该领域Top4 App占领的市场份额已超过八成，Top4 App腾讯新闻、今日头条、新浪新闻、网易新闻都是综合新闻资讯平台，它们流量争夺激烈，中小平台生存空间已非常有限。2020年新闻资讯App领域新增企业数量、投资数量和投资金额规模已经很小，创投市场比较冷淡。

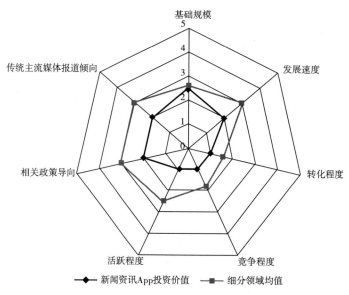

图12-17　新闻资讯App投资优劣势对比

随着越来越多的自媒体机构开始提供新闻资讯服务，相关政策监管趋严，监管部门提出了明确的准入资质要求。此外，在个人信息保护上也有了新规定。2021年，国家互联网信息办公室、工业和信息化部、公安部、国家市场监督管理总局联合发布的《常见类型移动互联网应用程序必要个人信息范围规定》明确提出，新闻资讯App基本功能服务为新闻资讯的浏览、搜索，应无须个人信息即可使用基本功能服务，对违规收集个人信息者则予以通报要求整改。2021年传统主流媒体对新闻资讯App（含自媒体）的报道中，负向报道占比达到 42%，该领域面临比较严峻的政策和媒体舆论环境。

（九）在线教育投资优劣势比较分析

1. 优势：活跃程度明显高于平均水平

2020 年，在线教育创投市场投资金额高达 634 亿元，同比增长 6 倍多，远超其他数字内容产业细分领域（见图 12-18），处于领先位置。但投资数量同比下降 32.7%，这与该领域"独角兽"企业如作业帮、猿辅导获得了超大额投资有关。

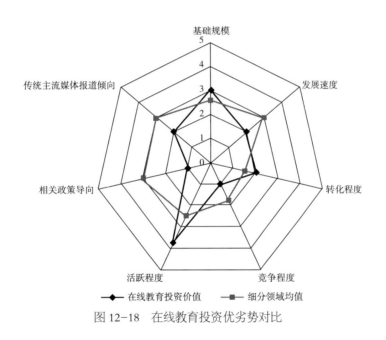

图 12-18　在线教育投资优劣势对比

2. 劣势：相关政策导向、传统主流媒体报道倾向和竞争程度明显落后于平均水平

在线教育的市场竞争过于分散，2020 年在线教育市场集中度仅有 2.57%，企业数量非常多，竞争激烈，缺乏具备主导能力的龙头企业，赢利困难。在线教育经过多年的发展，行业出现一系列问题，2021 年传统主流媒体报道中，负向报道就指出了疫情以来在线教育平台出现了"虚火"、"贩卖焦虑"、虚假"0 元学"等乱象。2019年，教育部等六部门制定的《关于规范校外线上培训的实施意见》对培训内容、培训市场、培训教师作出了具体的规定。教育部等八部门制定的《关于引导规范教育移动

互联网应用有序健康发展的意见》对未成年人保护、用户隐私、数据安全等进行了规定。2021年7月，中共中央办公厅、国务院办公厅发布了《关于进一步减轻义务教育阶段学生作业负担和校外培训负担的意见》，从根本上规整校外培训行业，相关在线教育机构也将面临转型或变革。

（十）知识付费投资优劣势比较分析

1. 优势：发展速度明显高于平均水平

2020年知识付费市场规模增速超过40%，用户规模增速达到17.42%，处于快速扩张的阶段，明显超过10个细分领域的平均水平（见图12-19）。

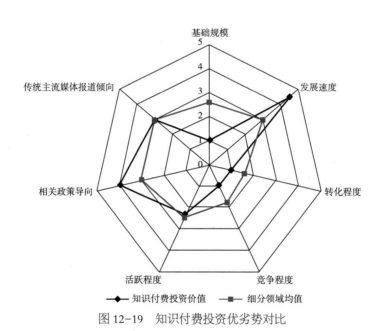

图12-19　知识付费投资优劣势对比

2. 劣势：基础规模、竞争程度、转化程度偏低

知识付费兴起不久，市场规模和用户规模还比较小，仍处于快速扩张阶段。转化程度低于产业平均水平。据本研究测算，2020年知识付费头部平台用户付费转化率约12.2%，仍有较大的提升空间。知识付费领域市场集中度偏低，头部企业市场主导能力不强，竞争激烈且分散，但已经基本形成以喜马拉雅、得到、知乎Live等明星平台为头部的格局，行业发展模式仍存争议。

综上可见，数字内容产业各个细分领域的发展各具特色又有某种共性。从投资价值评估结果来看，并不存在一个各项指标都非常完美的领域，关键在于投资者重点关注的是哪些因素，投资风格是怎样的，风险偏好如何。进行具体的投资活动还需根据实际项目的情况做进一步的尽职调查。

第三节　数字内容产业投资风向

根据本研究对数字内容产业 10 个细分领域投资价值评估的结果，结合数字内容产业十大发展趋势，我们对 10 个细分领域投资风向做出如下判断。

一　直播投资价值排名升至首位，引领数字内容产业投资风向

直播投资价值评估结果为五星，得分最高，排名从第六跃升至第一，引领数字内容产业投资风向。2020 年直播领域蓬勃发展，一方面源于行业多年的积累，另一方面得益于疫情刺激线上经济带来的发展利好。直播电商尤其火爆，疫情期间人们在线购物需求爆发，网红线上带货优势凸显，抖音、快手等短视频平台纷纷加强了直播业务，各地政府也积极推动直播电商的发展以带动当地产品销售。这极大促进了直播电商的发展，拓宽了直播领域的营收渠道。

后疫情时代，虽然由疫情带来的突增流量会逐渐消退，但用户通过直播购物的习惯已经被培养起来，未来市场仍有较大增长潜力。此外，得益于移动视频技术的发展，泛娱乐直播兴起，每个人都可以成为主播，这进一步拓展了直播领域的竞争赛道，在一些专业垂直领域将会出现一批拥有亿人级别粉丝的 KOL，基于现有较为成熟的变现模式，其商业价值较容易被挖掘。需要注意的是，随着直播带货和全民直播的蓬勃发展，直播平台资质和内容、主播行为规范已被纳入相关政策监管范围，带货商品质量及售后等问题后续也将受到相关政策的严格监管。

二　网络游戏投资价值排名先降后升，市场规模大且营运能力强，需注意政策严加管控风险

网络游戏投资价值评估结果为四星，投资价值较高。网络游戏商业模式较为成熟，营收能力强，市场规模庞大，且目前国内企业正在积极探索游戏"出海"。

2020 年我国网游市场规模高达 2786.87 亿元，在数字内容产业各细分领域中处于领先位置，且仍保持约 20% 的增速。网络游戏用户价值转化度高，付费转化率也领先于其他细分领域，商业变现能力强。但需要注意政策管控及负面舆论风险，网络游戏在促进我国数字经济发展、激发文化创新创造活力、满足人民群众精神文化需求方面发挥了重要作用，在健康规范的前提下，政策积极鼓励网络游戏产业的发展。但网游发展过程中暴露的诸多问题一直备受社会各界关注，尤其是涉及未成年人保护方面的。2021 年 8 月国家新闻出版署下发的《关于进一步严格管理切实防止未成年人沉迷网络游戏的通知》严格限制了游戏企业向未成年人提供网络游戏服务的时间，体现了管理部门坚决防止未成年人沉迷网络游戏的决心，这将促进网游行业更加规范发展。

三 短视频投资价值先升后降，可关注垂类内容创作、网络视频智能技术与数字营销

短视频投资价值评估结果为四星，投资价值较高，排名先升后降。网络视频投资价值评估结果为三星，投资价值中等，排名下降至第六位。

短视频经过短短几年的快速发展后，市场规模已超过网络视频，形成了头条系、快手系、腾讯微视三方占据市场主导地位的稳定格局。综合视频平台竞争激烈，垂类内容方向仍有拓展空间，如专注于创作美食短视频的媒体"日日煮"，目前已成为中国最大的美食信息服务平台和美食社区之一，为美食爱好者提供记录和分享美食生活的平台。短视频电商平台以"网红"为载体，带动电商销售，具有较明确的商业模式和发展潜力。另外，科技财经资讯类、社交互动类、生活百科类、农业知识类、美妆时尚类等垂类内容逐渐壮大，将从综合短视频市场中分得一杯羹。

同短视频领域类似，网络视频领域综合视频平台市场竞争激烈，头部格局稳固，市场集中度偏高。随着视频内容同质化程度越来越高，网络视频平台接下来的竞争将集中在智能视频技术和基于大数据的数字营销上，包括互动视频云平台、云点播 / 云直播、影像处理与识别、深度学习、智能视听硬件、音视频通讯、视频 AI 技术等，可重点关注深耕此类智能视频技术和具备数字营销能力的企业。

四 数字阅读排名稳定，动漫排名先降后升，可关注原创内容制作、优质 IP 孵化及版权运作等业务

数字阅读投资价值评估结果为四星，动漫投资价值评估结果为三星，前者排名稳定，后者先降后升。

数字阅读和动漫内容性质相似，由于其价值引导、审美启迪、自我提升的作用，具备一定的正外部性，受到政策和传统主流媒体的鼓励和支持。网络文学、小说、漫画相比其他内容形式，具有更强的创意属性，是内容的源头，因此更容易实现 IP 的快速转化。除了基于网络文学和漫画的 IP，以明星形象打造的虚拟人物 IP 和虚拟偶像正在短视频、直播带货中发挥作用，实现商业变现。总之，这两个细分领域是离内容最"近"的领域，也是围绕内容本身竞争最激烈的领域，创造力成为核心价值。数字阅读和动漫领域可关注原创内容制作、小说或漫画阅读平台，以及 IP 孵化、授权、衍生品等业务。

五 谨慎关注知识付费、在线教育、在线音乐等领域，其发展前景不明确

知识付费、在线教育、在线音乐投资价值评估结果为两星，投资价值较低。新闻资讯 App 投资价值评估结果为一星，投资价值很低。排名上，在线音乐先升后降，知识付费、在线教育连续下降。

知识付费领域基础规模较小，目前仍在以较快的速度增长，但头部平台付费转化率偏低，竞争分散，市场活跃程度下降幅度较大，2020 年仅有 2 起投资事件，资本市场降温明显。在线教育在 2020 年疫情期间获得了短期爆发，资本市场出现了短期的火热，但其他各项指标均不及平均水平。2021 年受"双减"政策影响，课外培训市场震荡，未来发展将面临转型。在线音乐和新闻资讯 App 领域市场集中度很高，头部平台具备绝对的市场垄断优势，长尾企业生存空间有限，不利于新进入者。这些细分领域投资价值评估得分偏低，各自存在一定的不确定性因素，未来发展前景不够清晰，需谨慎关注。

第四节 我国数字内容产业现存问题及发展建议

一 强大的推荐算法影响信息流走向，平台需把好内容质量关

与传统媒体大众传播、单向传播的方式不同，在现在的内容平台尤其是新闻媒体平台上，基于个性化推荐算法实现的"千人千面"功能几乎成为必备。用户的每一次点击，都被机器记录下来，通过比对分析其偏好，以类似"猜你喜欢"的形式给用户推送更多内容。算法推荐的初衷在于为用户提供更加个性化的阅读体验，基于用户阅读历史推荐相关信息，有助于用户看到的都是自己感兴趣的内容，从而获得体验上的愉悦感，投入更长的在线时间。这种机制最大争议在于容易让用户陷入"信息茧房"，从而忽略了世界的多样性。更严重的是，越是偏激、夸大的信息或观点，越容易吸引眼球，点击率和阅读量就越高，被推荐的概率就越高，这就助推了激进的观点和扭曲的事实等低劣信息传播。算法决定了新闻信息流的走向，而信息流决定了舆论热点。长此以往，受算法推荐机制的操纵，人们接受的信息内容会越来越同质化、碎片化且缺乏价值。

张一鸣曾说"算法没有价值观"，这句话争议很大。算法工具操作的背后是利益的衡量，为了提升点击率和阅读量，标题党成为传播利器，经常出现于各大媒体平台，以"震惊"体、"惊呆"体为典型代表。夸大信息，携带广告软文，缺乏内容价值，不仅浪费了用户的时间，也成为各大资讯平台的心头之患。今日头条、百家号都建立了检测、识别标题党的规则模型，限制标题党文章的传播，今日头条的Slogan（口号）从"你关心的才是头条"变成了"信息创造价值"。

内容平台尤其是新闻媒体平台，作为信息传播者，除了要考虑商业价值，还要扮演好内容把关人的角色。一是要完善算法推荐机制，一方面在个性化推荐的同时，也要给用户兴趣之外的内容，避免"信息茧房"；另一方面要给用户自由选择的权利，比如可以自由设置算法推荐的比例或推荐因素的权重，如以兴趣为先，还是以点赞推荐为先。二是要鼓励优质内容创作并给予流量支持，限制打压低俗、低价值内容传播及内容账号主体，提升平台的整体内容质量，为用户提供更有含金量的内容。

二　商业模式、内容场景同质化竞争严重，应把握新技术应用创新机遇

得益于数字技术的进步，我国数字内容产业经过多年发展，用户规模庞大，商业模式趋于成熟，头部格局基本稳定，用户渗透率和市场增长率初现瓶颈。在下一波技术革新及普及应用到来之前，内容市场创新能力减弱，近两年的数字内容产业在商业模式、内容场景方面同质化竞争严重，创新不足，盈利思路仍无法脱离流量红利的支持。

在商业模式方面，2016 年火爆的知识付费是典型的商业模式创新，短时间内吸引了大量创业者参与其中，并在 2018 年达到巅峰，2018 年知识付费领域有 18 起投资事件，但到了 2019 年就只有 6 起，2020 年就只有 2 起了。2018 年知识付费领域新增 15 家企业，但 2019 年和 2020 年均只有 1 家。再比如随着短视频爆发而走上风口的 MCN 机构，2018 年中国短视频 MCN 机构数量超过 3000 家，机构数量的增加带来了激烈的市场竞争，艾媒调查数据显示，2018 年仅有不到三分之一（29.5%）的短视频 MCN 机构实现了赢利，有近一半 MCN 机构尚未赢利。

在内容场景方面，当一个场景走通后，大量同类场景迅速涌现。典型的如短视频平台的造"音"运动，大量流行的神曲都是通过抖音等短视频平台快速走红。不同于大型音乐集团历时多年的积累和打磨，这类神曲往往有一定的创作套路，采用用户容易接受的传唱风格，比如副歌高潮前置，重点突出两三句节奏明快的核心歌词，与旅游、萌宠、情感、古风等场景结合，经过 KOL 的使用或二次创作，迅速蹿红。在资本的推动下，这类歌曲批量化创作和营销已经形成套路，越来越多高度同质化的神曲充斥在各大短视频平台上，但爆红的概率越来越小，竞争越来越激烈。

在创新不足、同质化竞争持续加大的市场环境下，行业"洗牌"加剧，数字内容企业应积极布局长期发展战略，积累优质内容，探索 5G、云计算等新技术应用，拓展和丰富内容场景，力争在下一波技术革命中把握契机，拔得头筹。

三　"虚火""亏损"问题难突破，亟须探索实现内容价值的商业模式

我国数字内容产业用户规模庞大，大部分细分领域用户规模达到 5 亿人及以上，流量变现模式以用户付费和广告变现为主。如网络直播、网络游戏、在线音乐、在线

教育、知识付费营收主要来自用户付费，而短视频、新闻资讯 App 主要依靠广告变现。当前我国数字内容产业付费率整体处于偏低水平，又缺乏其他成熟的营收模式，导致一些细分领域虽然坐拥庞大的用户规模，但并不赚钱，处于一种"叫好不叫座"的尴尬状态，长期处于"虚火""亏损"的状态。

典型的如网络视频平台，以优爱腾为代表的头部视频平台已经历了多年的发展，截至 2021 年付费会员数达到亿级别。付费会员过亿是什么样的概念呢？ Netflix 拥有 2 亿付费会员，每年营收超过 200 亿美元。爱奇艺拥有 1 亿会员，其财报显示 2020 年营收为 297 亿元；腾讯视频拥有 1.2 亿会员，其营收未公开，根据本研究测算，大约为 320 亿元。虽然国内综合视频平台与 Netflix 的营收不在一个量级上，但营收规模并不算小。尽管如此，庞大的内容成本让视频平台仍身陷亏损。爱奇艺财报显示，2020 年亏损规模超 70 亿元；阿里巴巴财报显示 2020 年阿里大文娱的亏损规模近 24 亿元。以爱奇艺财报亏损幅度计算，如果要保持连续增长的内容开支，在保持 1 亿付费会员的基础上，会员人均消费还要提升 50% 以上。[①] 由于缺乏足够的优质内容为支撑，加上超前点播、会员提价已备受诟病，50% 的会员人均消费增幅难上加难。

除了网络视频领域，分别坐拥 4.1 亿和 3.4 亿用户规模的动漫和在线教育，其头部企业发展也存在较大不确定性。以在线教育为例，头部企业新东方在线、豆神教育、尚德机构、无忧英语都长期处于亏损状态，虽然营收在快速增长，但亏损的魔咒却无法破除。2019 年豆神教育亏损超过 25 亿元，新东方在线亏损也超过 6 亿元，虽然得益于疫情刺激线上教学带来的发展机遇，2020 年这些企业亏损减少，但上述 4 家也仅有无忧英语实现净利润回正，这与行业过于重营销的模式密切相关。在动漫领域，头部企业奥飞娱乐、美盛文化 2020 年分别亏损 0.5 亿元和 9.38 亿元。娱乐资本论研究了 29 家上市动漫公司的财报后发现，2020 年超 15 家动漫上市公司亏损，20 家公司营收同比下滑，6 家公司摘牌或面临 ST 警告，仅 6 家公司盈利且同比净利润提升。[②] 这一方面与疫情影响线下业务有关，另一方面也与动漫整体的市场环境不佳、抵抗风险能力弱有关。

---

① 郭海惟.十年烧掉千亿，"优爱腾"难成奈飞 [EB/OL]. 2021-04-28[2021-10-26]. https://www.chinaventure.com.cn/news/78-20210428-361926.html.

② 舍儿.超 15 家公司亏损，6 家公司摘牌，动漫公司的水深火热 [EB/OL]. 2021-05-12[2021-10-26]. https://www.36kr.com/p/1220845176984195.

数字内容企业以内容为本，网络视频、数字阅读等内容驱动增长的领域应持续重视优质内容建设，在丰富内容资源、提升内容质量的基础上，再提升用户价值，获取更大的营收。动漫、在线教育、在线音乐、新闻资讯 App 等盈利能力欠佳的领域，在充满不确定性的人环境下，应丰富内容生态和商业模式，充分提升内容价值，避免过于依赖单一业务或大客户、大订单而带来的风险。

四　数据造假、侵权违规等问题频现，市场秩序仍需进一步规范

近年来，网络游戏、在线教育、直播、短视频、新闻资讯 App 等数字内容领域快速发展的同时，虚假宣传、流量造假、侵犯个人隐私、内容侵权、内容违规、危害未成年人等问题时有发生，扰乱市场秩序，引起广大数字内容消费者的诟病。

针对短视频搬运、切割网络视频造成的侵权问题，2021 年 4 月 9 日，包括优爱腾、芒果 TV 在内的 73 家影视相关单位联合发表维权申明。4 月 23 日，包括中国电视艺术交流协会、中国电视剧制作产业协会等在内的国内超 70 家影视传媒单位，与 500 余位影视从业者联合发布倡议，明确提出清理、治理"未经授权的切条、搬运、速看和合辑等影视作品内容"等诉求。除了内容侵权问题，短视频平台内容违规问题也需重视，如推广虚假广告、游戏主播推广无版号游戏、销售内容低劣的商品等。

随着直播带货逐渐成为影响消费者线上购物的重要渠道，直播带货流量造假、虚假宣传、售后无门等问题引发关注。如花钱刷流量、机器刷评论、"买赞"等虚假数据，误导消费者。针对这些问题，国家互联网信息办公室、公安部、商务部、文化和旅游部、国家税务总局、国家市场监督管理总局、国家广播电视总局七部门联合发布《网络直播营销管理办法》，明确提出不得从事包括发布虚假信息，虚构或者篡改关注度、浏览量、点赞量、交易量等数据流量造假等行为，直播营销平台应建立健全营销行为规范、未成年人保护、消费者权益保护、个人信息保护等机制。

除了直播带货中出现的流量造假等问题，主播言行失范、销售假冒伪劣商品、利用未成年人牟利等问题同样需引起重视。就在 2021 年 10 月，网红博主"罗小猫猫子"在直播中喝农药自杀，经抢救无效去世，网络传播的截图显示，网友在直播间曾留言起哄称"快喝吧"，一定程度促成了悲剧的发生。这样的事件不是第一次发生，如果平台能早点发现，或许能阻止此类悲剧发生。

长期以来，网络平台以著作权中的"避风港原则"为理由免于承担侵权责任，出了问题之后常常以警告、下架了事。平台应当建立起审核、举报、封禁的机制，提高事前预警的能力，将人工审核与机器智能审核相结合，及时发现、判断、停止违规内容播放。

"十四五"规划中明确提出鼓励消费新业态、新模式的发展，直播、短视频等内容营销作为新型商业模式和产业业态，近年来在促进就业、扩大消费、乡村振兴等方面发挥了重要作用。打击侵权、数据造假、内容违规等问题，将有助于规范市场秩序，引领数字内容产业走上健康、可持续发展之路。

参考文献

［1］ 张立，吴素平.中国数字内容产业市场格局与投资观察（2019~2020）[M].北京：社会科学文献出版社，2020.

［2］ 张立，吴素平等.中国数字内容产业市场格局与投资观察（2017~2018）[M].北京：社会科学文献出版社，2019.

［3］ 张立，介晶，梁楠楠.中国数字内容产业市场格局与投资观察（2015）[M].北京：社会科学文献出版社，2016.

［4］ 张立，吴素平.我国数字内容产业投资价值与发展趋势研究[J].出版发行研究，2019（7）.

［5］ 张立等.2020~2021中国数字出版产业年度报告[M].北京：中国书籍出版社，2021.

「6」 张立等.2019~2020中国数字出版产业年度报告[M].北京：中国书籍出版社，2020.

［7］ 张立等.2018~2019中国数字出版产业年度报告[M].北京：中国书籍出版社，2019.

［8］ 张立等.2017~2018中国数字出版产业年度报告[M].北京：中国书籍出版社，2018.

［9］ 张立等.2016~2017中国数字出版产业年度报告[M].北京：中国书籍出版社，2017.

［10］ 张立等 .2015~2016 中国数字出版产业年度报告 [M]. 北京：中国书籍出版社，
2016.

［11］ 干春晖等 . 产业经济学 [M]. 北京：机械工业出版社，2018.

［12］ 谢友宁等 . 数字内容产业发展研究——以内容产业评估指标为对象的探讨 [J].
情报研究，2009（12）.

［13］ 韩洁平，毕强 . 数字内容产业研究与发展 [J]. 情报科学，2009（11）.

［14］ 周庆山，罗戎 . 我国数字文化产业发展趋势、挑战与规制策略 [J]. 图书情报工
作，2014（10）.

［15］ 中国音数协游戏工委，中国游戏产业研究院 .2020 中国游戏产业报告 [EB/OL].
2020-12-17[2021-10-15].https://hot.cnbeta.com/articles/game/1067069.htm.

［16］ 中华人民共和国国家互联网信息办公室 . 中国互联网络发展状况统计报告 [EB/
OL].http://www.cac.gov.cn/2019zt/cnnic43/index.htm.

［17］ 国家版权局 ."剑网2021"专项行动取得阶段性成效 [EB/OL]. 2021-09-
28[2021-10-11]. http://www.ncac.gov.cn/chinacopyright/contents/12670/355098.
shtml.

［18］ 看平地长得万丈高 . 游戏行业前三囊括80%市场份额，中尾部营收不足大厂
一 个 月 流 水 [EB/OL]. 2020-09-28[2021-10-15]. https://finance.sina.com.cn/
tech/2020-09-28/doc-iivhuipp6920019.shtml.

［19］ App Annie, Google. 2021年移动游戏出海洞察报告 [EB/OL]. 2021-08-10[2021-
10-15]. http://www.199it.com/archives/1292560.html.

［20］ 智研咨询 . 2017年中国二次元行业发展现状分析及市场发展前景预测 [EB/OL].
2017-04-27[2021-10-13]. http://www.chyxx.com/industry/201704/ 517767.html.

［21］ 比达咨询 . 2020上半年度中国动漫App产品市场研究报告 [EB/OL]. 2020-08-
19[2021-10-22]. http://www.bigdata-research.cn/content/202008/1092.html.

［22］ 互联网新风口 . 爱奇艺会员服务提价，腾讯视频或将跟涨 [EB/OL]. 2020-11-
16[2021-10-18]. https://www.36kr.com/p/970936028718599.

［23］ 郑玄 .3B大战"中视频"西瓜：我先拿出20亿 [EB/OL]. 2020-10-22[2021-
10-18]. https://finance.sina.com.cn/tech/2020-10-22/doc-iiznezxr7404353.shtml.

［24］ CSM.2020 短视频用户价值研究报告 [EB/OL]. 2020-09-16[2021-10-18]. https://cbndata.com/report/2410/detail?isReading=report&page=1.

［25］ 酷鹅用户研究院 . 6.4 亿用户的狂欢：短视频用户洞察报告 [EB/OL]. 2019-06-28[2021-10-22]. http://www.woshipm.com/it/2522354.html.

［26］ 前瞻产业研究院 . 2021 年中国在线音乐行业发展现状分析用户规模和市场规模高速增长 [EB/OL]. 2021-06-01[2021-10-20]. http://finance.eastmoney.com/a/202106011944556092.html.

［27］ 前瞻产业研究院 . 十张图了解 2020 年中国在线音乐行业市场现状及竞争格局分析进入寡头竞争时代 [EB/OL]. 2020-12-03[2021-10-20]. https://www.qianzhan.com/analyst/detail/220/201203-fc1fe857.html.

［28］ 极数 .2020 年中国在线音乐行业报告 [EB/OL].2020-11-30[2021-10-22]https://pdf.dfcfw.com/pdf/H3_AP202011231431942901_1.pdf?1606124020000.pdf.

［29］ 艾媒大文娱产业研究中心 . 腾讯音乐付费用户增长超 4 成、付费率破 9%，中国在线音乐发展现状及趋势分析 [EB/OL]. 2021-03-23[2021-10-24]. https://www.sohu.com/a/456936811_120536144.

［30］ 国家新闻出版署 . 第十八次全国国民阅读调查成果发布 [EB/OL]. 2021-04-26[2021-09-16]. http://www.nppa.gov.cn/nppa/contents/280/75981.shtml.

［31］ 师天浩 .2019 年到了，人人都是自媒体的美梦是不是该破了？ [EB/OL]. 2019-09-22[2019-01-07]. https://www.pintu360.com/a62185.html?s=8&o=0.

［32］ 大力 TMT. 在线教育策略报告：K12 教育流量转化、行业格局、运营模式分析 [EB/OL]. 2021-04-25[2021-10-19]. https://www.163.com/dy/article/G8EDJL9E0511ONOA.html.

［33］ 李信 . 一起教育流血上市背后 在线教育走不出集体困境 [EB/OL].2020-12-10[2021-10-20]. http://m.gxfin.com/article/finance/zq/ssgs/2020-12-10/5450578.html.

［34］ 教育部：大力推进高校建立和完善在线教学考核评价制度 [EB/OL]. 2021-02-23[2021-10-20]. http://news.sciencenet.cn/htmlnews/2021/2/453423.shtm.

［35］ 文汇报 .《2020 年音频泛知识付费市场洞察》发布，用户付费习惯养成 [EB/

OL]. 2021-01-14[2021-10-22]. https://www.sohu.com/a/444462893_120244154.

［36］贾萌 .2019H1 中国创投报告 | 融资数量跌 48%，融资总额跌 60%[EB/OL].
2019-07-01[2021-10-22]. https://www.iyiou.com/analysis/20190701104251.

［37］姜煜 . 博科技发布《2020 年中国一级市场盘点》[EB/OL]. 2021-01-13[2021-
10-22]. http://www.sh.chinanews.com/jinrong/2021-01-13/84409.shtml.

［38］郭海惟 . 十年烧掉千亿，"优爱腾"难成奈飞 [EB/OL]. 2021-04-28[2021-10-26].
https://www.chinaventure.com.cn/news/78-20210428-361926.html.

［39］舍儿 . 超 15 家公司亏损，6 家公司摘牌，动漫公司的水深火热 [EB/OL]. 2021-
05-12[2021-10-26]. https://www.36kr.com/p/1220845176984195.

附录一
见证与前瞻[*]

数字内容产业作为一个新兴产业形态，是传统内容产业与信息技术高度融合的产物，随着信息技术的不断发展而快速变化，让人目不暇接。逐年记录其活动变化，一切都是当年的写实而非回忆，把观察与思考诉诸文字并持续经年，知难而上，谈何容易。

我曾经在多个场合表达过这样的意见，在信息社会，内容产业的外延会不断扩大并且需要重新定义。因为信息技术与信息和社会相互塑造的程度已经远远超过五千年文明历程中的任一时刻。人们日常面对那些车水马龙的街道、熙熙攘攘的人流，乃至于当下社会的各个角落时，越来越难以逃避科技对他们的支配。正如被誉为"现代计算机之父"的冯·诺伊曼所言："不论是近期，还是遥远的未来，科技会逐渐从强度、物质和能量问题转变为结构、组织、信息和控制问题。"于是，这个发明在其诞生之后的七十余年里一直"告诫"我们改变世界的力量从何而来。信息技术不再是一个名词，它比历史上其他的发明创造更加凸显自我放大的本色，成为影响社会进步的重要因素。

信息技术是人类最伟大的发明之一，互联网把世界紧密地连接起来。信息传播不仅突破了地域局限，信息获取速度也快速提升，"信息爆炸"就是对这种现象的一个极其形象化的描述。更重要的改变是信息的消费者也成为信息的生产者。从早期的信件往来到电子邮件的面世，从广播电视进入人们的生活到自媒体涌现，从语言文字的

---

* 本文为《中国数字内容产业市场格局与投资观察（2019~2020）》后记一。

交流到音视频流媒体技术在社交网络中的广泛应用，特别是近年来蓬勃兴起的数字内容产业里颇具代表性的领域——在线教育、网络游戏、直播和动漫，移动互联网的介入使得信息生产和消费的两端互相卷入对方的生活，生活已经数字化或被数字化。因为数字化，内容价值的创造者不仅限于专家和精英，也来自大众。

中国数字内容产业近年来受益于新技术推动、版权保护力度加强和内容消费升级。数字内容生产、传播、消费表现得极为活跃，一个有创意的想法能催生一个业态的奇迹，过去几年里，创业者用文化创意和数字技术嫁接出大量难以预设的数字内容产业成果。看看抖音、快手上源源不断的视频内容，它们通过吸引眼球带来了虚拟和实体经济各种各样的消费体验，数字内容支撑着体量巨大的商业活动运转，一个庞大的经济体被制作内容、关注内容、消费内容的各类群体所吸引、裹挟着向前奔跑，而这只是你我身边信息技术影响生活的一个场景。我们充分相信这种强化的场景还会释放出更多的可能，无论你想做什么，都有可能成为第一。这样一个充满预期的产业，不正是投资者所青睐的方向么？

进入新一个十年，一场疫情突然袭来并席卷全球。疫情会改变很多东西，我们最先看到的是疫情与人类社会的数字化紧密关联在一起。在这场疫情之下，数字化做得好的个人、企业、地区甚至国家，应对疫情的行动大多更有效率。无论是通过线上购买生鲜"无接触配送"到小区，还是孩子居家在线学习，人们逐渐发现没有数字化就难以维持生活的基本运转了。疫情中比尔·盖茨发表了一封信，其中说到这样一场流行病会重新定义这个时代。疫情中还有几个重要事件引起了我们的关注，其一是石油价格暴跌，甚至跌为负值。其二是马斯克宣布 Starlink 将在 3 个月内内测，6 个月内公测，星空互联网会重新构建网络世界。这是否预示着经济发展的驱动力会发生彻底转变，数据已经取代石油成为时代发展的新动能？其三是中共中央、国务院在 2020 年 3 月 30 日发布了《中共中央、国务院关于构建更加完善的要素市场化配置体制机制的意见》，引导各类要素协同向先进生产力集聚，明确将数据作为一种新型生产要素写入政策文件，构建以数据为关键要素的数字经济，强调将数据和其他要素一起融入经济价值创造过程之中，对生产力发展具有广泛影响。

数字内容产业也有一个非常有说服力的案例，于 2020 年 4 月 23 日世界读书日开幕的第六届中国数字阅读大会因为疫情原因由线下移至线上以云会议的方式召开。这是中国数字阅读大会举办六届以来，首次采用的虚拟会场方式，也是疫情以来第一个采用云端办会方式的全国性大会。大会以 H5 作为官方互动平台，开幕式、朗读馆、品牌馆、大咖会、体验区等九大内容板块都在云端展示，全方位展示 5G 给数字阅读和泛文化行业带来的变化。大会总访问量超过 3000 万人次，微博、微信、抖音、快手等 MCN 矩阵账号总阅读量达 3.84 亿次。同期，中国新闻出版研究院等单位牵头线上发起"数字内容正版化公示倡议活动"，百余家出版机构立即积极响应，越来越多内容创作和发行单位意识到数字内容版权保护的重要性。由此可见，网络化、数字化环境在疫情期间和后疫情时代给数字内容产业带来了新的机会。

张立副院长及其研究团队是产业的观察者更是思考者，他们多年潜心数字内容产业研究，在跟踪产业热点的基础上，重点关注数字内容产业在新技术环境特别是 5G 背景下的发展特点和趋势，重新界定了数字内容产业，提出"数字内容产业是由多个细分领域交叉融合而成的产业形态，且这些细分领域边界模糊"的观点。这些观点为读者提供了一个新技术条件下重新观察产业变化的视角。著者面对数字内容产业的快速变化，本着严谨认真的态度，科学调研、客观分析，梳理了网络游戏、视频、短视频、直播、在线教育、数字阅读、在线音乐、动漫、知识付费等领域的市场发展、竞争格局、投融资动向、相关政策、传统主流媒体报道等维度的内容，用数据化、结构化的方法分析探究了不同领域的发展变化，对快速变化的数字内容产业可能形成哪些机会进行了解读，观点清晰，结论明确。

需要补充的是，仅就数字内容产业而言，其实一切还只是开始的开始，5G 的应用也还只是起步。纵观历史，从来没有一个时代比我们所经历的这几十年以及未来一段相当长的时间更适合创新和创业。不可知的东西越多，未来就越有魅力，就越值得我们去探索。积极面对快速变化的数字内容产业，本书的价值就在于此。

中国音像与数字出版协会常务副理事长兼秘书长

敖　然

附录二
数字内容产业的"三重"与"三轻"
——重娱乐、轻寓意，重体验、轻体会，重传播、轻传承[*]

在 2019 年 8 月的中国数字出版博览会上，我发布了《中国数字内容产业市场格局与投资观察（2017 ~ 2018）》一书的主要结论，除了发布主要结论外，我还强调了两点，一是关于数字内容产业的定义，二是关于数字内容产业的特点。

关于数字内容产业的定义，我进行了如下说明："数字内容产业并非一个传统意义或社会经济统计层面上的独立产业，它是由文化创意结合信息技术形成的产业形态。所谓产业形态是指它是由多个细分领域交叉融合而成的产业群组，这些细分领域边界模糊，其共同点是以数字内容为核心、以互联网和移动互联网为传播渠道、以平台为模式。"这里我想强调一点，现代统计学的基础是工业文明建立起来的产业链及专业分工，它是否能完全沿用到今天的信息时代，值得研究。

关于数字内容产业的特点，我也进行了说明："随着 5G 技术和智能技术的发展与部署，数字内容产业的商业模式将快速迭代更新，细分领域的边界将继续交叉、渗透，甚至增减，其内容的重娱乐、轻寓意，重体验、轻体会，重传播、轻传承特点将日益凸显。"关于数字内容产业特点的分析，我还想再啰嗦几句。

先说说"重娱乐、轻寓意"。我认为我们今天的社会已经进入"泛娱乐"时代。我们曾经认为人类社会是一个严肃的社会，是一个越来越严谨和秩序化的社会，出版业是一个知识汇聚的严肃行业。20 世纪 80 年代，我们曾有过严肃文学之争，也有过出版家与出版商之争。我也曾冒冒失失地写过《为中国的出版商辩护》《出版史是图

---

* 本文为《中国数字内容产业市场格局与投资观察（2019~2020）》后记二。

书贸易不断扩大的历史》之类很幼稚的文章。几十年过去了，看看今天的数字内容产业——动漫、游戏、音乐、短视频、在线直播、基于算法推荐的新闻资讯等已成为网民（甚至是国民）精神文化消费的重要方面，自媒体更是借着互联网和移动互联网的大潮铺天盖地而来。不管承认与否，好恶与否，撇开价值判断，"泛娱乐"已是这个时代的重要标签。

再说说"重体验、轻体会"。体会强调的是人对某种事物、内容或境界的感知感受感悟，是一种深层次的理解，有时甚至带有"体味"的含义。但今天我们的社会已进入信息大爆炸时代，内容在快速迭代更新的同时，也在快速地膨胀，甚至泛滥成灾。在这样一个大背景下，强调体会式、沉浸式、细嚼慢咽式的深刻阅读方式，已被碎片化、浏览式、结构式、速读式的轻阅读所取代。即使所谓的严肃性内容，如果不强调阅读体验，也会无人问津，也会失宠。所以"用户体验"已成为这个时代的高频词。可以肯定地说，缺乏体验感的内容，将很难有传播价值。这里仍要说明，强调阅读体验与内容的价值判断无关。

最后说说"重传播、轻传承"。正如前文说的，如今是一个信息爆炸的时代，在这样一个时代，任何内容要想引起人们关注并吸引眼球，必须在第一时间抢占媒体的制高点。"蹿红""热搜""霸屏"这些词汇代表了"重传播"时代的到来。为了加大传播力度，今天的媒体人甚至变成了"标题党"。不管我们是否愿意承认，内容的传承功能正在被传播功能所取代。如果说传承意味着内容的长期保存，那么数字时代，内容的长期保存已经成为困扰我们这个社会的一个全球性大问题了，传统的新闻出版业事实上已无力承担。关于内容的长期保存，本人将在另一篇文章中专门讨论。

很多人批评我，现在谁还出书啊！言下之意出书已成了非常"二"的事情。我也曾多次在演讲和教学中表示，如今出书确实已没有传播意义了，可能只剩下唯一一个意义：就是供别人"抄袭"（当然，也可能是"抄袭"别人）。现在出版社1000册就可以起印一本书，而且还要付出版费或自己包销多少。在14亿人口的大国，还不算国外的读者，如果1000册起印的话，书还有什么传播价值？特别是与互联网上的所谓"知识付费"平台相比，书还有传播力吗？可靠数据显示，书的被引频次在逐年下降。今天如果不会宣传和传播，即使出了书，也无人问津，无人阅读。出版业的重要职能——传播文化与知识，在互联网大潮的冲击下，还有能力完成吗？这里我还要强调，图书传播力的衰减，是客观存在，它与对出版业的价值判断无关。

说说本书的内容吧。本书将数字内容产业的细分领域从上一版的 12 个整合为 10 个。这 10 个细分领域分别是网络游戏、动漫、网络视频、短视频、直播、在线音乐、数字阅读、新闻资讯 App、在线教育、知识付费。根据细分领域的属性特点，我们将其大致归类为泛娱乐、泛阅读、泛教育三类。所谓"泛"，一方面是指领域边界模糊、交叉融合；另一方面也带有广泛传播、普遍存在的意思。

在研究方法上，我们将投资观察中的评估指标进行了改进，在"活跃程度"下新增了"投资金额增长率"这个二级指标。这个新指标与"投资数量增长率""新增企业数量增长率"一起作为衡量数字内容产业资本市场创业投资活跃程度的依据。

在数据采集上，为了便于统一比较，价值评估体系里的指标数据采用了年度数据或年度同比数据。本书撰写于 2019 年，在此期间能够获得的最新完整年度数据为 2018 年数据，因此内部因素各指标的计算以 2018 年度数据为准；本书出版于 2020 年上半年，故在各领域的报告中，相对灵活地参考了截至 2020 年上半年的最新数据。

在全文结构上，我们将每个细分领域作为独立的章节，即各细分领域都有完整的市场格局与投资观察分析报告，以便选择性阅览，其中所涉及的基础数据表、数据采集及估算过程也都在各自部分呈现。在上一版中，为了直观呈现我们的研究和思考过程，基础数据部分和分析部分在不同的章节中，感兴趣的话可查阅上一版报告。

在认真研究分析的基础上，我们归纳了我国数字内容产业的十大发展趋势，它们是：（1）数字内容产业仍处于规模扩张期，短视频表现亮眼；（2）流量红利见顶，内容付费或将引领新一轮增长；（3）市场集中度大幅提升，腾讯深度布局已成为重要"头部玩家"；（4）投资风格趋于保守谨慎，下沉市场成为掘金新战场；（5）产业链上游内容企业受资本关注，下游衍生品市场待开发；（6）美方挑起贸易摩擦，我国内容企业"出海"之路将更加曲折；（7）5G 快速部署，将给长视频带来新机遇；（8）疫情刺激在线消费，或将重塑数字内容产业格局；（9）传统主流媒体积极入局，短视频市场迎来国家队；（10）政策监管与舆论监督促进产业健康规范化发展。

同时，我们对数字内容产业的投资价值进行了评估，结果是：（1）投资价值很高的领域为短视频、网络视频，综合结果为五星；（2）投资价值较高的领域为数字阅读，综合结果为四星；（3）投资价值一般的领域为知识付费、网络游戏、直播，综合结果为三星；（4）投资价值较低的领域为在线教育、在线音乐、动漫，综合结果为二星；（5）投资价值很低的领域为新闻资讯 App，综合结果为一星。

在数字内容产业投资风向的判断上，我们认为：（1）短视频引领数字内容产业投资风向；（2）网络视频可重点关注视频创作与视频服务商；（3）关注垂直领域知识付费及教育服务类平台，关注有声读物投资机会；（4）网络游戏、直播机遇与风险并存，需注意政策管控及负面舆论风险；（5）谨慎投资在线教育、在线音乐等领域，其当前竞争格局不利于投资进入。

最后，我想说说为什么我一定要写数字内容产业报告。

在 2005 年第一本《中国数字出版产业年度报告》的主报告里，我曾明确申明：如果不是来自出版界，我更愿意使用"数字内容产业"这个称呼来概括我们这个行业的数字化转型。我 2010 年刚开微博时，特地写了一句话："数字出版渐行渐远"。可能当时谁也不知道我这话的含意，我的潜在意思仍是"数字出版"不能概括出版业此次面临的数字化转型升级及融合发展趋势，实际上整个内容产业都在数据技术的催化下重组。在以后的多次演讲或讲课时，我也在自己的 PPT 里强调，如果一定要强调"出版"的话，今天也是一个"泛出版"的时代。我画过很多图形，以说明这次技术革命把工业文明建立起来的专业分工打破了。在对传统出版业数字化转型的时代划分中，我把它划分为四个时代，即电子出版时代、网络出版时代、数字出版时代、知识服务与大数据时代（或内容产业时代）。在一次演讲中，我曾说数字出版时代已经结束，当时胆子有点儿大，但非常不幸，竟一语成谶——如今，"数字出版司"真的已不复存在。

这就是我为什么一定要写一本数字内容产业报告和知识服务报告的原因。

本书是第三本中国数字内容产业报告，从 2018 年开始，已经计划一年一本地出版了，希望它的出版能为在这个行业里打拼和想要进入这个行业的个人和企业提供一点儿参考依据。同时，随着这本报告的出版，我主持的另一本已连续出版了十几年的《中国数字出版产业年度报告》也快退出历史舞台了。

张　立

2019 年 12 月 2 日于三路居办公室

附录三
行业报告，烂到无聊[*]

这个题目钻进我脑子里已经很久了，它与本书有啥关系吗？不知道。我就是想借此题发挥，算是有意跑题吧，对不起读者了。当然，如果"烂"指的是瞎凑热闹，这本报告还真的有点儿烂到无聊的意味儿了！

记得上大学时，我曾写过一本诗集，叫《无聊的孩子们》，以纪念 20 世纪 80 年代那个火热又略带荒诞的时代。工作以后才发现，无聊的事情充斥身边，于是慢慢地自己也就真的成了无聊的一员了。

除了瞎凑热闹，能这样给"烂"下个定义吗？烂在写作里指的就是东拼西凑、东抄西剽、胡说八道、铺天盖地，再加上大家早就习以为常的，甚至认为那才是语言的典范的官话、套话……

让我把例子举得远一点吧，说说 20 世纪的事情。现在已经很少有人记得 20 世纪 90 年代各大城市街头，一夜之间冒出的大大小小登满各种社会大特写的报纸了。当时，这可真是一道城市风景线啊，也成了报纸走向市场的一种改革尝试。在报社内部，这类报纸多承包经营。报上的文章主要瞄准社会热点问题写作，开始还有些好文章，作者还能亲自采访和原创，文章观点也能切中时弊。但到后来则更多的是"剪刀＋浆糊＋煽情"的标题了。本人当时为了糊口，也加入这股写作大军，写过的文章有《铺天盖地的文摘潮》《二渠道的书商，一群难驯的野马》《我们旗人三大家》《到精神国度里去旅行》《"龙"的传人》《市场经济呼唤新的医疗保险制度》《无极怎

* 本文为《中国数字内容产业市场格局与投资观察（2017~2018）》后记。

样了》《追踪毛主席像章的历史》《北京音乐厅：承包闹出风波》《射阳大笔杆子满天挥》《中国人的轿车梦》《奥运会开幕式与中国春节晚会》《中国足球：90 年代的造神运动》等等，估计不下几十篇。其中《射阳大笔杆子满天挥》值得一提。此文如今在百度上还能检索到标题，但正文已很难看到了。此文描述了当时人们如何通过"剪刀＋浆糊"的方式完成了一批又一批大块头文章的"写作"。

经过那个写作浪潮，我明白了一个道理：绝大多数读者并不关心文章写作是否严谨、真诚或可信，他们要看的是热闹，愿意为热闹掏腰包；绝大多数作者关心的也不是什么社会问题及其解决方法，他们关心的可能就是名和利。时代一晃，已是 21 世纪了，人性真的进步了吗？也许吧，因为今天没人再用"剪刀＋浆糊"的方式写文章了，这得益于科技创新。科技创新使今天很多人用起了"电脑＋鼠标＋互联网"。

科技在进步，人性仍未改？

如今的行业报告（非常不幸，也包括本人署名的一些报告），就像当初地摊儿报纸一样铺天盖地而来，不过一个在地摊儿，一个在网上。传播媒介变了，东拼西凑、官话套话的本性却"顽强"地传承下来。常看到一些行业报告堆砌若干套路式结论，既不注明数据来源、采集方式，也不说明计算方法，反正这些套路式结论，自己未必明白，读者也不必当真。倒是一些互联网企业，因其占有一手用户数据，多多少少还有点儿自己的真内容。

再说说我们这本也挺烂的报告吧。

1. 关于报告。本报告是 2015 年报告的更新版。我们希望把它做成连续性报告，但由于 2015 年报告是企业委托项目，报告的撰写模式和呈现方式都须尊重企业要求。本报告没有完全沿袭 2015 年报告撰写方式，我们重新划定了数字内容产业的 12 个细分领域，并用全新的方式进行描述与分析。但现在看来仍显套路，只能在下一份报告中改进了。我们正在探索新的研究方法，至少别那么冠冕堂皇、大而化之吧。我们也正在尝试新的视角和新的数据采集方式。

2. 关于方法。在本报告的撰写过程中，我们首次尝试构建数字内容产业投资价值评估体系，从内部和外部两个维度共 7 个一级指标 10 个二级指标进行综合评估。通过对我国数字内容产业及其 12 个细分领域的市场基本情况及发展增速、竞争格局、投融资热度、未来可能的风险与机遇、相关政策导向、官方媒体报道倾向等方面的数据比较，归纳出我国数字内容产业及其细分领域的投资价值。即使这样，仍有一些关键数据缺失，特别是反映企业盈利能力、团队合作能力、企业创新能力等的数据缺失。在实际投资过程中，不同投资者也会有不同的投资风格和风险偏好。这些缺失和个性化的投资意向，使本报告充其量只能作为宏观的行业投资参考文献使用，很难对具体企业的投资进行指导。在具体投资工作中，投资人需根据企业实际情况做进一步的尽职调查，获取更深入、更翔实、更贴合企业发展实际的数据进行分析和判断。

3. 关于数据。对 12 个细分领域进行统一的、连续的、权威的、第一手数据的采集非常困难，或根本无法实现。因此本报告大量采用了第三方数据。第三方数据来源复杂、数据采集方法不透明、口径不一致、非科学性和非标准化，因此在研究过程中我们只能通过近似的方法对数据进行转换、估算和推算，使之尽量做到标准统一、内容完备，具有可比较性。这样处理的结果，可能会使数据的严谨性受到影响。这也是我们十分无奈的事情。

4. 关于结论。本报告的结论从两个角度展开，一是从数字内容产业整体角度，二是从重点细分领域角度。现在看来，重现状描述、轻投资观察是本报告最大的不足。总体来看，我们认为网络视频、知识付费、短视频投资价值较高，优质原创内容会有较好的发展机会；网络游戏虽风靡于青少年，但存在政策管控及负面舆情风险，投资价值中等；动漫、在线教育竞争激烈且分散，投入高盈利难；在线音乐、自媒体、新闻资讯 App、互联网期刊头部垄断严重，不利于中小企业生存；直播政策监管严格，市场竞争激烈，需谨慎投资；网络文学市场规模尚小，在政策和各种环境因素的影响下，未来或有一定进入空间。

虽身处科研机构，但科研本身却更多的是我个人的业余爱好，属玩票儿性质。正因为是业余爱好，在后记里留点儿个性，不按套路出牌也说得过去。报告即将出版，我却突然有一种莫名的空泛和纠结——认真与否真的那么重要吗？

张　立

2019 年 2 月 1 日于北京

图书在版编目（CIP）数据

中国数字内容产业市场格局与投资观察.2021～2022/
张立，吴素平著.--北京：社会科学文献出版社，
2022.8

ISBN 978-7-5228-0374-6

Ⅰ.①中⋯ Ⅱ.①张⋯②吴⋯ Ⅲ.①数字技术－高
技术产业－产业市场－市场格局－研究－中国－2021-
2022②数字技术－高技术产业－投资－研究－中国－2021-
2022 Ⅳ.①F279.244.4

中国版本图书馆CIP数据核字(2022)第110359号

中国数字内容产业市场格局与投资观察（2021~2022）

著　　者 / 张　立　吴素平

出 版 人 / 王利民
责任编辑 / 刘　姝
责任印制 / 王京美

出　　版 / 社会科学文献出版社·数字出版分社 （010）59366434
　　　　　　地址：北京市北三环中路甲29号院华龙大厦　邮编：100029
　　　　　　网址：www.ssap.com.cn
发　　行 / 社会科学文献出版社 （010）59367028
印　　装 / 三河市龙林印务有限公司

规　　格 / 开　本：787mm×1092mm 1/16
　　　　　　印　张：19.75　字　数：336千字
版　　次 / 2022年8月第1版　2022年8月第1次印刷
书　　号 / ISBN 978-7-5228-0374-6
定　　价 / 98.00元

读者服务电话：4008918866